名人的座右铭

廖苾君 编著

吉林人民出版社

图书在版编目(CIP)数据

名人的座右铭 / 廖苾君编著. -- 长春：吉林人民出版社，2012.4
(看世界丛书)
ISBN 978-7-206-08782-0

Ⅰ.①名… Ⅱ.①廖… Ⅲ.①座右铭-世界-青年读物②座右铭-世界-少年读物 Ⅳ.①H033-49

中国版本图书馆CIP数据核字(2012)第071350号

名人的座右铭
MINGREN DE ZUOYOUMING

编　　著：廖苾君
责任编辑：韩春娇　　　　　　封面设计：七　洱
吉林人民出版社出版 发行（长春市人民大街7548号　邮政编码：130022）
印　　刷：北京市一鑫印务有限公司
开　　本：670mm×950mm　　1/16
印　　张：13.5　　　　　　　字　　数：200千字
标准书号：ISBN 978-7-206-08782-0
版　　次：2012年7月第1版　　印　　次：2023年6月第3次印刷
定　　价：48.00元

如发现印装质量问题，影响阅读，请与出版社联系调换。

目录 CONTENTS 1

- 荷马 …………………………………001
- 伊索 …………………………………002
- 苏格拉底 ……………………………003
- 德谟克利特 …………………………004
- 柏拉图 ………………………………005
- 亚里士多德 …………………………006
- 阿基米德 ……………………………007
- 贺拉斯 ………………………………008
- 马可·波罗 …………………………009
- 但丁 …………………………………011
- 薄伽丘 ………………………………012
- 哥伦布 ………………………………013
- 达·芬奇 ……………………………014
- 丢勒 …………………………………015
- 哥白尼 ………………………………016
- 米开朗琪罗 …………………………017
- 拉斐尔 ………………………………018
- 提香 …………………………………020
- 蒙田 …………………………………021
- 塞万提斯 ……………………………022
- 培根 …………………………………023
- 莎士比亚 ……………………………024
- 伽利略 ………………………………025
- 开普勒 ………………………………027
- 笛卡儿 ………………………………028
- 伦勃朗 ………………………………029
- 拉封丹 ………………………………030
- 莫里哀 ………………………………031
- 帕斯卡 ………………………………032
- 斯宾诺莎 ……………………………033
- 牛顿 …………………………………034
- 笛福 …………………………………035
- 巴赫 …………………………………036
- 孟德斯鸠 ……………………………037

目录 CONTENTS 2

伏尔泰 ……………………………… 038
富兰克林 …………………………… 039
欧拉 ………………………………… 040
卢梭 ………………………………… 041
狄德罗 ……………………………… 042
康德 ………………………………… 043
莱辛 ………………………………… 045
海顿 ………………………………… 046
华盛顿 ……………………………… 047
瓦特 ………………………………… 048
杰斐逊 ……………………………… 049
琴纳 ………………………………… 051
歌德 ………………………………… 052
莫扎特 ……………………………… 053
席勒 ………………………………… 054
富尔顿 ……………………………… 055
道尔顿 ……………………………… 056
拿破仑 ……………………………… 057
威灵顿 ……………………………… 058
贝多芬 ……………………………… 059
黑格尔 ……………………………… 060
华兹华斯 …………………………… 061
欧文 ………………………………… 062
安培 ………………………………… 063
圣马丁 ……………………………… 064
帕格尼尼 …………………………… 065
玻利瓦尔 …………………………… 066
司汤达 ……………………………… 067
拜伦 ………………………………… 068
叔本华 ……………………………… 069
法拉第 ……………………………… 070
雪莱 ………………………………… 071
舒伯特 ……………………………… 073
海涅 ………………………………… 074

普希金	075
巴尔扎克	077
雨果	078
大仲马	079
梅里美	080
爱默生	081
乔治·桑	082
安徒生	083
勃朗宁夫人	084
果戈理	085
林肯	086
肖邦	087
李斯特	088
狄更斯	090
赫尔岑	091
瓦格纳	092
莱蒙托夫	093
易卜生	094
米勒	095
鲍狄埃	096
马克思	097
屠格涅夫	099
焦耳	100
惠特曼	101
莫顿	102
维多利亚	103
恩格斯	104
南丁格尔	105
陀思妥耶夫斯基	107
福楼拜	108
巴斯德	109
裴多菲	110
法布尔	111
小仲马	112

目录 CONTENTS 4

拉萨尔	113
小约翰·施特劳斯	114
列夫·托尔斯泰	115
车尔尼雪夫斯基	116
马奈	117
诺贝尔	119
门捷列夫	120
马克·吐温	121
卡内基	122
塞尚	123
左拉	124
罗丹	125
柴可夫斯基	126
都德	127
尼采	128
列宾	130
伦琴	131
贝尔	132
爱迪生	133
普利策	134
高更	135
巴甫洛夫	136
莫泊桑	137
凡·高	138
米丘林	140
弗洛伊德	141
萧伯纳	142
契诃夫	143
泰戈尔	144
欧·亨利	145
顾拜旦	146
罗曼·罗兰	147
摩尔根	148
莱特兄弟	149

居里夫人	150
高尔基	151
甘地	153
列宁	154
德莱塞	155
普鲁斯特	156
卢森堡	157
罗素	158
马可尼	159
丘吉尔	160
拉威尔	161
加里宁	162
杰克·伦敦	164
邓肯	165
斯大林	166
爱因斯坦	167
爱伦·坡	168
海伦·凯勒	169
马歇尔	170
西门子	172
毕加索	173
阿·托尔斯泰	174
罗斯福	175
纪伯伦	176
卡夫卡	177
香奈儿	178
劳伦斯	179
巴顿	180
蒙哥马利	182
马卡连柯	183
卓别林	184
白求恩	185
戴高乐	186
艾森豪威尔	187

目录 CONTENTS 6

班廷 ·················189
铁托 ·················190
马雅可夫斯基 ···········191
松下幸之助 ············192
朱可夫 ················193
海明威 ················194
法捷耶夫 ··············195
克拉克·盖博 ···········196
迪士尼 ················197
特里萨嬷嬷 ············198
伏契克 ················200
小林多喜二 ············201
奥斯特洛夫斯基 ········202
嘉宝 ··················204
萨特 ··················205
奥纳西斯 ··············206

荷　马

我宁可战斗而死去，也不要走上不光荣的结局。

荷马的生平和生卒年月已无从考证，关于荷马的时代也异说颇多。古代曾有一篇《荷马传》流传下来，那是纪元前后的人根据传说杜撰的，不能当作可靠史料。最早关于荷马的记载，见于残存的公元前6世纪克塞诺芬尼的讽刺诗，但是根据希腊地方志家鲍萨尼阿斯的记载，在公元前7世纪初的诗人卡利诺斯的诗篇里已经有了关于荷马的记载，所以荷马这个名字早在公元前8—前7世纪已经为人所共知。希腊历史学家泰奥彭波斯说荷马生于公元前686年，这个年份似乎晚了一点。另一个古代传说是荷马生于公元前1159年，就是说公元前12世纪中叶，这个说法似乎又太早了一点。现在西方学者根据史诗的语言和它的内容描写，一般认为他可能生在公元前9—前8世纪之间。

关于荷马的出生地说法也不一致。有人说他是雅典一带的人，有人说是希腊北部，有人说是在希腊东部靠近小亚细亚一带。这些说法以东方说较为普遍，也较为可信。多数古代记载说他是希俄斯岛人，或生在小亚细亚的斯弥尔纳，这两处都在爱琴海东边。

关于荷马这个名字，西方学者们也有过不少考证：有人说这个名字是"人质"的意思，就是说荷马大概是俘虏出身；也有人说这个名字含有"组合在一起"的意思，就是说荷马这个名字是附会出来的，因为史诗原来是许多散篇传说组合而成。实际上这些都是猜测。古代传说又说荷马是个盲乐师，这倒是颇为可能的。古代的职业乐师往往是盲人，荷马也许就是这样一位专业艺人。相传记述公元前12—前11世纪特洛伊战争及有关海上冒险故事的古希腊长篇叙事史诗《伊利亚特》和《奥德赛》，就是他根据民间流传的短歌综合编写而成的。

早在古希腊时代，著名历史学家希罗多德、哲学家柏拉图与亚里士多德，都肯定荷马是这两部史诗的作者，直到18世纪初，欧洲人仍然认为荷马是历史上确实存在过的一位远古的伟大诗人。

《伊利亚特》与《奥德赛》合称为《荷马史诗》，被称为欧洲文学的始祖，是西方古代文艺技巧高度发展的结晶。《荷马史诗》写的是公元前12世纪希腊攻打特洛伊城以及战后的故事。史诗的形成和记录，几乎经历了奴隶制形成的全过程。

特洛伊战争结束后，在小亚细亚一带就有许多歌颂战争英雄的短歌流传，这些短歌在流传的过程中，又同神的故事融合在一起，增强了这次战争英雄人物的神话色彩。经过荷马的整理，至公元前8世纪和7世纪，逐渐定型成为一部宏大的战争传说，在公元前6世纪的时候才正式以文字的形式记录下来。到公元前3世纪和2世纪，又经亚历山大里亚学者编订，各部为24卷。这部书的形成经历了几个世纪，掺杂了各个时代的历史因素，可以看成是古代希腊人的全民性创作。这部史诗既是古希腊艺术史上的一颗明珠，也是全人类共同的艺术瑰宝。

且不说荷马其人是否真实存在，单从《荷马史诗》开创了西方文学的先河来说，荷马堪称西方文学的始祖，他以诗歌般的记叙手法所展现的战争、生活场景，至今仍为人所津津乐道。同时，《荷马诗史》也是研究古希腊风土人情的宝贵资料。

伊　索

渺小的人常常以为自己最重要。

伊索，是公元前6世纪希腊的寓言家。据历史学家记载，他原是萨摩斯岛雅德蒙家的奴隶，曾被转卖多次，但因为富有智慧，聪颖过人，最后获得自由。作为自由民的伊索，游历了希腊各地，在撒狄他还经常出入吕底亚国王克洛伊索斯的宫廷，得到了国王的器重和信任。

希腊著名学者亚里士多德在《修辞学》里记载了一件有关伊索的趣闻：当时伊索住在萨摩斯岛，在集会上为一个被处死刑的民众领袖辩护。伊索讲了一则狐狸过河时被激流冲走的寓言。狐狸被水冲进洞后钻不出来，遭到一大群狗虱的叮咬。一只路过的刺猬同情它，狐狸却拒绝对方的帮助，狐狸说："这些狗虱此刻已喝饱了我的血，再也喝不下多少了。要是你把它们撵走，别的狗虱还会围过来，它们饥肠辘辘，准会把我剩下的血喝得一干二净。"伊索的寓意是，受其辩护者已发财，对他无须再加防范，倘若把他处死，别的人就会接踵而至，因囊中羞涩而大肆掠夺钱财。同时，这个故事还告诉我们，伊索曾经当过律师为人出庭辩护。他这种引用寓言做比喻的方法，其后数百年的演说家无不效仿。

公元前5世纪末，"伊索"这个名字已为希腊人所熟知，希腊寓言开始都归在他的名下。但是伊索并没有写下他的寓言，他完全凭记忆口授。全世界家喻户晓的《伊索寓言》是后人根据拜占庭僧侣普拉努得斯搜集的寓言及以后陆续发现的古希腊寓言传抄本编订的。

伊索寓言大多是动物故事，其中的一部分如《狼与小羊》《狮子与野驴》等，用豺狼、狮子等凶恶的动物比喻人间的权贵，揭露他们的专横、残暴、虐害弱小，反映了平民或奴隶的思想感情；《乌龟与兔》《牧人与野山羊》等，则总结了人们的生活经验，教人处事和做人的道理。

伊索寓言短小精悍，比喻恰当，形象生动，对古代的希腊和罗马产生了深远的影响。在几百年的时间里，伊索的名字和寓言紧紧地连在一起，对法国的拉封丹、德国的莱辛、俄国的克雷洛夫都产生了明显的影响。

苏格拉底

认识你自己。

苏格拉底（前469—前399年）是著名的古希腊哲学家，他和他的学生柏拉图及柏拉图的学生亚里士多德被并称为"希腊三贤"。他被后人广泛认为是西方哲学的奠基者。

在苏格拉底之前，古希腊的哲学主要研究宇宙的本源是什么、世界是由什么构成的等问题，后人称之为"自然哲学"。到苏格拉底时才根本改变了这种状况。

苏格拉底认为，再研究这些问题对拯救国家已经没有什么现实意义了，于是他转而研究人类本身，即研究人类的伦理问题，如什么是正义，什么是非正义；什么是勇敢，什么是怯懦；什么是诚实，什么是虚伪；什么是智慧，知识是怎样得来的；什么是国家，具有什么品质的人才能治理好国家，治国人才应该如何培养，等等。后人称苏格拉底的哲学为"伦理哲学"。他为哲学研究开创了一个新的领域，使哲学"从天上回到了人间"。

苏格拉底的学说具有神秘主义色彩。他认为，天上和地上各种事物的生存、发展和毁灭都是由神安排的，神是世界的主宰。他反对研究自然界，认为那是亵渎神灵的。他提倡人们要认识做人的道理，过有道德的生活，而一切不道德的行为都是无知的结果。人们只有摆脱物欲的诱惑和后天经验的局限，获得概念的知识，才会有智慧、勇敢、节制和正义等美德。他认为道德只能凭心灵和神的安排，道德教育就是使人认识心灵和神，听从神灵的训示。

这种禁欲主义和神秘主义伦理思想，后来被安提斯泰尼继承和发展，形成以强调禁欲为特征的犬儒学派；而苏格拉底伦理思想中所包含的快乐论思想，则被亚里斯提卜继承和发展，形成主张享乐的居勒尼学派。

苏格拉底强调知识的重要性，认为伦理道德要由理智来决定，这种理性主义的思想，在以后西方哲学思想的发展中，起到了积极的作用。

苏格拉底没有著作，关于苏格拉底的思想，绝大多数是记录在他的弟子柏拉图的《对话录》中。

德谟克利特

别让你的舌头抢先于你的思考。

德谟克利特（约前460—前370年）是古希腊伟大的唯物主义哲学家、原子唯物论学说的创始人之一。他一生勤奋钻研学问，知识广泛，在许多方面都做出了突出的成就，在古希腊思想史上占有重要的地位。

在第欧尼根·拉尔修的记载中，德谟克立特通晓哲学的每一个分支，对物理学、伦理学、数学、教育学等等也无所不知。同时，他还是一个出色的音乐家、画家、雕塑家和诗人。

留基伯是古希腊爱奥尼亚学派中的著名学者，他首先提出物质构成的原子学说，认为原子是最小的、不可分割的物质粒子。原子之间存在着虚空，无数原子从古以来就存在于虚空之中，既不能创生，也不能毁灭，它们在无限的虚空中运动着，构成万物。德谟克利特继承和发展了留基伯的原子论，指出宇宙空间中除了原子和虚空之外，什么都没有，任何变化都是它们引起的结合和分离。

德谟克利特的原子论里没有神存在的空间，他认为原始人在残酷而奇妙的自然现象面前感到恐惧，再加上知识的匮乏，只有臆造出神来解释一切的未知。其实，除了永恒的原子和虚空外，从来就没有不死的神灵。他甚至认为，人的灵魂也是由最活跃、最精微的原子构成的，因此它也是一种物体。原子分离，物体消灭，灵魂当然也随之消灭了。

他认为，世界上一切事物都是相互联系的，都受因果必然性和客观规律的制约，他把自然界的一切作用都归结为必然性。他还特别强调教育的重要性，他认为道德教育可以改变一个人的性格，造成人的第二本性，而教育方法应该以鼓励和说服为主。在伦理观上，他强调幸福论，他主张道德的标准就是快乐和幸福。能求得快乐就是善，反之即是恶。

德谟克利特的著作涉及自然哲学、逻辑学、认识论、伦理学、心理学、政治、法律、天文、地理、生物和医学等许多方面，据说一共有52种之多，遗憾的是到今天大多数都散失或只剩下零散的残篇了。马克思和恩格斯因此赞美他是古希腊人中"第一个百科全书式的学者"。

柏　拉　图

不知道自己的无知，乃是双倍的无知。

柏拉图（约前427—前347年）是古希腊的哲学家，也是全部西方哲学乃至整个西方文化最伟大的哲学家和思想家之一，他和老师苏格拉底、学生亚里士多德，并称为"希腊三贤"。

柏拉图40岁时在雅典城外西北郊的圣城阿卡德米创立了自己的学校——阿卡德米学园，他在那里除讲授哲学之外，还讲授数学、天文学和声学、植物学等自然科学知识，但以哲学为最高课程。学园的目标不是传授实用的技艺，而是注重思辨的理论智慧，吸引了各地的学生到此学习。学园成为西方文明中最早的有完整组织的高等学府之一，也是中世纪时在西方发展起来的大学的前身。学园存在了九百多年，直到公元

529年被查士丁尼大帝关闭为止。学园培养出了许多知识分子，其中最杰出的是亚里士多德。

柏拉图与他的学生亚里士多德比起来，在西方得到了更多的尊重和注意，因为他的作品是西方文化的奠基文献。在西方哲学的各个学派中，很难找到没有吸收过他的著作的学派。在后世哲学家和基督教神学中，柏拉图的思想保持着巨大的辐射力。有的哲学史家认为，直到近代，西方哲学才逐渐摆脱了柏拉图思想的控制。

公元12世纪以前，亚里士多德的学说一直被教廷排斥，甚至欧洲已经不再流传亚里士多德的著作。当时，柏拉图的学说占统治地位，因为圣奥古斯丁借用和改造了柏拉图的思想，以服务神学教义。直到13世纪，托马斯·阿奎那利用亚里士多德的学说解释宗教教义，建立了烦琐和庞大的经院哲学，亚里士多德才重新被重视。

柏拉图才思敏捷，研究广泛，著述颇丰。以他的名义流传下来的著作有四十多篇，另有13封书信。柏拉图的著作大多是用对话体裁写成的，人物性格鲜明，场景生动有趣，语言优美华丽，论证严密细致，内容丰富深刻，达到了哲学与文学、逻辑与修辞的高度统一，不仅在哲学上，而且在文学上亦具有极其重要的意义和价值。

亚里士多德

我爱我师，我更爱真理。

亚里士多德（前384—前322年）是柏拉图的学生、亚历山大的老师，是世界古代史上最伟大的哲学家、科学家和教育家之一。

从18岁到38岁，亚里士多德在雅典跟柏拉图学习了20年，这一时期的学习和生活对他一生产生了决定性的影响。他努力收集各种图书资料，勤奋钻研，甚至为自己建立了一个图书室。在雅典的柏拉图学园中，亚里士多德表现得很出色，柏拉图称他是"学园之灵"。

公元前347年，柏拉图去世后，他开始游历各地，两年后重返雅典。在雅典他受到了很多的优待，除了在政治上的显赫地位以外，他还得到了亚历山大和各级马其顿官僚大量的金钱、物资和土地资助。

他所创办的吕克昂学园，占有阿波罗吕克昂神庙附近广大的运动场和园林。与柏拉图的学园相比，它更注重实际，研究问题更注重提出疑难，注重多方面收集材料、尝试和探索。他反对刻板的教学方式，于是他经常带着学生在花园的林荫大道上一边散步，一边讨论哲理，因此后人把亚里士多德学派称作"逍遥学派"。马克思曾称亚里士多德是古希腊哲学家中最博学的人物，恩格斯称他是古代的黑格尔。

亚里士多德首先是一个伟大的哲学家，他将自己的哲学定义为一种"实质"，宣称他的哲学是"研究真实宇宙实质的科学"。他一生勤奋治学，从事的学术研究涉及逻辑学、修辞学、物理学、生物学、教育学、心理学、政治学、经济学、美学等多方面，涉及了古希腊人已知的各个学科。同时他写下了大量的著作，他的著作所表述的观点是：人类生活及社会的每个方面，都是思考与分析的客体；宇宙万物不被神、机会和幻术所控制，而是遵循着一定的规律运行；人类对自然界进行系统而深入的研究是值得的；我们应当通过实验和逻辑分析，得出自己的结论。亚里士多德的这种反传统、反迷信与神秘主义的主张，对西方文化产生了深远的影响。

阿基米德

> 给我一个支点，我就可以撬起地球。

阿基米德（约前287—前212年）是古希腊物理学家、数学家，静力学和流体静力学的奠基人。

阿基米德自幼到埃及的亚历山大城念书。亚历山大城是当时世界的知识、文化中心，学者云集，对文学、数学、天文学、医学的研究都很发达，阿基米德在这里跟随许多著名的数学家学习，包括有名的几何学大师欧几里得，因此奠定了他日后从事科学研究的基础。

阿基米德经常为了研究而废寝忘食，走进他的住处，随处可见数字和方程式，地上画满了各式各样的图形，墙上与桌上也无法幸免，都成了他的计算板，由此可知他旺盛的研究精神。

他在洗澡的时候，发现了水的浮力与体积的关系，后来他将这个发现进一步总结为浮力理论，并写在他的著作《浮体论》里，也就是：物体在流体中所受的浮力，等于物体所排开的流体的重量。阿基米德为流体静力学建立了基本的原理。

在埃及，公元前1500年左右，就有人用杠杆来抬起重物了，不过那时候人们并不知道它的道理。有的哲学家在谈到这个问题的时候，一口咬定这是"魔性"。阿基米德却不赞同"魔性"一说，他潜心研究了这一现象并发现了杠杆原理。他推断说，只要能够取得适当的杠杆长度，任何重量都可以用很小的力量举起来。他有一句豪言壮语："给我一个支点，我就可以撬起地球。"

阿基米德是一位讲科学的工程师，他在研究中使用欧几里得的方法，先假设，再以严谨的逻辑推论得到结果，他不断地寻求一般性的原则而用于特殊的工程上。他的作品始终融合数学和物理学，因此阿基米德被称为物理学之父。

他将杠杆原理应用于战争，保卫西拉斯鸠的事迹是家喻户晓的。他也以同一原理导出部分球体的体积、回转体的体积。此外，他也讨论阿基米德螺线（例如：苍蝇由等速旋转的唱盘中心向外走去所留下的轨迹）及圆、球体、圆柱的相关原理。

阿基米德将欧几里得提出的趋近观念做了有效的运用，他提出圆内接多边形和相似圆外切多边形，当边数足够大时，两多边形的周长便一个由上、一个由下地趋近于圆周长。他先用六边形，以后逐次加倍边数，到了96边形，求出 π 的估计值介于3.14163和3.14286之间。另外他算出球的表面积是其内接最大圆面积的4倍。他又导出圆柱内切球体的体积是圆柱体积的2/3，这个定理就刻在了他的墓碑上。

贺　拉　斯

　　　　我不如起个磨刀石的作用，能使钢刀锋利，虽然它自己切不动什么。

贺拉斯（前65—8年）是古罗马诗人。早期创作是讽刺诗和性质与讽刺诗相近的长短句，后来从事抒情诗创作，自称"歌"，后人根据他的庄重的风格，称为"颂歌"。

贺拉斯早年在罗马受过较好的教育，后来又到雅典几个著名的学院里学哲学，受到过古希腊文化的直接熏陶。公元前44年3月，以贵族布鲁多为首的阴谋者在一个集会中刺杀了罗马军事独裁者恺撒，企图恢复已被推翻了的共和国贵族专政，而雅典则是当时贵族共和派活动的中心。年轻的贺拉斯被他们的宣传深深激动着，和当时许多在雅典的罗马青年一起，参加了贵族共和派的活动，公元前42年参军，并被任命为军团司令官。

不久，共和派军队与恺撒的继承者渥大维和安东尼交战于希腊境内的腓力比，布鲁多毙命沙场，贺拉斯弃盾而逃。渥大维掌权后，贺拉斯被宣判为人民公敌；不久发布了大赦令，贺拉斯才回到罗马，过着穷困潦倒的日子。

贺拉斯希望以文才引起人们的注意而获得某些援助，于是就开始写诗。果然，他的讽刺诗和长短句很快就得到了当时已成名的诗人维吉尔的赞赏。维吉尔向渥大维最亲密的朋友麦凯纳斯推荐，麦凯纳斯也很赏识他的文才。公元前35年，他的第一部《讽刺诗集》出版，次年又被宣布完全恢复自由。公元前33年，麦凯纳斯赠送给贺拉斯一座庄园，从此，贺拉斯生活安定，情绪平适。一个与渥大维作战的兵团司令，就这样自然而然地成了渥大维的歌颂者。

他后期在安适庄园里所写的诗，宣扬了他所向往、同时又是他实践着的事事中庸的生活格调：不丧失独立，又要有所依附。

真正使贺拉斯名垂后世的，是他写给皮索父子的一封诗体书信。此信被后来学者称为《诗艺》。大概是收信人皮索父子曾去信询问如何写剧本，因此《诗艺》有1/3以上的内容是有关戏剧的。正是这些内容，使一封私人通信成了一代戏剧理论的代表作。

贺拉斯在古时一直享有盛名，他的《纪念碑》一诗的立意曾经被欧洲许多著名诗人模仿。

马可·波罗

追寻知识，即使远在中国。

马可·波罗（1254—1324年）是世界著名的旅行家、商人。马可·波罗的中国之行及其游记，在中世纪时期的欧洲被认为是神话，被当作"天方夜谭"。

1271年，马可·波罗17岁时，父亲和叔叔拿着教皇的复信和礼品，带领马可·波罗与十几位旅伴一起向东方进发了。他们从威尼斯进入地中海，然后横渡黑海，经过两河流域来到中东古城巴格达，从这里到波斯湾的出海口霍尔木兹就可以乘船直驶中国了。然而这时他们遇到了强盗，被关押起来。他们逃出来后一直等了两个月也没遇上去中国的船只，只好改走陆路。他们越过荒凉恐怖的伊朗沙漠，跨过险峻寒冷的帕米尔高原，一路上跋山涉水，克服了疾病、饥渴的困扰，躲开了强盗、猛兽的侵袭，终于到达了上都——元朝的北部都城。

这时已是1275年的夏天了，距他们离开祖国已经过了4个寒暑。马可·波罗的父亲和叔叔向忽必烈大汗呈上了教皇的信件和礼物，并向大汗介绍了马可·波罗。大汗非常赏识年轻聪明的马可·波罗，还留他们在元朝当官任职。马可·波罗很快就学会了蒙古语和汉语。他借奉大汗之命巡视各地的机会，走遍了中国的山山水水，还出使过越南、缅甸、苏门答腊。他每到一处，总要详细地考察当地的风俗、地理、人情，在回到大都后，又详细地向忽必烈大汗进行汇报。

17年很快就过去了，他们无时不在思念家乡。1292年春天，他们受忽必烈大汗的委托，护送一位蒙古公主到波斯成婚。他们趁机向大汗提出回国的请求，得到了准许。1295年末，3人终于回到了阔别24载的亲人身边。他们从中国回来的消息迅速传遍了整个威尼斯，他们的见闻引起了人们的极大兴趣。他们从东方带回了无数奇珍异宝，一夜之间成了威尼斯的巨富。

1298年，马可·波罗参加了威尼斯与热那亚的战争，9月7日不幸被俘。在狱中他遇到了作家鲁思梯谦，于是便有了马可·波罗口述、鲁思梯谦记录的《马可·波罗游记》。

马可·波罗东方之旅已经过去七百多年了，但他的精神依然震撼着人们的心灵。马可·波罗是属于全世界、全人类的，至于他是出生在科尔丘拉还是别的什么地方，似乎并不重要了。

但　丁

　　走自己的路，让别人说去吧！

　　阿利盖利·但丁（1265—1321年）是意大利诗人，现代意大利语的奠基者，欧洲文艺复兴时代的开拓人物之一，以长诗《神曲》留名后世。

　　但丁生活在14世纪的意大利，但是当时的意大利还是一个笼统的概念，是由很多小邦国、公国、侯国还有教皇国等组成的，那个时候还是中世纪，是欧洲从西罗马帝国灭亡以后的封建社会到资本主义社会的萌芽阶段。意大利因为地处地中海，交通便利，所以海运经济特别发达，因此就产生了资本主义的萌芽，也就产生了资本主义的萌芽思想，即"文艺复兴"。但丁是第一个采用"文艺复兴"主义的作家。他的《神曲》里面就有很多人文主义的精神，比如，肯定人，肯定人性。但是由于几个世纪的神学统治，神学观念根深蒂固，所以，《神曲》里面也有很多中世纪神学方面的因素，比如，采用神学的神话题材、采用中世纪神学的写作方法等等。从他以后，"文艺复兴"运动蓬勃开展起来，并且蔓延到欧洲其他国家。因此，但丁被认为是中世纪的最后一个作家，同时也是"文艺复兴"新时期的第一个作家。

　　早在青年时期，但丁就以激昂的政治热情加入了贵尔夫党，投身于反对封建贵族的斗争，并参加了粉碎基白林党的战斗。贵尔夫党在佛罗伦萨掌权后，但丁被选为该城行政官。该党后来又分裂为黑白两党，但丁属于白党，反对罗马教皇对佛罗伦萨的干涉。教皇伙同法国军队支持黑党于1302年击败白党，掌握了政权，开始清洗白党成员。但丁被没收全部家产，判处终身流放，自此再未回到故乡，直至客死拉文那。

　　《神曲》是但丁于流放期间历时14年完成的长篇诗作，原名为"喜剧"。中世纪时，人们对"喜剧"的解释与今人不同，其意为结局令人喜悦的故事。1555年后，人们在原书名前加上修饰语"神圣的"，既表示对诗人的崇敬，也暗指此诗主题之庄严深奥，意境之崇高。在我国，则将书名译为《神曲》。

除《神曲》外，但丁还写了《新生》《论俗语》《缱宴》及《诗集》等著作。《新生》中包括31首抒情诗，主要抒发对恋人的眷恋之情，质朴清丽，优美动人，在"温柔的新体"这一诗派的诗歌中，它达到了最高的成就。

薄伽丘

经过费力才得到的东西，要比不费力就得到的东西更能令人喜爱。

薄伽丘（1313—1375年）是意大利文艺复兴运动的杰出代表，人文主义者。他的代表作《十日谈》，批判了宗教守旧思想，主张"幸福在人间"，被视为文艺复兴的宣言。他与但丁、彼特拉克被合称为"文学三杰"。

薄伽丘自幼喜爱文学，他自学诗学，阅读经典作家的作品。青年时代他有机会出入安杰奥的罗伯特国王的宫廷，在这里，他被压抑的个性和才智得以充分施展。他同许多人文主义诗人、学者、神学家、法学家广泛交往，并接触到贵族骑士的生活，这丰富了他的生活阅历，扩大了文化艺术视野，进一步焕发了他对古典文化和文学的兴趣。

1348年，意大利的佛罗伦萨发生了一场可怕的瘟疫，每天都有大批的尸体运到城外。从3月到7月，病死的人达十万以上，昔日美丽繁华的佛罗伦萨城尸骨遍野，惨不忍睹。这件事给当时的意大利作家薄伽丘以深刻影响。为了记下人类这场灾难，他以这场瘟疫为背景，写下了一部当时意大利最著名的短篇小说集《十日谈》。

当时，《十日谈》被称为"人曲"，是和但丁的《神曲》齐名的文学作品，也被称为《神曲》的姊妹篇。作品中描写和歌颂了现实生活，赞美爱情是才智的高尚的源泉，歌颂自由爱情的可贵。作品也揭露了封建帝王的残暴、基督教会的罪恶、教士修女的虚伪等等。薄伽丘是在佛罗伦萨长大的，他从小向往民主自由，对教会的黑暗统治强烈不满，长大后，他多次参加政治活动，反对封建专制。《十日谈》就是他反封建反教会的有力武器。

《十日谈》写完后，薄伽丘受到了封建势力的迫害和打击，时常被教会派来的人咒骂和威胁。他有一次曾愤怒地想把所有的著作全部烧毁，幸好他的好朋友——意大利著名的民主诗人彼特拉克苦苦相劝，《十日谈》才得以留存至今。

薄伽丘是在1350年和诗人彼特拉克相识的，第二年，他受委托去邀请被放逐的彼特拉克回佛罗伦萨主持学术讨论，从此，这两位卓越的人文主义者建立了亲密无间的友谊。

薄伽丘潜心研究古典文学，成为博学的人文主义者。他翻译了荷马的作品，在搜集、翻译和注释古代典籍上做出了重要贡献。晚年，他致力于《神曲》的诠释和讲解，曾主持佛罗伦萨大学《神曲》讨论。

1373年10月23日，薄伽丘抱病在佛罗伦萨大学《神曲》讨论会上做了最后一次演讲。第二年，彼特拉克的逝世，给他精神上很大的打击。1375年12月21日，薄伽丘在契塔尔多逝世。

哥伦布

世界是属于勇者的。

哥伦布（约1451—1506年）是意大利的航海家，一生从事航海活动。他相信大地球形说，认为从欧洲西航可达东方的印度和中国。在西班牙国王的支持下，他先后4次出海远航，发现了美洲大陆，因此名垂青史。

哥伦布十分崇拜曾在热那亚坐过监狱的马可·波罗，他读过《马可·波罗游记》，十分向往印度和中国。当时地圆说非常盛行，哥伦布也深信不疑。他先后向葡萄牙、西班牙、英国、法国等国国王请求资助，以实现他向西航行到达东方国家的计划，但都遭到了拒绝。

当时地圆说的理论尚不十分完备，许多人不相信，把哥伦布看成江湖骗子。哥伦布为实现自己的计划，到处游说了十几年。直到1492年，西班牙王后慧眼识英雄，她说服了国王，甚至要拿出自己的私房钱资助哥伦布，哥伦布的计划才得以实施。

1492年8月3日，哥伦布受西班牙国王派遣，带着给印度君主和中国皇帝的国书，率领3艘百十来吨的帆船，从西班牙巴罗斯港扬帆驶出大西洋，直向正西航去。经过两个多月的昼夜航行，1492年10月12日凌晨终于发现了陆地。哥伦布以为到达了印度，后来才知道他们登上的这块土地，属于现在中美洲加勒比海中的巴哈马群岛，他当时为它命名为圣萨尔瓦多。

1493年3月15日，哥伦布回到西班牙。此后他又3次重复向西航行，又登上了美洲的许多海岸。直到1506年逝世，他一直认为他到达的是印度。

后来，一个叫作亚美利加的意大利学者，经过更多的考察，才知道哥伦布到达的这些地方不是印度，而是一个原来不为人知的新大陆。哥伦布发现了新大陆，但是，这块大陆却用证实它是新大陆的人的名字命了名：亚美利加洲。

后来的学术界对于谁最早发现了美洲不断出现各种说法，认为美洲土著居民本身就是远古时期从亚洲迁徙过去的，中国、大洋洲的先民航海到达美洲也是极有可能的。但这些都不能改变哥伦布发现新大陆的事实。

哥伦布开辟了横渡大西洋到美洲的航路，先后到达巴哈马群岛、古巴、海地、多米尼加、特立尼达等岛，在帕里亚湾南岸首次登上了美洲大陆。他考察了中美洲洪都拉斯到达连湾两千多千米的海岸线；认识了巴拿马地峡；发现和利用了大西洋低纬度吹东风、较高纬度吹西风的风向变化；证明了大地球形说的正确性；促进了旧大陆与新大陆的联系。

达·芬奇

勤劳一日，可得一夜的安眠；勤劳一生，可得幸福的长眠。

达·芬奇并不是姓名，而是表示芬奇镇出身之意，全名列昂纳多·迪·塞尔·皮耶罗·达·芬奇的意思是来自芬奇镇的迪·塞尔·皮耶罗之子——列昂纳多。达·芬奇（1452—1519年）是意大利文艺复兴全盛时期著名的美术家、自然科学家和工程师，是人文主义和科学精神的总代表和最高体现者。

达·芬奇最为世人所熟悉的就是他绝高的绘画艺术。他在少年时已显露出艺术天赋，15岁左右到佛罗伦萨学艺，师从著名的艺术家委罗基奥，开始系统地学习造型艺术。委罗基奥的工作室是当时佛罗伦萨著名的艺术中心，经常有意大利人文主义者在这里聚会，讨论学术问题。达·芬奇在这里结识了一大批知名的人文主义者、艺术家和科学家，开始接受人文主义的熏陶。达·芬奇在20岁时已经具备了很高的艺术造诣，他用画笔和雕刻刀去表现大自然和现实生活的真、善、美，热情歌颂人生的幸福和大自然的美妙。

他一方面热心于艺术创作和理论研究，研究如何用线条与立体造型去表现形体的各种问题，另一方面他也同时研究自然科学，为了真实感人地塑造艺术形象，他广泛地研究与绘画有关的光学、数学、地质学、生物学等多种学科。他的艺术实践和科学探索精神对后世产生了重大而深远的影响。

在艺术创作方面，文艺复兴时期当数达·芬奇、米开朗琪罗和拉斐尔的成就最高。他们的艺术成就达到了西方造型艺术继古希腊之后的第二次高峰，仅绘画而言，则达到了欧洲的第一次高峰，被后世誉为意大利文艺复兴时期的三杰。其中尤以达·芬奇最为突出，恩格斯称他是巨人中的巨人。

达·芬奇的艺术作品不仅像镜子似的反映事物，而且还以思考指导创作，从自然界中观察和选择美的部分加以表现。壁画《最后的晚餐》、祭坛画《岩间圣母》和肖像画《蒙娜丽莎》是他一生中的三大杰作。这3幅作品是达·芬奇为世界艺术宝库留下的珍品中的珍品，是欧洲艺术的拱顶之石。

丢　　勒

艺术就藏在自然里，谁能把它揪出来谁就占有它。

阿尔布雷特·丢勒（1471—1528年）是德国画家、版画家及木版画设计家。少年时曾追随父亲习艺，他对绘画表现出特殊的才能，13岁时就能逼真地画出自己的肖像，19岁时为父亲所画的肖像已充分显示出他成熟的素描功力。

作为一个文艺复兴时期的人，丢勒相信艺术家必须深入观察自然和竭力发现宇宙的秘密，以揭示和表现美。但与此同时，他又坚持认为艺术家连同其艺术应是上帝的工具。当米开朗琪罗以大卫雕像展现人的完美和新生时，丢勒以同样高超的技法创作了蚀版画《圣尤斯塔斯》，将这位殉教者与神迹相遇的景象表现得如人间乐园。不过，他在那个时期的代表作则是稍早一点创作的《启示录》木刻组画，在内容和表现风格上更明显带有哥特式教诲性小型画像的特征。

同达·芬奇一样，丢勒也具有科学的头脑，因而曾深研数学和透视学，并写下了大量的笔记和论著。在透视法和人体解剖学方面，他创作了许多反映社会现实的绘画作品。他同时还研究建筑学，发明了一种建筑学体系。丢勒还是一位美术理论家，著有《绘画概论》和《人体解剖学原理》。他使德国艺术摆脱了哥特式艺术的影响和束缚，走向以人文主义思想为指导的现实主义艺术道路，把当时幼稚的版画艺术推向完美的新阶段。他支持当时的宗教改革运动，同情农民战争，曾主动为宗教改革运动的领袖马丁·路德的宣传册子绘制版画插图，并以农民战争纪念碑的设计来终结自己的创作道路。

他画的动植物素描之精确完全可以同达·芬奇所留下的画作相媲美，但同时他又对《启示录》中记载的各种怪兽的存在深信不疑。因此丢勒不仅是画家，而且是数学家、机械师、建筑学家，他曾创立了筑城学理论。

丢勒的作品包括木刻版画及其他版画、油画、素描草图以及素描作品，他的作品中以版画最具影响力。他是最出色的木刻版画和铜版画画家之一。

哥 白 尼

人的天职在于探索真理。

尼古拉·哥白尼（1473—1543年）是波兰天文学家，现代天文学创始人，日心说的创立者。

哥白尼生于一个富人家庭，少年时父亲早逝，他由舅父领养。他曾赴意大利博洛尼亚大学和帕多瓦大学求学，学习数学、天文学、法律、医学等，并接受了人文主义思想。毕业后回到波兰，担任他舅父的医生和秘书，直到他舅父去世。

在弗伦堡30年间，他将主要精力放在教士的责任和医学研究上，同时利用工作之余研究天文学。他建了一个小天文台，后来被称为"哥白尼塔"。但是从当时人的记载和哥白尼本人的著作来看，他很少进行天文观测，他主要通过前人的观测结果，进行哲学思考与数学计算，逐渐形成了自己的天文学体系。

当时天文学采用的是托勒密的天文体系。托勒密认为，每个行星都在一个称为"本轮"的小圆形轨道上匀速转动，而本轮的中心在称为"均轮"的大圆轨道上绕地球匀速转动，但地球不是在均轮的圆心，而是同圆心有一段距离。这一观点一直被人们作为正统思想所接受。

随着观测技术的进步，哥白尼对托勒密的系统产生了怀疑。为了简化理论，更好地符合实际观测的结果，哥白尼将不动点从地球移动到了太阳上，提出了日心说。他指出，地球不是宇宙的中心，而是同五大行星一样围绕太阳这个不变的中心运行的普通行星，其自身又以地轴为中心自转。

这期间，哥白尼在一篇叫作《短论》的手稿中归纳了自己的主要天文学观点，并传播给亲近的朋友。实际上，当时已经有条件出版理论著作了，但是哥白尼本人一直不愿意这么做，其中重要的一个原因就是他一直想解决自己的理论体系中的缺陷，不想因贸然出版而招致外来的批评。

1539年，在朋友的劝说下，哥白尼决定出版他的作品。1540年他出版了一个小册子来介绍哥白尼体系的要点。1543年秋，哥白尼因中风已陷入半身不遂的状况，当一本印好的《天体运行论》送到他的病榻的时候，已是他弥留的时刻了。

哥白尼的学说改变了那个时代人类对宇宙的认识，而且动摇了欧洲中世纪宗教神学的理论基础，他的理论的提出给人类的宇宙观带来了巨大的变革。

米开朗琪罗

最近于浮雕的绘画是最优秀的绘画。

米开朗琪罗·博那罗蒂（1475—1564年）是意大利伟大的雕塑家、画家、建筑师和诗人，是文艺复兴时期雕塑艺术最高峰的代表。他创作的人物雕像雄伟健壮，气魄宏大，充满了无穷的力量，成为整个时代的典型象征。

　　米开朗琪罗13岁进入佛罗伦萨画家基尔兰达约的工作室，后转入圣马可修道院的美第奇学院做学徒，在那里他接触到了古风艺术的经典作品和一大批哲人学者，并产生了崇古思想。时兴的新柏拉图主义和受到火刑惩处的多明我会教士萨伏那洛拉给了他一生最重要的影响。

　　米开朗琪罗最初本无意做画家，他的志向是成为一名雕刻家，并且只在意雕而不在意塑。1496年，米开朗琪罗来到罗马，他先是以雕刻家的身份稳定了自己艺术家的地位，之后创作了第一批代表作《酒神巴库斯》和《哀悼基督》等。《哀悼基督》是他的成名之作，解剖学科的艺术实践和细致入微的匠心独运吻合了，甚至超出了人们可以理喻的"鬼斧神工"，被誉为15世纪最动人的人性拥抱神性的作品，出示了悲剧却掩饰了哀伤。

　　这一时期的另一件作品是创作于1501年的《大卫》——神化的人形已经确立。米开朗琪罗其后的一些雕刻作品是几组陵墓雕像，断断续续工作了很长时间，其中较为著名的是《垂死的奴隶》《被缚的奴隶》《摩西》和《昼》《夜》以及《晨》《暮》。米开朗琪罗晚年未完成的4件雕刻作品实际上是在为自己设计墓地雕像，是一样的题材《哀悼基督》。最初的一件《哀悼基督》和最后的一件《哀悼基督》都是圣母怜子的惯用样式，圣母承负着爱的痛失，形象既不明晰，手工也不细腻，或许是在走过了八十多年的人生路程之后，在向世人诉说，不是人生的抱负无以施展，而是天国的奥秘藏而不露。

　　米开朗琪罗的艺术不同于达·芬奇的充满科学的精神和哲理的思考，而是在艺术作品中倾注了自己满腔悲剧性的激情。这种悲剧性是以宏伟壮丽的形式表现出来的，他所塑造的英雄，既是理想的象征，又是现实的反应。这些都使他的艺术创作成为西方美术史上一座难以逾越的高峰。

拉　斐　尔

闲适是一个空杯子，它完全依赖于我们往里面倒入什么东西。

拉斐尔·桑西（1483—1520年）是意大利杰出的画家。他的作品博采众家之长，形成了自己独特的风格，代表了当时人们最崇尚的审美趣味，成为后世古典主义者不可企及的典范。

拉斐尔的父亲是宫廷画师，所以他从小就随父学画。后来，他学习了15世纪佛罗伦萨艺术家的作品，开始走上了独创的道路。

拉斐尔潜心研究各画派大师的艺术特点，并认真领悟，博采众长，尤其是达·芬奇的构图技法和米开朗琪罗的人体表现及雄浑风格，最后形成了独具古典精神的秀美、圆润、柔和的风格，成为和达·芬奇、米开朗琪罗鼎足而立的文艺复兴"艺坛三杰"之一。

拉斐尔创作了大量的圣母像，显露出非凡的天才。他的一系列圣母画像，都以母性的温情和青春健美而体现了人文主义思想。其中比较有名的有《圣母的婚礼》《带金莺的圣母》《草地上的圣母》《花园中的圣母》《西斯廷圣母》《福利尼奥的圣母》《椅中圣母》《阿尔巴圣母》等。

拉斐尔21岁时画的《圣母的婚礼》，不仅表明他充分吸收了佩鲁吉诺的艺术精华，而且后来居上，无论构图与形象塑造都有所创新。尤其是画面的平衡，背景的描绘，圣母玛利亚的端庄、文雅，均为前辈画家作品中所罕见。

大型油画《西斯廷圣母》是拉斐尔最成功的一幅圣母像，是他怀着虔诚的心情谱写的一曲圣母赞歌。画面采用了稳定的金字塔形构图，人物形象和真人大小相仿，庄重均衡，画面背景全部用小天使的头像组成，构思新颖独到，圣母形象柔美圣洁，表现了母爱的幸福与伟大。在《椅中圣母》中，拉斐尔将圣母形象刻画得更加人性化，圣母的装束深受异国风情的影响，色彩绚丽，充满东方情调。整幅作品构图完整，充分体现了拉斐尔无与伦比的绘画技巧。

拉斐尔最著名的壁画是为梵蒂冈宫绘制的《雅典学院》。这幅巨型壁画把古希腊以来的五十多位著名的哲学家和思想家聚于一堂，包括柏拉图、亚里士多德、苏格拉底、毕达哥拉斯等，以此歌颂人类对智慧和真理的追求，赞美人类的创造力。

提 香

天才也会犯错误。

提香（1490—1576年）是意大利文艺复兴盛期威尼斯画派的代表性画家，是画坛上著名的色彩大师。时人评价说，在意大利，没有人能和提香的绘画天才相比，无论是拉斐尔或是达·芬奇。

提香出生在威尼斯北部风景秀丽的山区小镇卡多莱，12岁时父亲就带他游历威尼斯，后来提香再次来到威尼斯便进了乔凡尼·贝利尼的工作室学画，从此几乎一生都没有离开过威尼斯。

提香在乔凡尼画室里与比他大一岁的乔尔乔内一起学画，乔尔乔内享乐主义的人生观、开放的思想行为、熟练的绘画技巧以及对色彩超乎常人的敏感和表现力，令提香崇拜得五体投地，乔尔乔内竟成了他心目中的上帝。提香崇拜乔尔乔内，模仿他的绘画风格，以至人们几乎辨别不出作品的作者。

乔尔乔内的早逝，使提香在威尼斯画坛独步一时，甚至成为诸多权贵的宠儿。法国国王亨利三世曾亲临他的画室；罗马皇帝查理五世在随从的簇拥下来到他的画室，发现一支画笔掉在地上，弯下身子去为他捡起来，并风趣地对他说："世上最伟大的皇帝给最伟大的画家捡起一支画笔。"

青年时代的提香在人文主义思想的主导下，继承和发展了威尼斯派的绘画艺术，把油画的色彩、造型和笔触的运用推进到新的阶段，画中所含的情感饱满而深刻，作为乔尔乔内的助手时他帮助画了《睡着的维纳斯》后面的风景。在宗教画《纳税银》和《圣母升天》中反映了新兴资产阶级的道德观念。《爱神节》《酒神库巴斯与阿里阿德涅》等神话题材的作品，洋溢着欢欣的情调和旺盛的生命力。但在1533年查理五世封他以贵族称号后，则画了《西班牙拯救了宗教》和《菲力二世把初生的太子唐·斐迪南献给胜利之神》等趋逢权贵的作品。

他的艺术风格体现了威尼斯艺术的成熟。他对色彩的性能及其相互关系有着深刻的认识和理解，他用色大胆，色调极其丰富明快、微妙而准确；他的笔触热情奔放，流畅自如，不拘成规；画面明亮而又和谐，洋溢着生命的活力和雄浑、华贵之美，他被称为西方油画之父。

蒙　田

　　害怕自己会受苦的人，已经遭受了他所害怕的痛苦。

　　蒙田（1533—1592年）是法国文艺复兴后最重要的人文主义作家。在16世纪的作家中，很少有人像蒙田那样受到现代人的崇敬和接受；他是启蒙运动以前法国的一位知识权威和批评家，是一位人类感情的冷峻的观察家，也是对各民族文化，特别是西方文化进行冷静研究的学者。从他的思想和感情来看，人们似乎可以把他看成是在他那个时代出现的一位现代人。

　　蒙田的母亲是西班牙人的后裔，父亲则是法国波尔多附近的一个小贵族，当时的贵族不看重学问，以从戎为天职，所以蒙田常常说他不是学者。他喜欢给人造成这样一种印象：他不治学，只不过是"漫无计划、不讲方法"地偶尔翻翻书；他写的东西也不润色，不过是把脑袋里一时触发的想法记下来而已，纯属"闲话家常，抒写情怀"。我们从他的代表作《蒙田随笔全集》里，完全可以看出他的这种写作心态和风格。其实他当时万万没有想到，这正符合后代读者的阅读需要和审美情趣。

　　蒙田在37岁那年就继承了父亲在乡下的领地，一头扎进那座圆塔三楼上的藏书室，过起隐居生活。

　　蒙田把自己的退隐看作是暮年的开始，是从所谓"死得其所之艺术"的哲理中得到启示的。其实他退隐的真正原因是逃避社会，他赞美自由、静谧与闲暇，向往优游恬适的生活，不过他的隐居生活不是消极的，而是积极的，他除了埋头做学问以外，还积极从事写作，自1572年开始一直到1592年逝世，在长达20年的岁月中，他以对人生的特殊敏锐力，记录了自己在智力和精神上的发展历程，陆续写出了这部鸿篇随笔巨著，为后代人留下了极其宝贵的精神财富。

　　蒙田的名声在17世纪已远播海外，在英国，培根的《散文集》就深受蒙田的影响。在17世纪上半叶那个古典主义时代，有人认为他那结构松散的散文不合人们的口味，然而到了18世纪，他又声名鹊起，著名作家、哲学家狄德罗欣赏蒙田的散文恰恰在于所谓的"无条理"，认为"这是自然的表现"。有些作家、思想家和艺术家的思想似乎特别复杂，具有许多不同的层面，因此对于后代的各式各样的人都具有无穷无尽的引力，大概这就是包括蒙田在内的古代大师的秘密吧。经过四百余年的考验，历史证明了蒙田与莎士比亚、苏格拉底、米开朗琪罗一样是一位不朽的人物，他的随笔如他自己所说的那样，是"世上同类体裁中绝无仅有的"。

塞万提斯

> 上帝送黎明来，是赐给所有人的。

塞万提斯（1547—1616年）是文艺复兴时期西班牙小说家、剧作家、诗人。他被誉为西班牙文学世界里最伟大的作家。评论家们称他的小说《堂吉诃德》是文学史上的第一部现代小说，是世界文学的瑰宝。

塞万提斯出生于一个贫困之家，父亲是一个跑江湖的外科医生。一家人随父亲东奔西跑，直到1566年才定居马德里。23岁时他到了意大利，当了胡利奥的家臣。一年后不肯安于现状的性格又驱使他参加了西班牙驻意大利的军队，准备对抗来犯的土耳其人。他参加了著名的勒班多大海战，这次战斗中，西班牙为首的联合舰队的24艘战舰重创了土耳其人的舰队。带病坚守岗位的塞万提斯在激烈的战斗中3处负伤，以至被截去了左手，此后即有"勒班多的独臂人"之称。

经过了4年出生入死的军旅生涯后，他带着基督教联军统帅胡安与西西里总督给西班牙国王的推荐信，踏上返国的归途。

不幸的是途中遭遇了土耳其海盗船，他被掳到阿尔及利亚。由于这两封推荐信，土耳其人把他当成了重要人物，准备勒索巨额赎金。做了奴隶的塞万提斯组织了一次又一次的逃跑，却均以失败告终，但他的勇气与胆识却得到俘虏们的信任与爱戴，就连奴役他们的土耳其人也为他不屈不挠的精神所折服。1580年，亲友们终于筹资把他赎回，这时他已经34岁了。

以一个英雄的身份回国的塞万提斯,并没有得到腓力普国王的重视,终日为生活奔忙。他一面著书,一面在政府里当小职员,他曾做过军需官、税吏,接触过农村生活,也曾被派到美洲公干。他不止一次被捕下狱,原因是不能缴上该收的税款,也有的却是遭受无妄之灾。就连他那不朽的《堂吉诃德》也有一部分是在监狱里构思和写作的。书中堂吉诃德在游侠生活中的遭遇,揭露了社会的黑暗,抨击了教会的专横,揭示了人民的困苦。他塑造的堂吉诃德和他的仆从桑丘,是西方古典文学中的两个典型形象。

培　　根

跛足而不迷路的人,能赶过虽健步如飞却误入歧途的人。

培根(1561—1626年)是英国的哲学家、作家和科学家。他竭力倡导"读史使人明智,读诗使人聪慧,数学使人精密,哲理使人深刻,伦理学使人有修养,逻辑修辞使人善辩。"

培根一生在学问上成就很大,然而作为政客他却饱尝了仕途的艰辛。他的父亲是伊丽莎白女王的掌玺大臣,父亲去世后,他一直未得到女王的重用,直到詹姆斯一世当政,他才逐渐得到升迁。他先后担任过法院院长、检察长、掌玺大臣等,还被封以男爵、子爵等贵族尊号,然而后来他又被免除了一切官职。成为平民之后,培根将全部的精力投入到学问研究中,他最终成为中世纪英国著名的唯物主义哲学创始者。

培根是近代自然科学的鸣锣开道者,他最早表达了近代科学观,阐述了科学的目的、性质,发展科学的正确途径,首次总结出科学实验的经验方法——归纳法,对近代科学发展起到了指导作用。他推崇科学、发展科学的进步思想和崇尚知识的进步口号,一直推动着社会的进步。这位一生追求真理的思想家,被马克思称为"英国唯物主义和整个现代实验科学的真正始祖"。

他在逻辑学、美学、教育学方面也有过许多建树,著有《学术的进步》和《新工具》等。培根尖锐地批判了中世纪经院哲学,认为经院哲学和神学严重地阻碍了科学的进步,主张要全面改造人类的知识,使整个学术文化从经院哲学中解放出来，实现伟大的复兴。他认为，科学必须追求自然界事物的原因和规律，要达到这个目的，就必须以感官经验为依据。他提出了唯物主义经验论的原则，认为知识和观念起源于感性世界，感觉经验是一切知识的源泉。要获得自然的科学知识，就必须把认识建筑在感觉经验的基础上。他提出的经验归纳法，主张以实验和观察材料为基础，经过分析、比较、选择、排除，最后得出正确的结论。

《论说文集》最能体现培根的写作风格：文笔优美、语言凝练、寓意深刻。这本书中的文章从各个角度论述了他对人与社会、人与自己、人与自然的关系的许多独到而精辟的见解，使许许多多人从这本书中获得熏陶指导。

莎士比亚

> 相信少数人，不害任何人，爱所有人。

莎士比亚（1564—1616年）是英国文艺复兴时期伟大的剧作家、诗人，欧洲文艺复兴时期人文主义文学的集大成者。虽然莎士比亚只用英文写作，但他却是世界著名作家，他的大部分作品都已被译成多种文字，其剧作也在许多国家上演。

16世纪末期，伊丽莎白中央主权尚属巩固，王室跟工商业者及新贵族的暂时联盟尚在发展，1588年打败西班牙"无敌舰队"后国势大振，这使莎士比亚对生活充满了乐观主义情绪，相信人文主义思想可以实现。这时期他所写的历史剧和喜剧都表现出明朗、乐观的风格。历史剧如《理查三世》、《亨利三世》等，谴责封建暴君，歌颂开明君主，表现了人文主义的反封建暴政、反封建割据的开明政治理想。喜剧如《仲夏夜之梦》《第十二夜》《皆大欢喜》等，描写了温柔美丽、坚毅勇敢的妇女，冲破重重封建阻拦，终于获得美满的爱情，表现了人文主义的歌颂自由爱情和反封建禁欲束缚的社会人生主张。就连这时期写成的悲剧《罗密欧与朱丽叶》也同样具有不少明朗乐观的因素。

到了17世纪初，英国农村的"圈地运动"正在加速进行，社会矛盾深化，政治经济形势日益恶化，人民痛苦加剧，反抗迭起。在这种情况下，莎士比亚深感人文主义理想与现实的矛盾越来越加剧，创作风格也从明快乐观变为阴郁悲愤，这时期所写的悲剧也不是重在歌颂人文主义理想，而是重在揭露批判社会的种种罪恶和黑暗。代表作《哈姆雷特》展现了一场进步势力与专治黑暗势力的惊心动魄的斗争。《奥赛罗》描写了一幕冲破封建束缚又陷入资本主义利己主义阴谋的青年男女的感人爱情悲剧。《李尔王》描写刚愎自用的封建君王在真诚和伪善的事实教育下变为一个现实而具同情心的"人"的过程。《麦克白》则揭露权势野心对人的毁灭性腐蚀毒害作用。这时期所写的喜剧《终成眷属》《一报还一报》等也同样具有悲剧色彩。

到了晚年，莎士比亚深感人文主义理想的破灭，乃退居故乡写浪漫主义传奇剧，其创作风格也随之表现为浪漫空幻。《辛白林》和《冬天的故事》写失散后的团聚或遭诬陷后的昭雪、和解。《暴风雨》写米兰公爵用魔法把谋权篡位的弟弟安东尼奥等所乘的船引到荒岛，并宽恕了他，其弟也交还了王位。一场类似《哈姆雷特》的政治风暴，在宽恕感化中变得风平浪静。

莎士比亚在约1590—1612年的二十余年内共写了37部戏剧。他的戏剧多取材于历史记载、小说、民间传说和老戏等已有的材料，反映了封建社会向资本主义社会过渡时期的历史现实，宣扬了新兴资产阶级的人道主义思想和人性论观点。由于一方面广泛借鉴古代戏剧、英国中世纪戏剧以及欧洲新兴的文化艺术，一方面深刻观察人生、了解社会、掌握时代的脉搏，使莎士比亚得以塑造出众多栩栩如生的人物形象，描绘出广阔的、五光十色的社会生活图景，并使之以悲喜交融、富于诗意和想象、寓统一于矛盾变化之中以及富有人生哲理和批判精神等特点著称。

从17世纪开始，莎士比亚戏剧传入德、法、意、俄、北欧诸国，然后渐及美国乃至世界各地，对各国戏剧发展产生了巨大、深远的影响，并已成为世界文化发展、交流的重要纽带和灵感源泉。

伽 利 略

一切推理都必须从观察与实验得来。

伽利略（1564—1642年）是文艺复兴后期意大利物理学家、数学家和天文学家，是欧洲近代自然科学的创始人之一。

伽利略出生于意大利西部海岸的比萨城，他的父亲是一位不得志的音乐家，精通希腊文和拉丁文，对数学也颇有造诣。因此，伽利略从小受到了良好的家庭教育。

伽利略在12岁时进入佛罗伦萨附近的瓦洛姆布洛萨修道院接受古典教育。17岁时，他进入比萨大学学医，同时潜心钻研物理学和数学。由于家庭经济困难，伽利略没有拿到毕业证书便离开了比萨大学。在艰苦的环境下，他仍坚持科学研究，攻读了欧几里得和阿基米德的许多著作，做了许多实验，并发表了许多有影响的论文，从而受到了当时学术界的高度重视，被誉为"当代的阿基米德"。

1590年，伽利略在比萨斜塔上做了"两个铁球同时落地"的著名实验，从此推翻了亚里士多德"物体下落速度和重量成比例"的说法，纠正了这个持续已久的错误结论。

1609年，伽利略创制了天文望远镜（后被称为伽利略望远镜），并用来观测天体，他发现了月球表面的凹凸不平，并亲手绘制了第一幅月面图。1610年1月7日，伽利略发现了木星的4颗卫星，为哥白尼学说找到了确凿的证据，标志着哥白尼学说开始走向胜利。借助于望远镜，伽利略还先后发现了土星光环、太阳黑子、太阳的自转、金星和水星的盈亏现象、月球的周日和周月天平动，以及银河是由无数颗恒星组成的等等。这些发现开辟了天文学的新时代。

伽利略把他的著作以通俗读物的形式发表出来，取名为《星空信使》，这本书在威尼斯出版，轰动了当时的欧洲，也为伽利略赢得了崇高的荣誉。他的著作还有《关于太阳黑子的书信》《关于托勒密和哥白尼两大世界体系的对话》和《关于两门新科学的谈话和数学证明》等。

为了纪念伽利略的功绩，人们把木卫一、木卫二、木卫三和木卫四命名为伽利略卫星。人们争相传颂："哥伦布发现了新大陆，伽利略发现了新宇宙。"

开 普 勒

  上帝等待了六千年才有人来读他的著作。

  约翰尼斯·开普勒（1571—1630年）出生在德国南部的瓦尔城。他的一生颠沛流离，是在宗教斗争（天主教和新教）情势中度过的。开普勒原是个新教徒，从学校毕业后，进入新教的神学院——杜宾根大学攻读，本想将来当个神学者，但后来却对数学和天文学发生了浓厚的兴趣和爱好。

  1598年奥地利暴发了宗教冲突，天主教徒用凶残的惩罚来恫吓开普勒。他被迫离开奥地利，逃到匈牙利隐蔽起来。不久，他接到在布拉格路德福国王宫廷内任职的第谷的邀请，去协助整理观测资料并编制新星表。

  这是开普勒最快乐的时代，他不再为生活而发愁，可以专心从事天文学研究了。然而不幸的是，第谷于第二年就去世了。开普勒继任第谷的工作，他利用第谷多年积累的观测资料，仔细分析研究，发现了行星沿椭圆轨道运行，并且提出行星运动三定律（即开普勒定律），为牛顿发现万有引力定律打下了基础。

  在第谷的工作基础上，开普勒经过大量的计算，编制成《鲁道夫星表》，表中列出了1005颗恒星的位置。这个星表比其他星表要精确得多，因此直到18世纪中叶，《鲁道夫星表》仍然被天文学家和航海家们视为珍宝，它的形式几乎没有改变地保留到今天。

  开普勒主要著作有《宇宙的神秘》《光学》《宇宙和谐论》《哥白尼天文学概要》《彗星论》和《稀奇的1631年天象》等。其中，在《宇宙和谐论》中，开普勒找到了最简单的世界体系，只需7个椭圆就可以描述天体运动的体系了；在《彗星论》中，他指出彗星的尾巴总是背着太阳，是因为太阳排斥彗头的物质造成的，这是距今半个世纪以前对辐射压力存在的正确预言；此外，开普勒还发现了大气折射的近似定律。

  为了纪念开普勒的功绩，国际天文学联合会决定将1134号小行星命名为开普勒小行星。开普勒对天文学的贡献几乎可以和哥白尼相媲美。

笛 卡 儿

我思故我在。

笛卡儿（1596—1650年）是法国数学家、科学家和哲学家，是西方近代资产阶级哲学奠基人之一。他的哲学与数学思想对历史的影响是深远的。人们在他的墓碑上刻下了这样一句话："笛卡儿，欧洲文艺复兴以来，第一个为人类争取并保证理性权利的人。"

1628年，笛卡儿从巴黎移居荷兰，在荷兰长达20年的时间里，他集中精力做了大量的研究工作，写下了《论世界》一书，书中总结了他在哲学、数学和许多自然科学问题上的看法。他还出版了《行而上学的沉思》《哲学原理》等。他的著作在生前就遭到教会指责，死后又被梵蒂冈教皇列为禁书，但这并没有阻止他的思想的传播。

在哲学方面，笛卡儿强调科学的目的在于造福人类，使人成为自然界的主人和统治者。他反对经院哲学和神学，提出怀疑一切的"系统怀疑的方法"。但他还提出了"我思故我在"的原则，强调不能怀疑以思维为其属性的独立的精神实体的存在，并论证以广延为其属性的独立物质实体的存在。

笛卡儿不仅在哲学领域里开辟了一条新的道路，同时又是一位勇于探索的科学家，在物理学、生理学等领域都有值得称道的创见，特别是在数学上他创立了解析几何，从而打开了近代数学的大门，在科学史上具有划时代的意义。

笛卡儿的主要数学成果集中在他的《几何学》中。在笛卡儿之前，几何与代数是数学中两个不同的研究领域。笛卡儿站在方法论的自然哲学的高度，认为希腊人的几何学过于依赖于图形，束缚了人的想象力。对于当时流行的代数学，他觉得它完全从属于法则和公式，不能成为一门改进智力的科学。因此他提出必须把几何与代数的优点结合起来，建立一种"真正的数学"。依照这种思想，他创立了"解析几何学"。笛卡儿的这一天才创见，更为微积分的创立奠定了基础，从而开拓了变量数学的广阔领域，在数学史上具有划时代的意义。

笛卡儿在其他科学领域的成就同样硕果累累，他靠着天才的直觉和严密的数学推理，在物理学方面作出了有益的贡献；他发展了宇宙演化论，创立了漩涡说；他还提出了刺激反应说，为生理学做出了一定的贡献。

伦 勃 朗

比金钱更重要的是名誉，比名誉更重要的是自由。

伦勃朗·哈尔曼松·凡·莱因（1606—1669年）是欧洲17世纪最伟大的画家之一，也是荷兰历史上最伟大的画家。

伦勃朗生于小康人家，曾入过大学，不久就辍学当了画家，干上了专画肖像的热门职业，并娶了一位富家小姐。妻子富裕的家庭成为伦勃朗事业成功的基础，直到1642年妻子去世前，伦勃朗一直是上流社会的肖像画家。此后，他的事业开始衰落，陷于债务之中。去世时，他除了几件旧衣服和画具外，没有留下任何财产。

伦勃朗的绘画体裁广泛，包括肖像画、风俗画、风景画、宗教画、历史画等。现存的最早署有年代的作品为宗教画《圣斯蒂芬被石块击毙》。他绘制了大量肖像画，为了塑造具有个性特征的人物形象，他耗尽毕生精力来研究面相学。这方面的探索成果，乃是他表现技法的一个重要组成部分。

从1632年起，伦勃朗定居阿姆斯特丹，在艺术上进入成熟阶段。成名作《蒂尔普教授的解剖课》，突破了荷兰传统的团体肖像画的呆板程式，在构图和人物神态上均处理得逼真而生动，因而受到好评。

进入17世纪40年代以后，伦勃朗个人生活中遇到了一些不幸的事件。生活的折磨使他更深刻地去观察和理解社会，在艺术上进入了深化阶段。1642年，名画《夜巡》问世。画家进一步突破传统的团体肖像画程式，使它带有风俗画和历史画的性质，其目的可能是为了要使人由此而回忆起往昔荷兰人民反抗异族统治的革命斗争。

晚年的伦勃朗处于变相的破产状态。以后两年，房子和动产均被拍卖。他的油画买主不多，可是宗教题材蚀刻画却销路甚广，其中有一幅俗称《100荷币版画》，即是由于买价高而获得这一名称的。

据20世纪60年代统计，伦勃朗留下的作品包括约600幅油画、350幅蚀刻画和1 500张素描。伦勃朗在绘画史——不独是荷兰的而是全欧洲的绘画史上所占的地位，是与意大利文艺复兴诸巨匠不相上下的。

拉 封 丹

要工作，要勤劳，劳作是最可靠的财富。

让·德·拉封丹（1621—1695年）是法国寓言诗人。他的父亲是一个湖泊森林管理处的小官吏。他幼年时常跟父亲到树林里去散步，从小就对大自然产生了无比的热爱。他在祖父丰富的藏书中发现了马莱伯的抒情诗，从此对诗歌产生了浓厚的兴趣。

20岁时，拉封丹去巴黎学习神学，后又改学法律。1652年接替父职，但他不善管理，终于在1657年携家定居巴黎。

拉封丹算得上是大器晚成的诗人。他早年的生活平平常常，庸庸碌碌；他生性慵懒，喜欢幻想。他一生遇见过数位靠山，而这些靠山多是伯乐式的人物，因而后半生一直生活在达官贵人的庇护之下。正是他们赏识他的诗才，提供年金或供给食宿，让凡人拉封丹一步步成为诗人。他最后一卷的《寓言诗》于1694年出版，时年73岁。他一生中写了12卷寓言，竟然花了27年的时间。诗人之懒，可见一斑。他曾说过：他的一生中，半生在"睡觉"，半生则"无所事事"。

但拉封丹的寓言善于借用现成的民间故事情节，运用诗的语言对之进行再创造。他的寓言诗对17世纪法国社会上的丑陋现象进行了大胆的讽刺。拉封丹的寓言诗，与伊索寓言、克雷洛夫寓言诗一起，构成了世界寓言作品中最高的三座丰碑。

拉封丹的主要诗作有《寓言诗》《故事诗》和韵文小说《普叙赫和库比德的爱情》等。拉封丹在1684年当选为法兰西学院院士，但他在去世前两年表示忏悔，公开否定了自己的作品。

他的《寓言诗》诗篇简短精练，拟人化的动物对话富有戏剧意味。它吸取了一些民间语言的特点，深入浅出，流畅自然。大多采用自由诗体,间用十二音级的亚历山大体,韵律变化多样,优美和谐。他的作品为后人所称赞,作家塞维涅夫说:"拉封丹的寓言像一篮樱桃,我们要是挑最美的,篮子就空了。"

莫 里 哀

一个知道太多的"聪明人",比无知者笨两倍。

莫里哀(1622—1673年)是法国17世纪古典主义文学最重要的喜剧作家、演员、戏剧活动家,也是法国芭蕾舞喜剧的创始人。他在欧洲戏剧史上占有十分重要的地位。

莫里哀出生在一个殷实家庭,他曾享受过贵族教育,但不久就宣布放弃世袭权力,从事戏剧事业。他创立了"光耀剧团",惨淡经营,曾因负债而被指控入狱。后来,他不顾当时蔑视演戏的社会风气和家庭的反对,毅然离家出走,在外漂流了十多年。他积累了丰富的生活素材,编写演出了一系列很有影响的喜剧。最后,莫里哀作为剧团的领导人重返巴黎,此后,他一直在巴黎进行创作演出。

莫里哀生活在资产阶级勃兴、封建统治日趋衰亡的文艺复兴时期。他同情劳动人民,笔锋所向,揭露的是昏庸腐朽的贵族、坑蒙拐骗的僧侣、无病呻吟的地主、冒充博学的"才子",还有靠剥削起家而力图"风雅"的资产者,利欲熏心、一毛不拔的高利贷者……他从各个侧面勾画出了剥削阶级的丑恶形象。但他还没有注意到正在形成的工人队伍,因此他笔下的正面人物,常常是那些被嘲讽的仆人、佃户、工匠,这些人总是以高妙的手段使对方当场现形,让剥削者在观众的哭声中受到批判。

1659年,莫里哀创作了《可笑的女才子》,辛辣地讽刺了资产者的附庸风雅,抨击了贵族社会所谓"典雅"生活的腐朽无聊,因而触怒了贵族势力,遭到禁演。但莫里哀并未被吓倒,连续编演了《丈夫学堂》和《太太学堂》。《太太学堂》因宣扬新思想,要求冲破封建思想牢笼而被指责为"淫秽""诋毁宗教",又遭到禁演。莫里哀奋起还击,写了《〈太太学堂〉的批评》和《凡尔赛宫即兴》两出论战性短剧。1664

年，莫里哀写成杰作《伪君子》，1668年，他又创作了另一部力作《吝啬鬼》。

帕　斯　卡

> 人的灵魂有两个入口：一是理智，一是意志。

帕斯卡（1623—1662年）是法国数学家、物理学家、哲学家。他自幼丧母，没有受过正规的学校教育。

帕斯卡的父亲是一位受人尊敬的数学家，在他的精心教育下，帕斯卡很小时就精通欧几里得几何，他自己独立地发现出欧几里得的前32条定理，而且顺序也完全正确。12岁独自发现了"三角形的内角和等于180度"。父亲发现他很有出息，在他16岁那年就带他参加了巴黎数学家和物理学家小组（法国巴黎科学院的前身）的学术活动。17岁时帕斯卡写成了数学水平很高的《圆锥截线论》一文，这是他研究德扎尔格关于综合射影几何的经典工作的结果。

18岁时他创制了第一架机械式计算器，曾发表过一些有关算术级数和二项式系数的论文，例如在《论算术三角形》的论文中提出二项式系数的三角形排列法（这一方法已由我国杨辉早在1261年《详解九章算法》中得出）。他还是概率论的创始人之一。

他在物理学上的主要贡献是对大气压强和流体静力学的研究。当托里拆利1643年的真空实验传到法国后，帕斯卡在1646年重复其实验获得成功（需要有优质玻璃管）。他还把12米长的玻璃管固定在船的桅杆上用水和葡萄酒做托里拆利实验。人们原以为葡萄酒中含有"气"元素，因此酒柱会比水柱短。但因为酒的密度比水小，结果酒柱比水柱还要高。1647年他发表了《关于真空的新实验》一书。1646—1651年他还在巴黎、多姆山等地的多次试验中证实了大气压强随高度的增加而减小，并与当地气象条件有关，从而预示了利用气压计预报气象的前景。

帕斯卡还从力的平衡的观点进一步研究了流体的平衡。他说山顶气压计实验"使我亲眼看到了自然界中最轻的流体空气和最重的流体水银之间的平衡"。

在他逝世后第二年（1663）出版的《论液体平衡和空气的重量》中，分别论述了流体静力学和气体力学，书中提出了帕斯卡定律。他在这本书中曾写道："使一百磅水移动一英寸，与使一磅水移动一百英寸显然是一回事"，从而提出了水压机的原理。

后人为纪念帕斯卡的贡献，用他的名字来命名压强的单位，简称帕，符号是Pa。

斯宾诺莎

最大的骄傲与最大的自卑都表示心灵的最软弱无力。

斯宾诺莎（1632—1677年）是西方近代哲学史重要的理性主义者，与笛卡儿和莱布尼茨齐名，他的主要著作是《伦理学》。斯宾诺莎从小入犹太学校学习，因成绩优异，曾被视为"希伯来之光"，但终因持有异端思想，24岁时就被永久革除教籍，并施以恶毒的诅咒。

斯宾诺莎是一元论者或泛神论者，他认为宇宙间只有一种实体，即作为整体的宇宙本身，而上帝和宇宙就是一回事。强调自然界的一切都是必然的，主张"必然性的认识"就是自由。认为感性知识不可靠，只有通过理性的直觉与推理才能得到真正可靠的知识，是唯物主义唯理论的主要代表之一。

在伦理学上，斯宾诺莎认为一个人只要受制于外在的影响，他就是处于奴役状态，而只要和上帝达成一致，人们就不再受制于这种影响，而能获得相对的自由，也因此摆脱恐惧。斯宾诺莎还主张无知是一切罪恶的根源。

斯宾诺莎哲学的目的是证实思想的真理性并获得自由，条件是放弃世俗的东西获得思想的自由，方法是对真理标准的重新确定，他首先对知识进行了分类，把知识分为传闻的知识、经验的知识、理性的知识和直观的知识4种，并认为直观的知识是最可靠的，即真观念。他还界定了上帝的概念，认为上帝是"我理解为绝对无限地存在，亦即具有无限多属性的实体，其中每一属性各表示永恒无限的本质"。并界定了实体的定义，"实体，我理解为在自身内并通过自身被认识的东西，换言之，形成实体的概念可以无需借助他物的概念"。实体具有自因性、无限性、自由性和永恒性。通过对实体概念及其特征的分析，他认为上帝是唯一的实体。他还对自然做出了区分，认为主动的自然作为属性，被动的自然作为样式，即作为原因的自然合作为结果的自然，自然既是自己的原因又是自己的结果，可见自然是实体。同时，上帝又是自然的内因，是全部的自然（通俗来说就是上帝、实体和自然是一个东西）。

对于死亡的问题，斯宾诺莎的名言是："自由人最少想到死，他的智慧不是关于死的默念，而是对于生的沉思。"他的一生也彻底地实践了这句格言，对死亡一直十分平静地面对。

斯宾诺莎的哲学体系对之后17世纪的科学运动的意义在于其决定论的解释，为此后的科学一体化提供了蓝图。他对后来的哲学家，例如谢林、费尔巴哈、马克思等人都有过影响。

牛　顿

如果说我比别人看得远些，那是因为我站在了巨人们的肩膀上。

牛顿（1643—1727年）是伟大的物理学家、数学家和天文学家，经典物理学理论体系的建立者。

牛顿1661年入英国剑桥大学三一学院，1665年获学士学位。随后两年在家乡躲避瘟疫。这两年短暂的时光成为牛顿科学生涯中的黄金岁月，他一生中最重要的科学发现，在这一时期都已基本上孕育成熟。在以后的岁月里，他的工作都是对这一时期研究工作的发展和完善。

1665年初，牛顿创立了级数近似法，以及把任意幂的二项式化为一个级数的规则；同年11月，创立了正流数法（微分）；次年1月，用三棱镜研究颜色理论；5月，开始研究反流数法（积分）。这一年内，牛顿开始想到研究重力问题，并想把重力理论推广到月球的运动轨道上去。他还从开普勒定律中推导出使行星保持在它们的轨道上的力必定与它们到旋转中心的距离平方成反比。牛顿见苹果落地而悟出地球引力的传说，说的也是此时发生的轶事。

总之，在家乡居住的两年中，牛顿以比此后任何时候更为旺盛的精力从事着科学创造，并关心自然哲学问题。他的三大成就：微积分、万有引力、光学分析的思想都是在这时孕育成形的。可以说此时的牛顿已经开始着手描绘他一生大多数科学创造的蓝图了。

牛顿是经典力学理论的集大成者。他系统地总结了伽利略、开普勒和惠更斯等人的工作，得到了著名的万有引力定律和牛顿运动三定律。

1686年底，牛顿写成了划时代的伟大著作《自然哲学的数学原理》一书。他在这部书中，从力学的基本概念（质量、动量、惯性、力）和基本定律（运动三定律）出发，运用他所发明的微积分这一锐利的数学工具，不但从数学上论证了万有引力定律，而且把经典力学确立为完整而严密的体系，把天体力学和地面上的物体力学统一起来，实现了物理学史上第一次大的综合。

牛顿61岁那年被选为英国皇家学会会长，此后年年连任，直至逝世。作为举世公认的、最卓越的科学巨匠，他仍谦逊地说："如果说我比别人看得远些，那是因为我站在了巨人的肩上。"

笛 福

害怕危险的心理比危险本身还要可怕一万倍。

丹尼尔·笛福（1660—1731年）是英国小说家，英国启蒙时期现实主义小说的奠基人，被誉为"小说之父"。

丹尼尔·笛福出生于伦敦，早年经营内衣、烟酒、羊毛织品、制砖业，曾到大陆各国经商。1692年经商破产，因而不得不用各种方法谋生。他曾充当过政府的秘密情报员，设计过各种开发事业，同时从事写作。

1698年他发表了《论开发》，提倡筑公路、办银行、立破产法、设疯人院、办水火保险、征所得税、办女学等。1701年他发表一首讽刺诗《真正英国人》，认为没有纯种的英国人，反对贵族天主教势力，为外籍的信奉新教的威廉三世辩护，此诗连印9版。1702年发表政论《消灭不同教派的捷径》，用反讽手法，反对国教压迫不同教派人士，文笔巧妙，开始竟未被人识破是反对国教。后被发觉，受到罚款和坐牢的惩罚，入狱6个月，枷示3次，却被伦敦市民奉为英雄。在狱中，他仿希腊诗人品达罗斯的颂歌体写了一首《立枷颂》，讽刺法律的不公。

1704年他为辉格党魁哈利办《评论》杂志，主要为哈利的英格兰—苏格兰联合政策争取支持。此后11年间他一直往来于英格兰、苏格兰之间，充当哈利及其继任者托利派戈多尔芬的秘密情报员，搜集舆论。在此期间，他又因写文章而短期入狱。但从未终止为辉格党当政者搜集情报、办报、写文章。

笛福在59岁时开始写作小说。1719年第一部小说《鲁宾孙漂流记》发表，大受欢迎，它成功地塑造了一个理想化的资产者的形象，在欧洲小说史上是一项创举。同年又出版了续篇。1720年又写了《鲁滨孙的沉思集》。此后，他写了4部小说：《辛格尔顿船长》《摩尔·弗兰德斯》《杰克上校》和《罗克萨娜》。此外他还写了若干部传记和关于经商的书，他的小说以《鲁宾孙漂流记》流传最广，被认为是他的代表作。

巴　　赫

用功，才可以成功。

约翰·塞巴斯蒂安·巴赫（1685—1750年）是德国作曲家，是将西欧不同民族的音乐风格浑然融为一体的开山大师。他萃集意大利、法国和德国传统音乐中的精华，曲尽其妙，珠联璧合，天衣无缝，对后来将近三百年整个德国音乐文化乃至世界音乐文化产生了深远的影响。

巴赫生于德国爱森纳赫，少年时期靠奖学金进了在吕讷堡的圣·米歇尔学校。1702年他从圣·米歇尔学校毕业，翌年在一家室内乐队当一名小提琴手。巴赫在一生中主要是以一位卓越的风琴家而闻名，虽然他还是一位作曲家、教师以及乐队指挥。1723年巴赫38岁时开始在莱比锡的圣·托马斯教堂任歌咏班领唱，他在余生的27年中一直担任此角。

巴赫是一位多产的作曲家，他的作品总计起来有八百多首。

巴赫的作品深沉、悲壮、广阔，充满了18世纪上半叶德国现实生活的气息。他谱写了许多充满戏剧性因素的大型声乐作品，其中《马太受难曲》《b小调弥撒》是最有影响的作品。在这些作品中，巴赫作为一个虔诚的新教教徒，通过宗教音乐形式（受难曲、弥撒、经文歌、康塔塔等），抒发了对人类灾难、痛苦的怜悯、同情以及对和平与幸福未来的渴望。与前人的作品相比，巴赫这种充满宗教内容及复调音乐思维的作品更为广阔地揭示了人的内心世界，但同时，他的音乐从来没有脱离德国的音乐传统。《平均律钢琴曲集》是巴赫在"纯音乐"领域留下的重要遗产之一。作为一部具有德意志精神的作品，《平均律钢琴曲集》体现出了那种严谨的德国式思维。另外，巴赫的《法国组曲》《英国组曲》和6首《勃兰登堡协奏曲》等乐队作品，也都表达了作曲家对和平和美好生活的祈求与渴望。这些作品在德意志民族人民的内心深处激起了强烈的共鸣。

巴赫把音乐从宗教附属品的位置上解放出来，使之平民化；把复调音乐发展成主调音乐，大大丰富了音乐的表现力，确立了键盘乐器十二平均律原则。除了声乐作品外，巴赫还奠定了现代西洋音乐几乎所有作品样式的体例基础。因此巴赫被后世尊称为"西方音乐之父"。

孟德斯鸠

> 有益于身而有害于家的事情，我不干；有益于家而有害于国的事情，我不干。

孟德斯鸠（1689—1755年）是法国启蒙时期的思想家、社会学家，是西方国家学说和法学理论的奠基人。

孟德斯鸠出生于法国波尔多附近的拉布雷特庄园的贵族家庭，1716年袭男爵称号，曾任律师、波尔多议会议长、波尔多法院院长。他常去巴黎居住，目睹了路易十四晚年朝政混乱的衰败现象。路易十五接位，由母后摄政，法国社会动荡依旧，孟德斯鸠记录其见闻，积稿10年，于1721年整理成《波斯书简》，并以"波尔·马多"为名发表。这部书通过两个波斯人漫游法国的故事，揭露和抨击了封建社会的罪恶，用讽刺的笔调，勾画出法国上流社会中形形色色人物的嘴脸，如荒淫无耻的教士、夸夸其谈的沙龙绅士、傲慢无知的名门权贵、在政治舞台上穿针引线的荡妇等。书中还表达了对路易十四的憎恨，说法国比东方更专制。这部书受到了普遍欢迎。

他最重要的也是影响最大的著作是1748年发表的《论法的精神》。这是一部综合性的政治学著作，这部书受到读者极大的欢迎，两年中就印行了22版。孟德斯鸠反对神学，提倡科学，但又不是一个无神论者和唯物主义者，他是一名自然神论者。他最重要的贡献是对资产阶级的国家和法的学说做出了卓越贡献，他在洛克分权思想的基础上明确提出了"三权分立"学说；他特别强调法的功能，他认为法律是理性的体现，法又分为自然法和人为法两类，自然法是人类社会建立以前就存在的规律，那时候人类处于平等状态；人为法又有政治法和民法等。孟德斯鸠提倡资产阶级的自由和平等，但同时又强调自由的实现要受法律的制约，政治自由并不是愿意做什么就做什么。他说："自由是做法律所许可的一切事情的权利；如果一个公民能够做法律所禁止的事情，他就不再有自由了。因为其他的人也同样会有这个权利。"其中还提出了"地理环境决定论"，认为气候对一个民族的性格、感情、道德、风俗等会产生巨大影响，认为土壤同居民性格之间，尤其同民族的政治制度之间有着非常密切的联系，认为国家疆域的大小同国家政治制度有极密切的联系。

孟德斯鸠一生的著述虽然不多，但其影响却相当广泛，尤其是《论法的精神》这部集大成的著作，奠定了近代西方政治与法律理论发展的基础，也在很大程度上影响了欧洲人对东方政治与法律文化的看法。

伏 尔 泰

坚强的信心，能使平凡的人做出惊人的事业。

伏尔泰（1694—1778年）是法国启蒙思想家、文学家、哲学家，是18世纪法国资产阶级启蒙运动的旗手，被誉为"法兰西思想之王""法兰西最优秀的诗人""欧洲的良心"。

伏尔泰出生在巴黎一个富裕的中产阶级家庭，自小受过良好的教育。他才思敏捷，多才多艺。他的作品以尖刻的语言和讽刺的笔调而闻名。他曾因辛辣地讽刺封建专制主义而两度被投入巴士底狱。他的书被列为禁书，他本人多次被逐出国门。1725年他被迫流亡英国，对英国资产阶级的政治、文化产生了浓厚的兴趣。他研究英国的资产阶级君主立宪制，研究洛克的唯物主义经验论和牛顿的万有引力理论。

伏尔泰经历了路易十四、十五、十六3个封建王朝的统治，目睹了封建专制主义由盛转衰，亲身感受到了封建专制主义统治的腐朽和反动，他深刻地预见到革命必然到来。他那非凡的才智、锐利的思想以及他对黑暗的封建专制主义所做的揭露，使他在人民中间享有崇高的声望。统治者也想利用他。路易十五请他当过宫廷史官；普鲁士国王腓特烈二世把他待为上宾；俄国女皇叶卡捷琳娜二世曾接见过他，但最终都由于他的叛逆思想而不欢而散。痛苦的经历使他决心不再与任何君王往来。

伏尔泰写过大量文学作品，其中著名的有史诗《亨利亚德》、《奥尔良少女》，悲剧《欧第伯》，喜剧《放荡的儿子》，哲理小说《老实人》。他也写过不少历史著作，如《路易十四时代》《论各民族的风俗与精神》等。在哲学方面，他的代表作有《哲学辞典》《形而上学论》《牛顿哲学原理》等著作，其中最有影响的一本书是《哲学通信》，被人称为"投向旧制度的第一颗炸弹。"

富兰克林

行正言正，不要损害自己或别人的声誉。

本杰明·富兰克林（1706—1790年）是美国革命时期的资产阶级民主主义思想家，杰出的政治活动家，卓越的科学家。他是美国18世纪仅列于华盛顿之后的最著名的人物。

为了对电进行探索，他曾经做过著名的"风筝实验"，在电学上成就显著，他为了深入探讨电运动的规律所创造的许多专用名词如正电、负电、导电体、电池、充电、放电等成为世界通用的词汇。他借用了数学上正负的概念，第一个科学地用正电、负电概念表示电荷性质，并提出了电荷不能创生，也不能消灭的思想。后人在此基础上发现了电荷守恒定律。他最先提出了避雷针的设想，由此而制造的避雷针，避免了雷击灾难，破除了迷信。

他是一位优秀的政治家，是美国独立战争的老战士。他参加起草了《独立宣言》和美国宪法，积极主张废除奴隶制度，深受美国人民的崇敬。他是美国第一位驻外大使，所以在世界上也享有较高的声誉。

他从实践出发，从事科学实验和观察，在电学上解答了"电为何物"的问题，将不同状态下的电称为"正电"和"负电"，提出了电学中的"一流论"，在大气电学方面揭示了雷电现象的本质，被誉为"第二个普罗米修斯"。这些电学上划时代的研究成果，使他成为蜚声世界的第一流科学家。

他在光学、热学、声学、数学、海洋学、植物学等方面也有研究，并有新式火炉、避雷针、电轮、三轮钟、双焦距眼镜、自动烤肉机、玻璃乐器、高架取书器、新式路灯等一系列发明创造。因而，他以仅读过两年小学的学历，被美国的哈佛大学、耶鲁大学，英国的牛津大学、爱丁堡大学、圣安德鲁大学等六七所大学授予硕士学位或博士学位。

他是杰出的社会活动家，成为北美殖民地有影响的人物。他不仅善于解决自然科学里的专门问题和社会政治活动中的实际问题，还常常探索许多哲学问题和社会问题。他是自然神论者，认为精神依附于物质；他认为社会贫困的原因是劳动者必须养活寄生者；他酷爱自由和平，反对战争，痛恨种族歧视和奴隶制度，主张维护黑人和印第安人的利益。他是当时最渊博的资产阶级自由主义思想家之一。

欧　　拉

如果命运是块顽石，我就化为大锤，将它砸得粉碎！

莱昂哈德·欧拉（1707—1783年）是18世纪最优秀的数学家，也是历史上最伟大的数学家之一，被称为"分析学的化身"。

欧拉从小喜欢钻研数学，13岁就成了巴塞尔大学的学生，他17岁的时候，成为巴塞尔有史以来的第一个年轻的硕士，19岁时撰写了《论桅杆配置的船舶问题》，荣获巴黎科学院的奖金。

欧拉有惊人的记忆力，他能背诵前100个质数的前10次幂，能背诵罗马诗人维吉尔的史诗《埃涅阿斯纪》，能背诵全部的数学公式。直至晚年，他还能复述年轻时的笔记的全部内容。高等数学的计算他可以用心算来完成。

欧拉渊博的知识、无穷无尽的创作精力和空前丰富的著作，都是令人惊叹不已的。他从19岁开始发表论文，直到76岁，半个多世纪写下了浩如烟海的书籍和论文。可以说欧拉是科学史上最多产的一位杰出的数学家。据统计他那不倦的一生，共写下了886本书籍和论文（七十余卷，牛顿全集8卷，高斯全集12卷），其中分析、代数、数论占40%，几何占18%，物理和力学占28%，天文学占11%，弹道学、航海学、建筑学等占3%。彼得堡科学院为了整理他的著作，足足忙碌了47年。至今几乎每一个数学领域都可以看到欧拉的名字，从初等几何的欧拉线、多面体的欧拉定理、立体解析几何的欧拉变换公式、四次方程的欧拉解法到数论中的欧拉函数、微分方程的欧拉方程、级数论的欧拉常数、变分学的欧拉方程、复变函数的欧拉公式等等，数也数不清。欧拉对数学分析的贡献更是独具匠心，《无穷小分析引论》一书便是他划时代的代表作，哥德巴赫猜想也是在他与哥德巴赫的通信中提出来的。欧拉还首先完成了月球绕地球运动的精确理论，创立了分析力学、刚体力学等力学学科，深化了望远镜、显微镜的设计计算理论。

他那顽强的毅力和孜孜不倦的治学精神，使他在双目失明以后，也没有停止对数学的研究，在失明后的17年间里，他还口述了几本书和四百多篇的论文。

卢　梭

人生的价值是由自己决定的。

卢梭（1712—1778年）是法国著名启蒙思想家、哲学家、教育家、文学家，是18世纪法国大革命的思想先驱，启蒙运动最卓越的代表人物之一。

1749年，卢梭的应征文章《论科学与艺术》获奖，他在这篇文章中否定了艺术和科学的价值,从反面进行了论证,表露了他对巴黎社会的不信任和憎恶,并反对这种社会中所隐藏着的欺诈。他斥责科学、文学和艺术,认为这些东西被权力主宰了。这虽使他一举成名,却也逐渐显示出他同其他启蒙主义者在思想立场上的分歧和差异。

后来他离开了巴黎,在法国蒙莫朗西森林附近开始了他的隐居生活。其后他写了许多著名的著作,有政治学名著《社会契约论》(又译《民约论》),这是世界政治学史上著名的经典著作之一。他在《社会契约论》中预见的"消费者的各种陷阱,大城市的骚乱以及毁灭性的军费负担"等等,都已成为当代社会的现实问题。目前,单在法国就有一百五十多位学者在专门研究卢梭的思想。

他的教育学论著《爱弥儿》,简述了他那独特而自由的教育思想,这是一部儿童教育的经典著作,虽然卢梭在世时,曾因此书而遭受攻击,但其独到的教育思想,不但对后来的教育学说产生了深远的影响,而且其民主自由的思想也成为法国大革命的动力。但因《爱弥儿》同时激怒了当局和百科派,卢梭避难逃至瑞士等地,最后回到法国仍不得安宁。他的自传体小说《新爱洛绮丝》出版后,成为人人争看的畅销书,并被翻译成多种语言,风靡全欧。

与此同时,欧洲读者不断来信,女士、年轻人和年轻的哲学家纷纷来函,请求卢梭给予指导,这使他在精神上受到很大鼓舞。以后,卢梭又应英国哲学家休谟的邀请,去了英国,终因与休谟之间的分歧愈来愈大而离开英国。他不得已改名回到法国,重新过隐居的生活。流亡生涯、不安宁的岁月并未影响到卢梭的著述。他先后著有《忏悔录》《一个孤独的散步者的遐想》《山中书信》《公民的情感》等著作。

狄 德 罗

真正的成功便是工作。

狄德罗(1713—1784年)是18世纪法国唯物主义哲学家、美学家、文学家、教育理论家,百科全书派代表人物,第一部法国《百科全书》的主编。

狄德罗精通意、英等几国文字，以译述沙夫茨伯里的《德性研究》而著称。他在主编《百科全书》的25年中，深受弗朗西斯·培根、霍布斯和洛克等人思想的影响，尤其是培根关于编辑百科全书的思想，促使他坚定地献身于《百科全书》的事业。

狄德罗在哲学、文学、美学等方面都有独创的见解。在哲学领域里，他认为自然是一个永远流动的统一的系统或整体，其中存在的无非是时间、空间和物质，物质的基本形态为分子，可以自行运动，无需神的干预。他创造了统一、联系和转化的概念，表露了辩证法思想的因素。他提倡唯物主义的感觉论，肯定知识来源于感觉，而感觉是外界事物刺激人们感官的结果。他重视思维的作用，例如，综合感觉材料，制定假说，从而进行实验，扩大人类的认识范围。在政治领域，他宣传"契约论"思想，声称君主的权威来自政治契约，君主的职责在于保卫公民不受他人欺凌。他抨击封建社会中神权和政权的干扰，大力提倡自由，包括政治自由、贸易自由以及学术研究自由。他希望理性能恢复力量，期待开明君主出现，进行改革，建成合理的社会。他一度对沙俄女皇叶卡捷琳娜二世抱有幻想，1773—1774年应邀访问圣彼得堡，后失望而归。

狄德罗一生的事业中，最大的成就是主编了《百科全书》。在他周围聚集了伏尔泰、达兰贝尔、霍尔巴赫、格里姆、卢梭等一批当代卓越的思想家、科学家、文学家。这部巨著普及科学知识，宣扬理性主义，反对宗教愚昧，希望知识产生实际效益，增进人类幸福，指引人们重视工艺和技巧，使技术同科学相结合，增加控制自然的力量；启迪人们认清腐败的现状，创造美好的社会环境。该书多次被禁，但狄德罗坚守自己的信念，克服重重阻力，毕生为真理和正义而奋斗。

狄德罗的主要著作有《论解释自然》《修女》《拉摩的侄儿》《达兰贝尔和狄德罗的谈话》《关于物质和运动的哲学原理》等，大多是他死后出版的。

康　　德

工作是使生活得到快乐的最好方法。

康德（1724—1804年）是德国哲学家、天文学家、星云说的创立者之一、德国古典哲学的创始人，唯心主义、不可知论者，德国古典美学的奠定者。

康德生于东普鲁士的格尼斯堡，他的家庭信奉路德宗的虔信派，康德从小在教会办的学校受教育，1740年进入格尼斯堡大学神学院，1745年毕业后当了9年的家庭教师。从1755开始，康德一直没有离开格尼斯堡。

他在普鲁士这个边远小城，注视着世界的最新发展，讨论着时代的前沿问题。他在创造了深刻反映启蒙精神的批判哲学之后，又明确地提出了"什么是启蒙运动"这一至今还吸引着哲学家的问题；他一生中只有一次到过100公里以外的城市旅行的经历，但他却像一个阅历丰富的旅行家那样，在人类学著作中对各国风土人情做了详细而生动的描写；他是一个虔诚的教徒，但他的理性宗教观却被普鲁士政论指责为"歪曲蔑视《圣经》和基督教的基本学说"。

康德是卢梭的崇拜者，他与卢梭一样，是一个平民哲学家。他说："我生性是个探求者，我渴望知识，急切地要知道更多的东西，有所发明才觉得快乐。我曾经相信这才能给予人的生活以尊严，并蔑视无知的普通民众。卢梭纠正了我，我想象中的优越感消失了，我学会了尊重人，除非我的哲学恢复一切人的公共权利，我并不认为自己比普通劳动者更有用。"

《纯粹理性批判》发表之后，康德成了青年学生向往的导师，政府也不断向他咨询各种问题，但为了捍卫思想自由，他不顾政府的禁令，在退休之后发表了《学院之争》，继续讨论宗教问题。

康德的著作以1770年为界，分前批判时期和批判时期；批判时期的著作又分理论哲学和实践哲学的著作。理论哲学的著作有《纯粹理性批判》和它的简写本《未来形而上学导论》；实践哲学的著作有《道德的形而上学基础》《实践理性批判》《完全在理性范围内的宗教》和《道德形而上学》等。他的《判断力批判》是一部内容特殊的著作，其中关于审美判断和目的性判断的论述可以解释为联系理论理性与实践理性的媒介，也可解释为前两部批判的补充。

莱　辛

对真理的追求比对真理的占有更为可贵。

莱辛（1729—1781年）是德国启蒙运动时期剧作家、美学家、文艺批评家。

莱辛生于劳西茨地区的卡门茨，1746年入莱比锡大学，同年写出处女作喜剧《年轻的学者》。后来在柏林参加过报刊编辑工作。他终生为了能靠写作维持独立生活而奋斗，但是他一生贫困，不得不先后充当一个将军的秘书，又为一个公爵管理图书。莱辛在戏剧理论、戏剧创作和美学方面做了杰出的贡献。此外，他也写过诗体和散文体的寓言、有关哲学和神学的评论文章。

莱辛在1759年完成《寓言三卷集》和《关于寓言的论文》。他推崇伊索寓言，指责拉封丹及其追随者的语言过于雕琢。莱辛这三卷寓言是用散文写成的，语言精练，风格朴素。

这些寓言已经显露出莱辛对德国现实的批判的锋芒。《好战的狼》揭露普鲁士专制政权侵略好战的本性。《水蛇》通过一条吞食青蛙的水蛇，刻画出统治阶级的残暴。《驴和狮》叙述一头驴子和狮子为伴就蔑视同类，讽刺市侩小人的虚荣。《驴和狼》《宙斯和绵羊》等用一系列软弱无能的动物形象，鞭挞德国市民阶层中苟且偷安的思想。此外还有不少寓言对当时德国文艺界的现象进行了批判：《鸵鸟》嘲笑只唱高调、没有创作成果的人；《夜莺和云雀》讽刺脱离群众的作家。莱辛的寓言简短有力地表达了他的进步思想和批判精神。

莱辛的重要美学论著是《拉奥孔，论画和诗的界限》。作者通过特洛伊祭司拉奥孔父子三人被蛇缠死的故事在古代造型艺术和诗歌中的不同处理，来探讨画和诗反映现实的不同方法。自古以来，文艺理论家对于这两种艺术都未能划清界限。

莱辛毕生从事戏剧活动。他主张德国必须有自己的民族戏剧，作为争取德国民族统一的有力工具。他认为戏剧是文学体裁中的最高形式。早在《关于当代文学的通信》中，莱辛已经谈到他对民族文学的主张，尖锐地批判了高特舍特，提出要以莎士比亚为榜样。

莱辛处于古典主义向浪漫主义的转折点，将启蒙运动推向高潮。其美学思想预示了即将到来的浪漫主义美学的萌芽和蓬勃发展。

海　顿

让全世界都懂得我的语言。

海顿（1732—1809年）是18世纪后期奥地利著名作曲家，维也纳古典派音乐大师，被后世称为交响乐之王。

海顿自幼受到民间音乐和教堂音乐的熏陶，6岁时到海恩堡合唱团唱弥撒曲。从1761年起，海顿在宫廷中任宫廷乐长近三十年，期间写有约60部交响曲，40首弦乐四重奏，约30首钢琴奏鸣曲，5首弥撒曲和11部歌剧等。这些作品使他蜚声欧洲乐坛。

1781年海顿结识了莫扎特，并与之建立了诚挚的友谊。1790年宫廷乐队解散，长期依附于贵族的海顿，开始在艺术天地中自由驰骋。他在1791年和1794年两次前往伦敦，期间写下了12部《伦敦交响曲》及其他作品，形成了创作的高峰。他在一次访问伦敦时路过波恩，在那里发现了年轻的贝多芬，表示愿意收贝多芬为学生。1792年贝多芬前往维也纳拜海顿为师，因两人性格迥异，师生关系为时不久。但海顿认为贝多芬迟早会进入欧洲最伟大的作曲家之列。

海顿的作品体裁涉及面很广，在数量众多的作品中，以交响曲和弦乐四重奏成就最高。他在前人基础上，确立了交响曲的规范，为近现代交响曲的发展奠定了基础。

海顿一生创作了一百多首交响曲。早期交响曲多为生活娱乐题材，形式接近室内乐。他的交响曲中最有名的是12部《伦敦交响曲》，它们标志着海顿交响曲创作的最高成就。他开创了交响曲的主调音乐风格，并使复调手法在功能和声的基础上发展，完善了4个乐章的奏鸣——交响套曲形式，使作品的4个乐章体现出统一的艺术构思，表现生活的各个方面，发展了奏鸣曲快板的结构，确立了乐队的双管编制和近代配器法原则，奠定了近代交响乐队的基础。四重奏是他另一个重要器乐曲创作形式，共写八十余首。

海顿的音乐之所以具有价值，是因为它面向现实，面向人生，气息清新，朝气蓬勃，令人鼓舞；也因为它在作曲技术上奠定了欧洲古典时期交响曲和室内乐的规范，从而形成了德奥音乐经久不衰的优良传统，也成为世界音乐宝库中的经典之作。

华 盛 顿

要努力让你心中的那朵被称为良心的火花永不熄灭。

乔治·华盛顿（1732—1799年）是美国的开国元勋，在美国独立战争中，他任大陆军总司令，为美国的独立做出了巨大的贡献。

1776年，《独立宣言》通过时，大陆会议就正式将军权授予华盛顿。然而这个当时仅仅是概念上的国家并无一兵一卒。华盛顿临危授命，历尽艰辛，从无到有缔造了一支属于新大陆的子弟兵。八年浴血奋战，将殖民者赶下了大海。1783年，美英签署了《巴黎和约》，英国正式承认美国独立。"美国"真正成为一个名副其实的地理概念。

美国独立斗争结束后，正在巴黎谈判的杰斐逊专程赶回国内，设计了一个华盛顿向国会交出军权的仪式。按照杰斐逊的设计，向国会交出军权的仪式如期举行。当时，华盛顿在议员们的对面落座，当议长向大家做介绍时，华盛顿站起来"以鞠躬礼表示国家的武装力量对文官政府的服从"，而国会议员们则以"手触帽檐还礼"。然后，华盛顿发表了简短的讲话："现在，我已经完成了我的使命，我将退出这个伟大的舞台，并且向尊严的国会告别，在它的命令之下，我奋战已久。我谨在此交出委任并辞去我所有的公职。"

华盛顿解甲归田后，回到弗吉尼亚继续经营自己的种植园，在葡萄树和无花果树的绿荫下享受着宁静的田园生活。

1787年，华盛顿再度出山，主持制宪会议，制定了世界上第一部资产阶级宪法。

1789年，华盛顿的卓越功勋使他当选为美国第一任总统。4年以后，他再次当选为美国总统。当他担任美国总统8年后，发誓不再连任，坚决回到芒特弗农山庄，过平民生活。1796年9月17日，华盛顿发表了《告别词》。他宣布："我现在应当向大家有所表示……就是我已下定决心谢绝把我放在被选之列。"从而主动放弃了继续当选美国总统的权利。华盛顿的这一举动开创了一个先例，那就是美国没有人可以成为终身总统，也不允许连任3届总统。

美国的首都是华盛顿，它位于大西洋沿岸的波托马克河畔。其实，在1800年以前美国并没有这样一座城市，它是美国人民为纪念美国的开国元勋——乔治·华盛顿而专门建立的，由此可以看出他在美国人民心目中的地位是多么崇高。

瓦　特

一个人的奋斗，不论成败，只是在把世界雕琢完美。

詹姆斯·瓦特（1736—1819年）是英国著名的发明家，是工业革命时期的重要人物，英国皇家学会会员和法兰西科学院外籍院士。

瓦特自幼爱好技艺和几何学，少年时即精通木工、锻工和模型制造等技术。1753年到格拉斯哥和伦敦学习仪器制造。后来回到格拉斯哥，开始从事蒸汽机的研究。

1764年，学校请瓦特修理一台纽可门式蒸汽机，在修理的过程中，瓦特熟悉了蒸汽机的构造和原理，并且发现了这种蒸汽机的两大缺点：活塞动作不连续而且慢；蒸汽利用率低，浪费原料。以后，瓦特开始思考改进的办法。直到1765年的春天，在一次散步时，瓦特想到，既然纽可门蒸汽机的热效率低是蒸汽在缸内冷凝造成的，那么为什么不能让蒸气在缸外冷凝呢？瓦特产生了采用分离冷凝器的最初设想。在产生这种设想以后，瓦特在同年设计了一种带有分离冷凝器的蒸汽机。

从1766年开始，在3年多的时间里，瓦特克服了在材料和工艺等各方面的困难，终于在1769年制出了第一台样机。同年，瓦特因发明冷凝器而获得他在革新纽可门蒸汽机的过程中的第一项专利。第一台带有冷凝器的蒸汽机虽然试制成功了，但它同纽可门蒸汽机相比，除了热效率有显著提高外，在作为动力机来带动其他工作机的性能方面仍未取得实质性进展。就是说，瓦特的这种蒸汽机还是无法作为真正的动力机。

自1769年试制出带有分离冷凝器的蒸汽机样机之后，瓦特就已看出热效率低已不是他的蒸汽机的主要弊病，而活塞只能作往返的直线运动才是它的根本局限。1781年，他想到了把活塞往返的直线运动变为旋转的圆周运动就可以使动力传给任何工作机。同年，他研制出了一套被称为"太阳和行星"的齿轮联动装置，终于把活塞的往返的直线运动转变为齿轮的旋转运动。由于对传统机构的这一重大革新，瓦特的这种蒸汽机才真正成了能带动一切工作的动力机。1781年底，瓦特以发明带有齿轮和拉杆的机械联动装置获得第二项专利。

1782年，瓦特试制出了一种带有双向装置的新汽缸。由此瓦特获得了他的第三项专利。把原来的单项汽缸装置改装成双向汽缸，并首次把引入汽缸的蒸气由低压蒸气变为高压蒸气，这是瓦特在改进纽可门蒸汽机的过程中的第三次飞跃。通过这3次技术飞跃，纽可门蒸汽机完全演变成了瓦特蒸汽机。

1784年，瓦特以带有飞轮、齿轮联动装置和双向装置的高压蒸汽机的综合组装取得了他在革新纽可门蒸汽机过程中的第四项专利。1788年他发明了离心式调速器和节气阀，用来自动控制蒸汽机的运转速度，1790年发明了蒸汽机配套用压力计。

到此为止，瓦特完成了对蒸汽机的整套发明过程，由此获得了第一部现代蒸汽机——高效率瓦特蒸汽机的发明者称号。很快，瓦特蒸汽机在纺织、采矿、冶炼和交通运输等方面得到了广泛应用，极大地推动了英国和欧洲的第一次工业革命，使世界进入了所谓的"蒸汽机时代"。瓦特对蒸汽机的发明、改进及蒸汽机的广泛应用，直接推动了热力学理论的研究和发展。

瓦特是功率单位"马力"的提出者，国际单位制中的功率单位"瓦特"就是以他的姓氏命名的。

杰 斐 逊

一个人如果态度正确，便没有什么能够阻拦他实现自己的目标；如果态度错误,就没有什么能够帮助他了。

托马斯·杰斐逊（1743—1826年）美利坚合众国第三任总统,同时也是美国独立宣言的主要起草人,及美国开国元勋中最具影响力者之一,被美国人民尊崇为"先哲"。

杰斐逊的第一篇重要论文《不列颠美洲殖民地权力概论》写于1774年。翌年他被选为弗吉尼亚第二次大陆会议代表,1776年起草了《独立宣言》,当年晚些时候又返回弗吉尼亚立法机关,为实行几项重大改革发挥了主导作用。他的重要提案中有两项是"弗吉尼亚宗教自由章程"和"关于进一步普及知识的法案",两者都是有关公共教育的。

杰斐逊在1779年到1781年担任弗吉尼亚州州长,随后从政坛上"隐退"。在隐退期间他写出了他唯一的一本书《弗吉尼亚札记》,书中清楚地表明了杰斐逊反对奴隶制的立场,还包括有其他方面的记述。

不久杰斐逊东山再起,他加入了国会。1784年,杰斐逊前往法国执行外交使命,不久便接替本杰明·富兰克林担任美国大使。在法国他一住就是7年,因此在《美国宪法》起草和通过的整个期间他都不在美国。杰斐逊拥护《宪法》的通过,虽然他与许多其他人一样坚信一项人权法案应该包括在内。

杰斐逊1789年返回美国,不久就被任命为美国第一任国务卿。1796年,杰斐逊成为总统候选人,他的选票仅次于约翰·亚当斯。根据当时的宪法规定,他当上了副总统。1800年他再度参加总统竞选,这次他击败了亚当斯。

杰斐逊于1804年再次当选为总统,但是1808年他决定不再参加第三次竞选,于1809年隐退,随后从事过的唯一的政治活动是创立弗吉尼亚大学。杰斐逊于1826年7月4日在《独立宣言》发表五十周年纪念日之际溘然长逝。

杰斐逊除了有显著的政治才能外,还有许多其他才能。他懂得6门外语,对自然科学和数学感兴趣,他从事科学种田,是位成功的种植园主。他还是一位制造商、小发明家,一位娴熟的建筑师。

琴　　纳

　　医学家从本质上来说，就如同没有安全灯的矿工在黑暗中摸索。

　　爱德华·琴纳（1749—1823年）是免疫学之父，天花疫苗接种的先驱。

　　琴纳出生于牧师家庭。在他青少年时期，天花这个可怕的瘟疫正在整个欧洲蔓延着，而且还被勘探者、探险家和殖民者传播到了美洲。成千上万的人由于病情严重而死亡，或变成盲人和疯子。琴纳目睹这种给人类带来的灾难，他产生了根治这种疾病的愿望。

　　琴纳13岁起便跟随一位外科医生学医。8年以后，他又从师于当时最著名的医学家约翰·亨特。亨特的精湛医术和勇于献身的精神给琴纳极大的影响。26岁时琴纳在家乡当了一名乡村医生，他一边行医，一边研究治疗天花病的方法。

　　他在行医中发现，挤牛奶的工人很少患天花，而凡是得过天花、生过麻子的人，就不会再得天花。他想其中必有奥妙，或许得过一次天花，人体就会产生免疫力了。于是他开始研究用牛痘来预防天花，终于想出了一种方法，从牛身上获取牛痘脓浆，接种到人身上，使之像挤奶女工那样也得轻微的天花，从此就不患天花了。

　　1796年5月的一天，琴纳从一位挤奶姑娘的手上取出微量牛痘疫苗，接种到一个8岁男孩的胳臂上。不久，种痘的地方长出痘疱，接着痘疱结痂脱落。一个多月后，琴纳在这个男孩胳臂上再接种人类的天花痘浆，竟没有出现任何天花病征。试验证明：这个男孩已经产生了抵抗天花的免疫力，琴纳的假设被证实了。人类从此获得了抵御天花的有效武器。

　　在牛痘接种试验中，同行和教会联手围攻琴纳，英国皇家学会也不相信一位来自穷乡僻壤的普通乡村医生能制服天花。

　　为了回答种种责难和疑惑，琴纳又于1799年陆续发表了关于牛痘接种的一系列文章。琴纳的研究成果很快被译成德、法、荷、意和拉丁文在各国发表。由于琴纳牛痘接种法的推广，天花发病和死亡人数大大下降了。英国政府终于承认了这一创新的重大价值。琴纳成为有史以来最伟大的乡村医生。

歌　　德

> 谁要是游戏人生，他就一事无成；谁不能主宰自己，谁就永远是个奴隶。

歌德（1749—1832年）是德国古典文学最主要的代表，也是世界文学史上最杰出的作家之一。他的一生经历了德国文学史上狂飙突进运动、古典主义和浪漫主义3个阶段，是德国历史上少有的长寿作家。

歌德的写作生涯是从10岁开始的。1774年秋，《少年维特之烦恼》的出版使他一举成名。1794年，歌德与席勒相遇，开辟了"以歌德和席勒的友谊为特征"的德国古典文学全盛时期。在10年时间里，他们在创作上互相帮助，各自写出了他们的名作。在席勒的促进下，歌德创作了他的毕生巨著《浮士德》。两位文学巨人10年的相处与合作把德国古典文学推向了高峰，并使魏玛这座小小的公园都城一跃成为当时德国与欧洲的文化中心。

作为德国"狂飙突进"运动的代表人物，歌德在他的一系列作品中呼唤自由，歌颂反抗。《少年维特之烦恼》发表后，立即轰动了全德和全欧，它表现了觉醒的市民阶级知识分子在当时封建社会环境里的精神苦闷。小说对封建道德、等级观念的激烈反抗以及对个性解放、发展"天才"的强烈要求，喊出了当时觉醒的一代知识分子的内心呼声，因此进步人士对之欢呼喝彩。这部书信体小说使多少人爱不释手，就连一生戎马倥偬的拿破仑也随身携带，先后读过7遍。恩格斯说它绝不是"一部平凡感伤的爱情小说"，而是"建立了一个最伟大的批判的功绩"。

歌德花了58年时间完成的诗剧《浮士德》，是一生丰富思想的总结与艺术探索的结晶，是堪与荷马的史诗、莎士比亚的戏剧媲美的伟大诗篇。主人公浮士德年届百岁、双目失明时，仍然认为，人生应当"每天每日去开拓生活和自由，然后才能作自由和生活的享受"，体现了资产阶级上升时期追求真理、自强不息的精神，也是德意志民族优秀传统的反映。

歌德为人类文明留下了丰富的遗产，除了不朽的文学作品外，他在美学、哲学、历史以及地理学、生物学、物理学和天文学等方面，都有重要研究成果或发现。他发现了人的颚骨，对解剖学做出过贡献；他的《颜色学》向牛顿的机械观提出了挑战；他提出的生物进化学说比达尔文早了近百年。

莫 扎 特

有许多人是用青春的幸福作成功的代价的。

莫扎特（1756—1791年）是奥地利作曲家，欧洲维也纳古典乐派的代表人物之一，作为古典主义音乐的典范，他对欧洲音乐的发展起了巨大的作用。莫扎特是钢琴协奏曲的奠基人，他对于欧洲器乐协奏曲的发展同样做出了杰出的贡献。

莫扎特从3岁起就显出了非凡的音乐天才，6岁时在父亲的带领下到慕尼黑、维也纳、普雷斯堡做了一次试验性的巡回演出，获得成功。1763年6月—1773年3月，他们先后到德国、比利时、法国、英国、荷兰、意大利等国进行为期10年的旅行演出均获成功。这些旅行演出对莫扎特的艺术发展产生了积极影响，他有机会接触到欧洲当代最先进的音乐艺术——意大利歌剧、法国歌剧、德国的器乐，又结识了众多的作曲家，跟他们学习作曲技术，这使他以后能够成为他那个时代在创作上风格最为广泛的一位作曲家。

莫扎特在短暂的一生中写出了大量的音乐作品，体裁形式涉及各个领域，留下了许多不朽的杰作。

莫扎特的主要创作领域是歌剧。他一生的36年中，有25年在从事歌剧创作，共写了二十余部。其中《费加罗的婚姻》《唐璜》和《魔笛》最具代表性。

莫扎特一共写了约五十部交响曲，交响曲大部分是早年受各种不同音乐风格影响写成的，因而带有模仿不同风格的痕迹。他最有代表性的交响曲有7部，其中《第三十一交响曲》是为当时欧洲最杰出的交响乐团之一的巴黎交响乐团谱写的，具有巴黎的音乐风格和丰富的音响，《第三十五交响曲》实际上是一首小夜曲，《第三十八交响曲》常被人们称作"没有小步舞曲的交响曲"，它只有3个乐章，不再是对意大利交响曲的风格模仿，而是一部地道的维也纳交响曲，《第三十六交响曲》反映了莫扎特受海顿交响曲创作的影响。

　　此外他还创作了大量的协奏曲、奏鸣曲套曲、室内乐和宗教音乐。作品大都充满了乐观主义的情绪，反映了上升时期的德奥资产阶级乐观向上的精神状态；在维也纳后期的创作中，也出现了悲剧性、戏剧性的风格，对社会矛盾的反映更趋深刻。

席　勒

　　真理常常藏在事物的深底。

　　约翰·克·弗·席勒（1759—1805年）出身于医生家庭，学过法律和医学。他是和歌德齐名的德国启蒙文学家。

　　席勒13岁进入军事学校学法律，后改为学医，毕业后于1780年在斯图加特某步兵旅当军医。他对当时的专制统治有着深切的体会，1780年写成反抗封建暴政、充满狂飙突进精神的剧本《强盗》，1782年1月13日于曼海姆首次公演获得巨大成功。1782年写出了他的第三部悲剧《阴谋与爱情》，并着手创作新剧本《唐·卡洛斯》。

　　1783年席勒应聘任曼海姆剧院编剧，1785年4月接受格·克尔纳等4位仰慕者的邀请，前往莱比锡，在戈里斯村度过了一个美好的夏天，他的名诗《欢乐颂》反映了这种真挚的友情所给予他的温暖和欢乐。同年秋天，席勒随朋友一起迁往德累斯顿，并在那里完成了《唐·卡洛斯》这部以西班牙宫闱斗争为题材的政治悲剧。这是他青年时代最后一个剧本，标志着他的创作正从狂飙突进时期向古典时期过渡。

　　1787年7月席勒来到魏玛，之后用了7年时间研究历史和哲学，写出了许多历史和美学著作。1793年他创办了文艺刊物《季节女神》，后又出版了《文艺年鉴》，并与歌德建立了友谊，从此，两人在创作上互相鼓励，互相促进，德国文学史上开始了古典时期。

这期间席勒写了许多深邃的哲理诗。1797年歌德和席勒各自都写出一系列著名的、名为"谣曲"的叙事诗，因而这一年被称为"谣曲年"。此后席勒继续从事戏剧创作，写出了《华伦斯坦》三部曲、《玛丽亚·斯图亚特》《奥里昂的姑娘》《墨西拿的新娘》以及《威廉·退尔》，接着又以17世纪俄国争夺王位继承权的斗争为题材，开始创作《德梅特里乌斯》的剧本。

在哲学上，席勒是康德的信徒。他的美学理论是唯心主义的。他在自己的美学著作《美育通信》中，强调通过美的教育来改造社会，并且虚构了一个由美学原则统治的国家。但是当他接受歌德的帮助后，就离开了唯心主义哲学。

富 尔 顿

把讥笑和嘲弄当成美好的祝愿。

富尔顿（1765—1815年）是美国著名的工程师，1807年，他利用英国机器制成了世界上第一个蒸汽机轮船"克莱蒙特号"，是世界上轮船的首创者。他为世界人类航海事业的发展做出了卓越的贡献。

富尔顿出生于美国一个贫苦的农民家庭，他从小就爱幻想，17岁到费城独立谋生，那时已能绘制机械图和设计车辆。

从1793年起，富尔顿在研究和总结前人经验的基础上，绘制了许多船舶、桨轮、锅炉和蒸汽机的草图。早期的轮船或仅能空船行驶，或航速不及帆船，或因机器消耗燃料太多，都未能得到实际应用和推广。富尔顿对船身的长宽比和各项尺度、动力和桨轮大小等问题进行了一系列试验，经过9年时间，逐步提高了轮船的效用。他设计制造的第一艘以蒸汽机作动力的轮船，1803年在法国的塞纳河试航成功，富尔顿备受鼓舞。后来富尔顿又对"克莱蒙特号"加以改进，他调换了阀门，改造了锅炉，以克服漏气现象。他还用板遮住锅炉，仔细堵塞船缝，并增设卧铺。经过他的多方改造和检修，"克莱蒙特号"轮船的速度提高到每小时6—8英里。

"克莱蒙特号"轮船的试航成功,意味着人类迎来水上航行的机械化时代。从此,"克莱蒙特号"担负起从纽约到阿尔巴尼城定期航班的运载任务。1808年,富尔顿又造了两艘轮船——"海神之车号"和"典型号"。逆水逆风之下,时速达到每小时6英里,各项性能也更加完善。1809年,富尔顿组建了轮船公司,广泛吸纳资金,建造各种蒸汽轮船。

富尔顿的造船技术被应用于美国海军。他设计、制造的新式战舰和快速汽艇,大大加强了美国海军的实力。

道 尔 顿

一些人能比别人获得更多的成就,是由于他们对面前的问题比起一般人能够更加专注和坚持,而不是由于他的天赋比别人高多少。

约翰·道尔顿(1766—1844年)是英国化学家,为近代化学的发展奠定了重要的基础。伟大革命导师恩格斯誉称他为近代化学之父。

道尔顿出生在一个贫穷的农民家庭,只读了几年小学就在家种地了,但他一直顽强自学,1780年终于受聘到肯达尔城的一所教会中学任教。

自从做了教师后,他终日访贤问能,吸取知识。在这个城市教书的12年中,道尔顿补习了大学的全部课程。经过勤奋学习,道尔顿已是学富五车,才思敏捷,更可喜的是他养成了一个勤观察爱思考的好习惯。

道尔顿一生大量的工作就是观察天气,他一生记录了二十多万条观察记录。他在观察天气时对空气发生了兴趣。他喝茶时发现茶香能均匀地飘散到整个空间,而空气又可以自由均匀地流动,看来气体是些极小的微粒,要不它怎么能这样自由地、均匀地飘散到空气中呢?这只是猜想,要变成理论,自然得经过实验的验证。

在无数次的实验中,道尔顿发现元素的组合总是按照一定的比例,比如氢气和氧气放在一起化合,总是两份氢气和一份氧气化合成水。要是氧气有剩余,它也永远只能是氧气而不能硬挤到水里,这样,一个伟大的思想产生了:物质各由各自的原子组成,要想把铁原子变成金原子是不可能的。

既然元素的原子各不相同，那么它的重量一定不同。原子那么小，自然不能拿秤去称，但是道尔顿想到了一个妙法：根据各种元素在化合反应时的比例，选择最轻的氢，规定它的原子量为1，以它为基准，那么其他元素是氢的几倍，它的原子量就是几了。

这样，道尔顿在1803年9月6日就很快地列出了化学史上第一张有6种简单原子和15种化合物原子的原子量表。为了区分这些各不相同的原子，道尔顿制定了一套元素的符号表。从此道尔顿成名了，他被吸收为皇家学会会员，英国政府授予他金质奖章，柏林科学院授予他名誉院士，法国科学院授予他名誉理士。

拿 破 仑

不想当元帅的士兵不是好士兵。

拿破仑·波拿巴（1769—1821年）是著名的法国将军和皇帝，年轻时的拿破仑是一位民族主义者，认为法国人是压迫者。但是拿破仑却被派遣到法国军事院校学习。

1785年毕业时他只有16岁，就开始在军队当少尉。4年后，法国革命爆发了，刚成立不久的法国政府几年之内就卷入了同几个外国列强战争的激流之中。他指挥炮队在1793年土伦包围战中，从法军和英军手中收复了土伦。此时他已经放弃了他的科西嘉民族主义思想，把自己看作是法国人。他在土伦包围战中立下了战功，被提升为旅长，1796年又被提升为驻意大利法军司令。从1796年到1797年，拿破仑在意大利赢得了一系列辉煌的胜利，随后以英雄的身份返回巴黎。

拿破仑飞黄腾达的速度令人吃惊。1793年8月在土伦包围战之前他只不过是个无名鼠辈，一个24岁的非完全法国血统的小军官；6年以后，年仅30岁的他就成为法国毋庸争辩的君主，他在君主的宝座上一坐就是14年之多。

拿破仑是一名很出色的军事家，他一生亲自参加的战争达到六十多次，而其指挥的军队，直到今天在军事史上依然有着重要意义。但是他的征战打破了欧洲的权力均衡，导致其他欧洲强权7次组成反法同盟，最终彻底击败拿破仑。在拿破仑战败后的维也纳会议上，新的欧洲秩序与均衡被重新建立起来。在滑铁卢战役后，欧洲开始了百年的和平和繁荣。

作为一位政治家，拿破仑的影响也同样深远，以他的名字为名的拿破仑法典中所倡导的自由、平等、博爱随着他的领土扩张迅速地传播开来。

威 灵 顿

最差的结果是战败，其次是战胜。

威灵顿（1769—1852年）是英国陆军元帅，公爵，是在1815年滑铁卢会战中指挥联军同拿破仑作战的统帅。

威灵顿出生于爱尔兰都柏林的一个贵族家庭，毕业于法国昂热军事学校。1787年回国加入英军，任爱尔兰总督的副官。1794—1795年，参加第一次反法联盟的对法战争，在佛兰德之战中崭露头角。1796年，他随兄长出征印度，受命率军攻打迈索尔，使计谋打败铁普苏丹，于1799年成为迈索尔总督。此后，他率军征服了马拉塔诸邦，为英国侵占印度出了大力，因功升为少将。18世纪80年代中期回国，当选为议员，并被任命为爱尔兰事务大臣。

1807年11月，拿破仑派兵入侵葡萄牙和西班牙，伊比利亚半岛战争爆发。威灵顿被召服役，奉命指挥英军，于1808年8月率军在葡萄牙登陆，支援葡、西军民同法军作战。在半岛战争的中后期，威灵顿指挥英西葡联军转战半岛各地，先后在维米耶罗、波尔图、罗德里戈、萨拉曼卡等地击败优势法军，于1812年8月进占马德里。1813年，因功晋升为元帅，并受封为威灵顿公爵。随着欧洲战局的发展，法军不断失败，他于1814年4月率军攻占图卢兹，胜利地结束了半岛战争。在波旁王朝复辟的日子里，他出任英国驻法大使。

1815年6月18日，以拿破仑·波拿巴为统帅的法国军队和以威灵顿为统帅的欧洲联军展开了一场惊心动魄的大决战。双方投入的兵力14万多人，战局几经反复，厮杀异常激烈，田野一片血红。这场决战持续了大约12个小时，第二天清晨，一只皇家信鸽衔着报捷信飞进了伦敦的白金汉宫，欧洲各国的君主们此时此刻总算松了一口气，他们终于知道自己的军队战胜了那位不可一世的法国皇帝拿破仑·波拿巴。

为此，他后来获得了6个国家授予的元帅称号。

贝 多 芬

竭力为善，爱自由甚于一切，即使为了王位，也不要忘记真理。

贝多芬（1770—1827年）是伟大的德国作曲家、维也纳古典乐派代表人物之一，对世界音乐的发展有着举足轻重的作用，被尊称为"乐圣"。

贝多芬出生于一个音乐世家，自幼便显露出音乐的天才，8岁时他已开始在音乐会上表演并尝试作曲，12岁时他已经能够自如地演奏。他的第一位老师聂费对他的帮助极大，聂费拓展了贝多芬的艺术视野，并教会了他许多音乐技能，这为他后来的创作打下了深厚的基础。

1792年，贝多芬来到了"音乐之都"维也纳。为了获得更多的音乐知识与创作技能，他先后拜海顿、阿尔布雷希茨贝格、萨利埃里等名师学习，他努力学习他们的音乐创作技艺与经验，不断丰富和提高自己的艺术修养。与此同时，他还广泛阅读各种文学和哲学书籍，从中汲取丰富的知识营养，终于使自己成为一个具有高度修养的艺术家。

贝多芬在维也纳最初10年的创作，比较著名的作品也只有《悲伤》《月光》和《克罗采》奏鸣曲及《第三钢琴协奏曲》等。但在这期间，他对社会与政治诸问题又有了进一步的理解，也能意识到他要努力探寻的目标。1802—1812年，他的创作进入了成熟时期，这段时间后来成为他的"英雄年代"。

贝多芬一生的创作可分为3个时期：早期作品受海顿和莫扎特的影响，风格轻快流畅；中期作品则体现了他自己的特有的音乐风格，大部分作品都是在这一时期创作的；晚期作品技巧成熟、思想深刻复杂，同时出现了浪漫主义的因素。

他的主要作品包括：9部交响曲、1部歌剧——《费德里奥》、5部钢琴协奏曲、1部小提琴协奏曲、32首钢琴奏鸣曲、10首小提琴奏鸣曲、16首弦乐四重奏以及管弦乐序曲：《埃格蒙特》《柯里奥兰》，以及大量的声乐器乐及戏剧音乐作品。

这些具有高度艺术价值的音乐作品对贝多芬以后的历代作曲家都产生了巨大的影响。如今这些伟大的作品已成为人类文化宝库中一笔丰厚的宝藏。

黑　格　尔

人是靠思想站立起来的。

黑格尔（1770—1831年）是德国哲学家，黑格尔哲学是马克思主义哲学的来源之一。

黑格尔出生于今天德国西南部符腾堡州首府斯图加特，18岁时，他进入图宾根大学学习，同时为斯宾诺莎、康德、卢梭等人的著作和法国大革命深深吸引。1801年30岁的黑格尔任教于耶拿大学。

1822年，黑格尔被任命为大学评议会委员，1829年10月被选为柏林大学校长并兼任政府代表。1831年黑格尔被授予三级红鹰勋章，同年他的《论英国改革法案》一文发表，因普鲁士国王下令中止，文章只发表了前半部分。主要著作包括《精神现象学》《逻辑学》、《哲学全书》（其中包括逻辑学、自然哲学、精神哲学3部分）、《法哲学原理》《美学讲演录》《哲学史讲演录》《历史哲学讲演录》等等。

黑格尔哲学的出发点是承认在自然和人类社会出现以前有一种宇宙精神（他称之为"绝对观念"）存在。他认为，"绝对观念"是一切事物的源泉，世界上的任何现象，无论自然界、社会或人的思维，都是从它派生出来的。这种思想实际上是关于上帝创造世界的一种更曲折、更隐晦的说法。黑格尔的哲学体系就是对绝对观念发展过程的描述。在他看来，绝对观念客观独立地发展着；它从逻辑阶段开始，经过自然阶段，最后发展到精神阶段而回到了自身。所以，他的哲学体系也就由

"逻辑学""自然哲学""精神哲学"3个部分构成。

黑格尔的思想象征着19世纪德国唯心主义哲学运动的顶峰，对后世哲学流派如存在主义和马克思的历史唯物主义都产生了深远的影响。由于黑格尔的政治思想兼具自由主义与保守主义两者之要义，对于那些因看到自由主义在承认个人需求、体现人的基本价值方面的无能为力而觉得自由主义正面临挑战的人来说，他的哲学无疑是为自由主义提供了一条新的出路。

恩格斯后来给其以高度的评价："近代德国哲学在黑格尔的体系中达到了顶峰，在这个体系中，黑格尔第一次（这是他的巨大功绩）把整个自然的、历史的和精神的世界描写为处于不断运动、变化、转化和发展中，并企图揭示这种运动和发展的内在联系。"

华兹华斯

一个崇高的目标，只要不渝地追求，就会成为壮举。

华兹华斯（1770—1850年）是英国浪漫主义诗人，是"湖畔派"诗人的杰出代表。

华兹华斯生于律师之家，父母早逝，妹妹多萝西与他最为亲近，终身未嫁，一直与他做伴。25岁时他与多萝西一起迁居乡间，实现接近自然并探讨人生意义的夙愿。多萝西聪慧体贴，给他创造了写作条件。1798年9月至1799年春，华兹华斯同多萝西去德国小住，创作了《采干果》《露斯》和短诗《露西》组诗，同时开始写作长诗《序曲》。1802年10月，华兹华斯和相识多年的玛丽结婚。

这段时间，华兹华斯写了许多以自然与人生关系为主题的诗歌，中心思想是大自然是人生欢乐和智慧的源泉。1803年华兹华斯游苏格兰，写了《孤独的收割人》和记游诗。1807年他出版了两卷本诗集，这部诗集的出版，结束了从1797至1807年他创作生命最旺盛的10年。

华兹华斯与柯尔律治、骚塞同被称为"湖畔派"诗人。他们也是英国文学中最早出现的浪漫主义作家。他们喜爱大自然，描写宗法制农村生活，厌恶资本主义的城市文明和冷酷的金钱关系，他们远离城市，隐居在昆布兰湖区和格拉斯米尔湖区,由此得名"湖畔派"。

"湖畔派"3位诗人中成就最高者为华兹华斯,他于1789年和柯尔律治合作发表了《抒情歌谣集》,华兹华斯和柯尔律治从拥护法国革命变成反对,于是前者寄情山水,在大自然里找慰藉;后者神游异域和古代,以梦境为归宿。《抒情歌谣集》宣告了浪漫主义新诗的诞生。2年后再版,华兹华斯加了一个长序,在这篇序中,华兹华斯详细阐述了他的浪漫主义文学主张,主张以平民的语言抒写平民的事物、思想与感情,被誉为浪漫主义诗歌的宣言。

此后,华兹华斯的诗歌在深度与广度方面得到了进一步的发展,在描写自然风光、平民事物之中寓有深意,寄托着自我反思和人生探索的哲理思维。完成于1805年、发表于1850年的长诗《序曲》则是他最具有代表性的作品。华兹华斯因其突出的诗歌成就,堪称继莎士比亚、弥尔顿之后的一代大家。

欧　文

宁可一死,也要把从先辈手中接管的祖国交给我们的后代。

罗伯特·欧文(1771—1858年)是英国杰出的空想社会主义者,伟大的思想家。欧文的空想社会主义学说和法国的圣西门、傅里叶的学说一起,成为马克思主义的3个来源之一。

欧文生于威尔士的一个手工业者家庭,由于家境贫寒,9岁时欧文便开始自谋生活。1789年,他和朋友合办了一家小纺织厂,后自行经营。1791年,欧文应聘到一家大纺织厂任经理,他的管理才干得到了充分发挥。

1799年,欧文与他后来的岳父合伙购买了一家大企业,在此基础上办起了新拉纳克工厂。此时英国正处于工业革命的鼎盛时期,一方面是资产阶级财富的极度膨胀,另一方面是劳动人民惨遭剥削,工人和资本家之间的矛盾加剧。欧文决心在自己的工厂进行改革社会不合理状况的试验。他把工人的工作时间缩短为10小时,禁止不满9岁的童工劳动,提高工人工资,改善工人的生活和劳动条件,设立工厂商店,向工人出售比普通市场价格便宜的消费品,开办工厂子弟小学、幼儿园和托儿所,建立工人互助储金会。欧文的这些改革措施取得了明显的成效,工厂增加了利润,工人生活得到了改善。

1812年,欧文为宣传自己的改革成就,发表了《关于新拉纳克工厂的报告》,引起欧洲社会的广泛关注。此后,欧文为了争取议会制定工厂法和限制工作日的立法进行了大量的工作。1815年他在《论工业制度的影响》一书中,呼吁制定改善工人劳动条件的议会法案。经过不断努力,议会终于在1819年第一次通过了限制工厂中女工和童工劳动日的法案。

1817年,欧文在《致工业和劳动贫民救济协会委员会报告》中提出建立合作社来解决失业问题的主张。1820年,欧文在《致拉纳克郡报告》中提出消灭私有制、建立财产公有、权利平等和共同劳动的改革社会的理想主张,这标志着他的空想社会主义思想体系的形成。

为了用典型示范自己改造社会的计划是可行的,1824年他在美国印第安纳州建立了"新和谐"公社,公社面积一千二百多公顷,公社成员居住在集体建筑里,亦工亦农。刚开始时公社的生产、生活安排得井井有条,后来由于管理意见分歧,导致了"新和谐"的解体。在英国和美国,欧文还建立过好几个公社,但同样都解体了。这说明了在资本主义社会中,空想社会主义者建立新社会的设想是不可能实现的。

安　　培

> 人生所遭遇的每一件事,都有演变渐进的程序,要有耐心去看演变的结果。

安德烈·玛丽·安培(1775—1836年)是法国物理学家,在电磁作用方面的研究成就卓著,对数学和化学也有贡献。电流的国际单位安培即以其姓氏命名。

安培生于法国里昂,从小就在父亲的教育和指导下学习数学,当他还是个16岁的少年时,就满怀热情地学习了狄德罗和达兰贝尔合编的

20卷法文版《百科全书》，由此唤起了他对自然科学、数学及哲学的极大兴趣。

他用了大部分时间去钻研植物学、化学和物理学。当他18岁时，除了拉丁语外，还通晓意大利语和希腊语。1799年安培开始了系统的数学研究，他是靠自学成才的典范。

1801年，他在里昂的勃格学院任教，其后发表了第一篇关于应用数学方面的论文《概率论的应用》。从1805年起，在巴黎伊洛尔工业学校任数学教授，潜心研究数学，发表了一系列科学著作。

1820年7月，法国《化学与物理学年鉴》上发表了奥斯特发现电流磁效应的论文，轰动了整个欧洲。安培听到这一消息之后，第二天就重复了奥斯特的实验，并很快想到，既然磁与磁之间、磁体与电流之间有作用力，那么电流之间是否也有作用力呢？安培通过实验证实：两根平行载流导体，如果电流方向相同，就互相吸引；如果电流方向相反，就互相排斥。不久又发现，通电的螺线管具有和条形磁铁相同的作用。

1821年，安培又提出了分子电流的假设，认为每个分子的圆形电流相当于一个小磁体，以此解释了物质磁性的起源。他还发明了电流计，并将这些结果总结在1822年的《电动力学观察汇编》和1827年的《电动力学理论》两本书中。他的天才的科学论著具有重大的价值，他在世之时就已经得到物理学家们的公认，著名科学家麦克斯韦对安培的工作给予了很高的评价。

圣 马 丁

我的剑绝不为争权夺利而出鞘！

何塞·德·圣马丁（1778—1850年）是阿根廷民族英雄，南美南部独立战争领导人。

圣马丁生于阿根廷的土生白人家庭，圣马丁的父亲曾任亚佩尤的副都督。年轻时的圣马丁博览群书，卢梭的《社会契约论》及伏尔泰、孟德斯鸠、狄德罗、霍尔巴赫等启蒙思想家的著作对他的影响很大。

后来，圣马丁投身于推翻殖民统治的解放斗争，他用了两年多的时间，苦心经营，训练了一支主要由黑人和混血种人组成的安第斯山解放军。1817年初，圣马丁率领远征军5000人翻越1.2万米的安第斯山，出其不意地进攻智利的西班牙守军，彻底击溃了敌人。这次胜利在南美独立运动中是有重要意义的，它使南美解放战争由战略防御转入战略进攻。次年2月，智利宣布独立。

智利解放后，新政府任命他为最高行政长官，他又谢绝了，而他接受的，是当时最重的担子——组织阿根廷、智利联合部队，以攻克殖民者的最后阵地——秘鲁。秘鲁是西班牙在美洲最为坚固的殖民地。圣马丁组建了一支规模不大的海军，从海上向秘鲁进军，1821年7月，圣马丁率军进攻利马，一举成功，利马解放，秘鲁也宣布独立。圣马丁由于做出了巨大贡献，被共和国推为"护国公"。可是不久，他郑重而严肃地宣布辞去国家首脑和军队统帅的职务，决定不再拥有任何权力。并取下了他身上象征权力与最高荣誉的两色绶带。他悄然离开了祖国，远赴欧洲，从此过上了隐居的生活。

由于圣马丁在南美解放运动中建立了不朽的功勋，他享有"南美洲的解放者"，秘鲁、智利、阿根廷3个共和国的"祖国之父"和"自由的奠基人""南方的华盛顿"等各种称号。

帕格尼尼

> 快乐即成功。

尼科洛·帕格尼尼（1782—1840年）是世界公认的最富有技巧和传奇色彩的小提琴演奏家和作曲家，对19世纪的音乐风格有着非同寻常的影响。

帕格尼尼3岁学琴，后去热那亚和帕尔马学习，9岁首次登台演奏自己的作品，13岁旅行演出，足迹遍及维也纳、德国、巴黎和英国，他还会演奏吉他和中提琴。他在《二十四首随想曲》中，显示出惊人的才华。

他的演奏将小提琴的技巧达到了无与伦比的地步，为小提琴演奏艺术的发展做出了不可磨灭的贡献，不仅影响了后来的小提琴作品，也影响了钢琴的技巧和作品。他还将吉他的技巧用于小提琴的演奏，大大丰富了小提琴的表现力。著名的音乐评论家勃拉兹称帕格尼尼是"操琴弓的魔术师",歌德评价他"在琴弦上展现了火一样的灵魂"。

1800年那年,帕格尼尼无论到哪里演出都大获成功,收入颇丰,可是源源而来的金钱,又因他嗜赌的恶习而输得精光。1801年起的5年间,他忽然隐居起来,此间,他完成了6首小提琴与吉他合奏的奏鸣曲。1805年,23岁的帕格尼尼复出,赴意大利各地演出。他的演奏技巧又有了进一步发展,被拿破仑的妹妹莉萨·波拿巴·巴乔基聘为皮昂比诺的音乐指挥。3年合同期满后,帕格尼尼的踪影再次消失了。1814年后在意大利、维也纳、巴黎和伦敦的演出均引起轰动。

帕格尼尼开拓了近代小提琴的演奏技巧,成为名震欧洲的最著名的小提琴家。他常在音乐会上才华横溢地即兴演奏,为了炫耀技巧,他甚至故意弄断小提琴上的一两根弦,然后在剩下的琴弦上继续演奏。他的作品和演奏技巧几乎慑服了欧洲所有的艺术家。

帕格尼尼虽然是一位杰出的小提琴演奏家和作曲家,但为了隐藏自己独创的演奏技巧,他不肯将自己的作品出版。他去世10年后,人们才将他的作品编辑出版,主要有《bE大调协奏曲》、《二十四首随想曲》《女巫之舞》《无穷动》《威尼斯狂欢节》等。他还创作有吉他曲200首,以及其他各种室内乐作品等。

玻利瓦尔

坚定,坚定,再坚定;耐心,耐心,再耐心。

西蒙·玻利瓦尔(1783—1830年)是南美洲北部地区民族独立战争中最为重要的领导人,也是整个拉丁美洲反抗殖民统治的革命运动中最为杰出的领袖。为了永远纪念这位功勋卓越的革命者,他被授予了"解放者"的光荣称号。

青年时期,玻利瓦尔先后在西班牙、法国、意大利等国家留学,吸收了进步的革命思想,他立下了著名的誓言:只要祖国一天不从西班牙统治下获得解放,他就要奋斗一天。

1808年拿破仑·波拿巴入侵西班牙,通过解除西班牙皇家的政治实权，给南美殖民地获得自己的政治独立奋起斗争提供了良好的时机。

1810年委内瑞拉的西班牙总督被解职，从此开始了反对西班牙统治委内瑞拉的革命。1811年做出了正式的独立宣言，同年玻利瓦尔成为革命军的一员将领。但是西班牙军队翌年又控制了委内瑞拉，革命领袖弗朗西斯科·米兰达被投入狱中，玻利瓦尔逃往国外。

随后的岁月中爆发了一系列的战争，继短暂的胜利而来的是惨痛的失败，但是玻利瓦尔从未动摇过自己的决心。1819年出现了转折点，玻利瓦尔率领他的由平民组成的小部军队，跨河流，越平原，穿过安第斯山上陡峭的狭路，对哥伦比亚的西班牙军队发起了进攻。在那里他赢得了具有决定性意义的波亚卡战役，使战争出现了真正的转折点。委内瑞拉于1821年获得解放，厄瓜多尔于1822年获得解放。

与此同时阿根廷爱国主义者何塞·圣马丁使阿根廷和智利在西班牙的统治下获得了自由，秘鲁获得了解放。两位救星于1822年夏在厄瓜多尔的瓜亚基尔相会。由于圣马丁不愿与玻利瓦尔进行权力斗争，于是决定辞去他的军事统帅职务，他的军队全部从南美撤出。到1824年，玻利瓦尔的部队已经解放了今日的秘鲁，1825年彻底歼灭了驻守在秘鲁的西班牙军队。

玻利瓦尔一生参加过大小472次战役，为南美洲人民的解放立下了不朽功勋，也为世界人民抗击殖民侵略树立了榜样。

司 汤 达

人生无非是这样的过法：读过，爱过，写过。

司汤达（1783—1842年）是19世纪法国杰出的批判现实主义作家。

司汤达出生于法国外省一个律师家庭，1799年他来到巴黎，准备读大学，结果却被卷入拿破仑的军队，开始了另一种人生。他追随拿破仑的大军征战欧洲，曾先后去过意大利、德国、奥地利、俄国，参加过一些著名战役，任过军官，受到过拿破仑的赏识，他亲眼看见了莫斯科大火和法军惨败的情景，从此对"粗鄙的、身佩军刀的人们"产生了厌恶之情。但他对拿破仑始终钦佩有加，视之为英雄。这段经历对他以后的创作产生了很大的影响。

司汤达一生勤于写作，涉及范围很广泛，有多部传记，如拿破仑、海顿、莫扎特、罗西尼等；有游记《罗马、那不勒斯和佛罗伦萨》《罗马漫游》；有心理学著作《论爱情》；有文学与艺术评论《意大利绘画史》《拉辛与莎士比亚》；当然更有长篇小说《阿尔芒斯》《红与黑》《巴马修道院》和中短篇小说《意大利遗事》等。

司汤达文名寂寞，他所写的33部著作，只出版了14部，而且大部分长期躺在书店的架子上。巴尔扎克1840年不无遗憾地写道："这位第一流的观察家、这位卓越的外交家，无论是文字，无论是谈话，曾经多方证明他的见解高超，他的实际知识广博，结局只是契维塔维基亚领事，的确令人难解。"但是，司汤达自己了解自己作品的价值，他一再坚称："我将在1880年为人理解。""我所看重的仅仅是在1900年被重新印刷。"

事实是历史绰绰有余地兑现了这些预言，从19世纪60年代起，他的作品越来越受到重视，有人把他和巴尔扎克相提并论，称他为真正的天才艺术家。

《红与黑》是司汤达的代表作，自1830年问世以来，赢得了世界各国一代又一代读者的喜爱。作品所塑造的"少年野心家"于连是一个具有高度典型意义的人物形象，已成为个人奋斗的野心家的代名词。

拜　　伦

　　　　逆境是达到真理的一条通路。

拜伦（1788—1824年）是英国浪漫主义文学的杰出代表，被评论家称为是19世纪初英国的"满腔热情地辛辣地讽刺现实社会"的诗人。

拜伦出生在一个古老没落的贵族家庭，剑桥大学毕业之后，拜伦在贵族院获得了世袭议员的席位，但却受到歧视。于是拜伦带着一种愤懑的心情离开了祖国，先后游历了葡萄牙、西班牙、马耳他、阿尔巴尼亚、希腊、土耳其等地。当时这些国家的民族解放运动正在发展，资产阶级民主运动也正在开始，这次旅行孕育了后来的《东方叙事诗》，并在归途中创作了《恰尔德·哈罗德游记》的第一、二章，内容就是这次出国游历的所见所闻。

1816年4月拜伦离开英国，途经比利时时到了瑞士，在这里他结识了英国另一位伟大的诗人雪莱，并在思想和创作上接受了雪莱的影响。初到瑞士时，他因个人忧患而深深痛苦。波旁王朝复辟后欧洲反动势力的加强，越发使诗人感到忧郁和孤独，但欧洲社会巨大的动荡，引起他对人类命运的思索和焦虑，这又使诗人的内心激动不已。这个时期他写下了长诗《锡隆的囚徒》和诗剧《曼弗雷德》等，突出地反映了诗人在国外流亡生活初期的痛苦和悲哀，以及内心激烈的矛盾。

1816年10月拜伦来到意大利。当时意大利正遭受奥地利的奴役，革命运动正兴起。拜伦同为民族自由而战的爱国志士密切交往，并在1820年参加了意大利有名的烧炭党的秘密组织，投身于火热的斗争；在诗歌的创作中，他丢掉了浪漫主义的幻想而走向现实，进入了他一生中最光辉灿烂的时期。为了激励意大利人民的斗争，拜伦创作了《塔索的悲哀》《威尼斯颂》《但丁的预言》等。

拜伦的代表作品有《恰尔德·哈罗德游记》《唐璜》等。最具有代表性、战斗性，也是最辉煌的作品是他的长诗《唐璜》，诗中描绘了西班牙贵族子弟唐璜的游历、恋爱及冒险等浪漫故事，揭露了社会中黑暗、丑恶、虚伪的一面，奏响了为自由、幸福和解放而斗争的战歌。拜伦不仅是一位伟大的诗人，还是一个为理想战斗一生的勇士；他积极而勇敢地投身革命，参加了希腊民族解放运动，并成为领导人之一。

叔 本 华

人类幸福的两大敌人是痛苦和无聊。

亚瑟·叔本华（1788—1860年）是德国哲学家，他是黑格尔绝对唯心主义的反对者、新的"生命"哲学的先驱者。他对人间的苦难甚为敏感，因而他的人生观带有强烈的悲观主义倾向。

叔本华早年在英国和法国接受教育，能够流利地使用英语、意大利语、西班牙语等多种语言。1809年他进入哥廷根大学攻读医学，但很快把兴趣转移到了哲学，并在1811年在柏林学习一段时间。在那里他对费希特和施莱艾尔马赫产生了浓厚的兴趣。他以《论充足理由率的四重根》获得了博士学位。

他的主要著作是1818年发表的《世界之为意志与表象》。他认为这部书非常重要，竟至于说其中有些段落是圣灵口授给他的。可是这本书完全没引起人的注意，唯一的收获是帮助他在柏林大学获得了助教的职位。

在大学任教时，他试图和黑格尔在讲台上一决高低，结果黑格尔的讲座常常爆满，而听他讲课的学生却寥寥无几。于是叔本华带着一种愤懑的心情离开了大学的讲坛，他选择了隐居法兰克福。

叔本华与黑格尔的对抗实际上是两种哲学倾向之间的较量。他失败了，因为他不属于那个时代。用叔本华自己的话说，他的书是为后人写的。事实也是如此：到了晚年，时代才和他走到了一起，他终于享受到了期待了一生的荣誉。

隐居期间，他出版了多种著述，但是只有两卷的、以格言体写成的《附录与补遗》使他获得了声誉。在生命的最后10年里，他终于获得了名望。

叔本华死后，有关他的哲学讲座逐渐将黑格尔排挤了出去，终于报了当年一箭之仇，他一时成了德国最时髦的哲学家。到1891年，《世界之为意志与表象》就已再版了18次。

叔本华的哲学思想影响了尼采、萨特等诸多哲学家，开创了非理性主义哲学。尼采十分欣赏他的作品，曾作《作为教育家的叔本华》来纪念他；瓦格纳把歌剧《尼伯龙根的指环》献给叔本华；莫泊桑称他为"人类历史上最伟大的梦想破坏者"；国学大师王国维的思想亦深受叔本华的影响，在其著作《人间词话》中以叔本华的理论评宋词，还曾借助其理论发展了红学，成就颇高。

法 拉 第

拼命去争取成功，但不要期望一定成功。

迈克尔·法拉第（1791—1867年）是英国著名的物理学家、化学家，在化学、电化学、电磁学等领域都做出过杰出贡献。

法拉第出生于英国一个贫困的铁匠家庭，12岁的法拉第为生活所迫上街卖报；13岁时又到一家印书作坊当了订书童工。这个印书作坊为法拉第提供了一个很好的学习场所。每当工余时间，他就翻阅装订的书籍。他特别喜欢读《大英百科全书》中的电学文章。就这样，法拉第靠自己的力量迈入了科学的大门。

一个偶然的机会，英国皇家学会会员丹斯来到印刷厂校对他的著作，无意中发现了法拉第的笔记，他大为吃惊，于是丹斯送给法拉第一张皇家学院的听讲券。

法拉第以极为兴奋的心情，来到皇家学院旁听。作报告的正是当时赫赫有名的英国著名化学家戴维。法拉第非常用心地听戴维讲课。回家后，他把听讲笔记整理成册，作为自学用的《化学课本》。他忘掉了自己的地位和处境，他渴望得到戴维的指导。他写了一份要求给戴维当助手的申请书，把书和信一并寄给了戴维。收到信后，戴维深为感动，他非常欣赏法拉第的才干，决定把他招为助手。法拉第非常勤奋，很快掌握了实验技术，成为戴维的得力助手。

半年以后，戴维为了进行科学调查，与夫人一同去欧洲旅行。法拉第作为"仆人"随同前往。法拉第通过这为期一年半的长途旅行，掌握了科学研究方法，增长了见识，开阔了眼界，从此他真正开始了他的科学研究工作。

这时的法拉第对电磁产生了更加浓厚的兴趣。他想：既然电能生磁，那么磁也一定能生电。于是他在笔记本中豪迈地写下了"用磁生电"的誓言。

不久，他发现了电磁感应现象。1834年，他发现了电解定律，震动了科学界。这一定律，被命名为"法拉第电解定律"。由于他对电化学的巨大贡献，人们用他的姓——"法拉第"，作为电量的单位；用他的姓的缩写——"法拉"作为电容的单位。

雪　莱

冬天来了，春天还会远吗？

珀西·比希·雪莱（1792—1822年）是英国文学史上最有才华的抒情诗人之一。他不仅是柏拉图主义者，更是个伟大的理想主义者。

雪莱8岁时就开始尝试写作诗歌，18岁时雪莱进入了牛津大学，深受英国自由思想家休谟以及葛德文等人著作的影响，雪莱习惯性地将他关于上帝、政治和社会等问题的想法写成小册子散发给一些素不相识的人，并询问他们看后的意见。

1811年3月25日，由于散发《无神论的必然》，入学不足一年的雪莱被牛津大学开除了。雪莱的父亲是一位墨守成规的乡绅，他要求雪莱公开声明自己与《无神论的必然》毫无关系，而雪莱拒绝了，他因此被逐出家门。

1812年雪莱来到都柏林。为了支持爱尔兰天主教徒的解放事业，他发表了慷慨激昂的演说，并散发了《告爱尔兰人民书》以及《成立博爱主义者协会倡议书》。在政治热情的驱使下，此后的一年里雪莱在英国各地旅行，散发他自由思想的小册子。同年11月完成叙事长诗《麦布女王》，这首诗富于哲理，抨击宗教的伪善及封建阶级与劳动阶级当中存在的所有的不平等。

1819年，雪莱写下了著名的《西风颂》。诗中写道：愿你从我的唇间吹出醒世的警号，西风哟，如果冬天已经来到，春天还会远吗？

从1820年起直至生命终止的两年半中，雪莱写下了不少歌颂南欧民族革命的诗，如：《那不勒斯颂》《自由》《自由颂》，都是赞美民族自由的诗。抒情的创作有《云》（"我从大海江河取水，给口渴的花儿带来一阵好雨。"），《致云雀》（"翱翔以歌唱，歌唱复翱翔"），《致月亮》（"你苍白的脸，可是因为攀九天太累？"），还有一首仿佛预感死期将至的《悲歌》（"生乎，世乎，时乎，岁月不我予乎？"）。这个时期的较长的诗有《阿多尼斯》和抒情诗剧《希腊》。《阿多尼斯》是纪念诗人济慈而写的哀诗。《希腊》写当时侵占希腊的土耳其国君穆罕默德对1821年希腊各地人民起义的惶恐，以暴君下台、人民赢得自由而结束。

雪莱的最后一篇诗作是《生命的胜利行列》，它似乎要写从文艺复兴到18世纪启蒙时期的人生理想，但只写了五百多行，没有完成。

舒 伯 特

宁死也不愿空虚无聊。

弗朗茨·舒伯特（1797—1828年）是奥地利作曲家，是德国近代艺术歌曲的创始人。

舒伯特从小学习钢琴和小提琴，11岁被帝国小教堂唱诗班录取，并住进神学院，成为该校乐队的小提琴手，同时还担任指挥，这使他有机会接触维也纳古典乐派一些著名作曲家的名作，他1813年为该乐队创作了《第一交响曲》。其后因变声离开神学院。舒伯特为了减轻家庭负担，到父亲所在的学校里担任助理教师，同时继续创作。

1814年10月19日为歌德的诗《纺车旁的格丽卿》谱曲，舒伯特这第一部歌曲杰作，打开了他创作灵感的闸门，仅1815年一年，舒伯特就写了144首歌曲，其中10月的一天就写了8首歌曲。除歌曲外，他还创作了1部交响曲、两部弥撒曲和其他作品。1816年，他辞去教师的职务，专心从事作曲。由于没有固定收入，生活比较贫困，在他的一些作品里也常常反映出苦闷和压抑的情绪，尽管这样，他还是满怀热情地创作了大量的歌颂民族解放斗争的优秀作品。

舒伯特的作品最广为流传的是他的六百多首歌曲。这些歌曲都是从诗的内心情感中直接产生出来的，没有人能胜过他那洋溢的才华和清新的情感。钢琴伴奏也产生了特殊的效果：用一两个小节描绘出潺潺小溪、街头艺人破旧的手摇风琴，或是"天堂门前"的云雀。谈到舒伯特的歌曲，可以引用舒曼对《C大调交响曲》的评论："这种音乐把我们引入一种境地，使我们忘却了以前曾有过的东西。"

舒伯特的创作生涯虽然很短暂，却给后人留下了大量的音乐财富，他的艺术歌曲，为世界音乐宝库增添了耀眼的光辉，在音乐史上被誉为"歌曲之王"。其最有代表性的歌曲有《魔王》《野玫瑰》《圣母颂》《菩提树》《鳟鱼》、《小夜曲》，声乐套曲《美丽的磨坊女》《冬日的旅行》等；另有18部歌剧、歌唱剧和配剧音乐，10部交响曲，19首弦乐四重奏，22首钢琴奏鸣曲，4首小提琴奏鸣曲以及许多其他作品，因而被称为"歌曲之王"。

海　涅

失宠和妒忌曾经使天神堕落。

　　亨利希·海涅（1797—1856年）是德国革命民主主义诗人。他出生于杜塞尔多夫一个犹太商人家庭，1819年秋入波恩大学学习法律，听奥·威·施莱格尔的德国语言史课，并经常与之来往，因而受浪漫派的影响。接下来他又到哥廷根大学和柏林大学学习。在柏林时他听过黑格尔的哲学课程，结识了浪漫派作家沙米索、富凯等，并积极参加争取犹太人解放的工作。1825年获法学博士学位。

　　在1821—1830年期间，海涅曾到德国各地和波兰、英国、意大利旅行。1822年出版了第一部《诗集》，次年又出版了《悲剧—抒情插曲》。1827年他把早期抒情诗汇集在一起出版，题名《歌集》，引起轰动，奠定了他在文坛上的地位。这期间，他还创作了《哈尔茨山游记》等散文作品，也引起巨大反响。这一时期最富代表性的作品有《罗蕾莱》《北方有一棵松树》《你好像一朵鲜花》和《宣告》等。

　　1830年法国爆发了七月革命，海涅深受鼓舞，决定前往巴黎。在这里他结识了大仲马、贝朗瑞、乔治·桑、巴尔扎克、雨果等作家和李斯特、肖邦等音乐家，并与空想主义者圣西门的信徒交往，也受到这方面的影响。在这个阶段，他写成了《颂歌》《教义》《倾向》《西里西亚的纺织工人》以及长诗《德国———一个冬天的童话》等富于战斗精神的诗篇，其中特别是《西里西亚的纺织工人》，更被誉为"德国工人阶级的马赛曲"。

　　大革命失败后，海涅的健康状况也急剧恶化，他的诗歌创作由斗志昂扬、激情奔放的中期，转入了低沉悲壮的晚期。诗作中流露出怀念故土、慨叹人生、愤世嫉俗的情感。格调虽然凄恻哀婉，但却始终如一地保持着乐天的战斗精神，风格仍然是那样自然、单纯、诚挚，字里行间还不时透出机智和幽默。如《现在往哪里去》《决死的哨兵》和《遗嘱》等作品，都很好地表现了诗人宁折不弯、宁死不屈的战士情怀。

海涅从 15 岁写第一首诗开始，直至逝世前两周吟成绝笔诗《受难之花》，几乎与诗歌一生相伴，文学创作特别是诗歌创作几乎成了他的全部生命。

普 希 金

希望是灾难的忠实姐妹，她会唤起勇气和欢乐。

普希金（1799—1837 年）是 19 世纪俄国浪漫主义文学主要代表，同时也是现实主义文学的奠基人。在诗歌、小说、戏剧乃至童话等文学各个领域都给俄罗斯文学提供了典范，被高尔基誉为"一切开端的开端"。

普希金生于莫斯科一个贵族家庭，在浓厚的文学氛围中长大，他 8 岁时已可以用法语写诗，12 岁就开始了文学创作生涯。

中学毕业后他到彼得堡外交部供职，在此期间，他深深地被以后的十二月党人及其民主自由思想所感染，参与了与十二月党人秘密组织有联系的文学团体"绿灯社"，创作了许多反对农奴制、讴歌自由的诗歌，如《自由颂》《致恰达耶夫》《乡村》等。1820 年，普希金创作了童话叙事长诗《鲁斯兰与柳德米拉》。故事取材于俄罗斯民间传说，诗中运用了生动的民间语言，从内容到形式都不同于古典主义诗歌，向贵族传统文学提出了挑战。

普希金的作品引起了沙皇政府的不安，1820 年他被外派到俄国南部任职，这其实是一次变相的流放。在此期间，他与十二月党人的交往更加频繁，参加了一些十二月党的秘密会议。他追求自由的思想更明确、更强烈了。普希金写下《短剑》《囚徒》《致大海》等名篇，还写了一组"南方诗篇"，包括《高加索的俘虏》《强盗兄弟》《巴赫切萨拉依的泪泉》、《茨冈》4 篇浪漫主义叙事长诗。诗中表达了对自由的强烈憧憬。从这一时期起，普希金完全展示了自己独特的风格。

1825 年他完成了俄罗斯文学史上第一部现实主义悲剧《鲍里斯·戈都诺夫》的创作。

1826 年，沙皇尼古拉一世登基，为了笼络人心，他把普希金召回莫斯科，但仍处于沙皇警察的秘密监视之下。普希金没有改变对十二月党人的态度，他曾对新沙皇抱有幻想，希望尼古拉一世能赦免被流放在西伯利亚的十二月党人，但幻想很快破灭了，于是他创作了政治抒情诗《致西伯利亚的囚徒》，表达了自己对十二月党理想的忠贞不渝。

　　1830年秋，普希金在他父亲的领地度过了3个月，这是他一生创作的丰收时期，在文学史上被称为"波尔金诺的秋天"。他完成了自1823年开始动笔的诗体小说《叶甫盖尼·奥涅金》，塑造了俄罗斯文学中第一个"多余人"的形象，这成为他最重要的作品。此外还写了《别尔金小说集》和4部诗体小说《吝啬的骑士》《莫扎特与沙莱里》《瘟疫流行的宴会》《石客》，以及近三十首抒情诗。《别尔金小说集》中的《驿站长》一篇是俄罗斯短篇小说的典范，开启了塑造"小人物"的传统，他的现实主义创作炉火纯青。

　　1831年普希金迁居彼得堡，仍然在外交部供职，他继续创作了许多作品，主要有叙事长诗《青铜骑士》、童话诗《渔夫和金鱼的故事》、短篇小说《黑桃皇后》等。他还写了两部有关农民问题的小说《杜布洛夫斯基》和《上尉的女儿》。

　　普希金的创作和活动令沙皇政府颇感头痛，他们用阴谋手段挑拨法国籍宪兵队长丹特斯亵渎普希金的妻子，结果导致了1837年普希金和丹特斯的决斗。决斗中普希金身负重伤而不治身亡，年仅37岁。他的早逝令俄国进步文人曾经这样感叹："俄国诗歌的太阳沉落了"。

　　普希金作品崇高的思想性和完美的艺术性使他具有世界性的重大影响。他的作品被译成世界上各种文字版本。普希金在他的作品中所表现的对自由、对生活的热爱，对光明必能战胜黑暗、理智必能战胜偏见的坚定信仰，他的"用语言把人们的心灵燃亮"的崇高使命感和伟大抱负，深深感动着一代又一代人。天才的杰作，激发了多少俄罗斯音乐家的创作激情和灵感。以普希金诗篇作脚本的歌剧《叶甫盖尼·奥涅金》《鲍里斯·戈都诺夫》《黑桃皇后》《鲁斯兰与柳德米拉》《茨冈》等等，无一不是伟大的音乐作品；普希金的抒情诗被谱上曲，成了脍炙人口的艺术歌曲；还有的作品被改编成芭蕾舞，成为舞台上不朽的经典之作。

巴尔扎克

> 他（拿破仑）用剑未能完成的大业，我将用笔杆来完成。

巴尔扎克（1799—1850年）是19世纪法国伟大的批判现实主义作家，欧洲批判现实主义文学的奠基人和杰出代表。他创作的《人间喜剧》被称为法国社会的"百科全书"，91部小说中刻画了两千四百多个人物，展示了19世纪上半叶法国社会生活的画卷。

巴尔扎克经历了法国近代史上一个动荡的时期（拿破仑帝国，波旁王朝，七月王朝）。大学毕业后，按照父母的意愿，他进了律师事务所。后来年轻的巴尔扎克不顾家庭反对，辞去职位专心写作。在一处贫民窟的阁楼上，巴尔扎克开始了他的作家生涯。第一部悲剧作品《克伦威尔》未获成功，尔后与人合作从事滑稽小说和神怪小说的创作也未引起注意，遂做出版商，经营印刷厂和铸字厂，均以赔本告终，负债累累。这巨额债务像噩梦一样缠绕着巴尔扎克。但他并未因此消沉，在他书房中布置了一座拿破仑的肖像，并写下了激励自己一生的座右铭："他用剑未能完成的大业，我将用笔杆来完成。"

从此他在生活中艰难前行，但也就在这艰难中认识了生活，而且比别人认识得更深刻。1829年，他第一次用自己的真名，以严肃的态度写了一部长篇小说《朱安党人》。《朱安党人》写的是法国大革命时期共和派和封建贵族之间的斗争情况。小说出版后获得了极大的成功。他迈出了现实主义创作的第一步。以后几年，巴尔扎克的写作技巧越来越纯熟。1931年出版的《驴皮记》使他声名大振。为使自己成为文学事业上的拿破仑，19世纪三四十年代，他以惊人的毅力创作了大量作品，写出了91部小说，合称《人间喜剧》。

1850年，积劳成疾的巴尔扎克与世长辞，终年51岁。他的作品集《人间喜剧》成了人类文学史上的不朽之作。

雨　果

　　世界上最宽阔的是海洋，比海洋更宽阔的是天空，比天空更宽阔的是人的胸怀。

　　维克多·雨果（1802—1885年）是19世纪浪漫主义文学运动的领袖，人道主义的代表人物，被人们称为"法兰西的莎士比亚"。

　　雨果的父亲是拿破仑手下的一位将军，儿时的雨果随父在西班牙驻军，10岁回巴黎上学，中学毕业入法学院学习，但他的兴趣在于写作。他15岁时在法兰西学院的诗歌竞赛会上得奖，17岁时在"百花诗赛"上获得第一名，20岁时出版了诗集《颂诗集》，因歌颂波旁王朝复辟，获路易十八的赏赐，之后写了大量异国情调的诗歌。之后他对波旁王朝和七月王朝都感到失望，成为共和主义者，他还写过许多诗剧和剧本以及具有鲜明特色并贯彻其主张的小说。

　　1841年雨果被选为法兰西学院院士，1845年任上院议员，1848年二月革命后，任共和国议会代表，1851年拿破仑三世称帝，雨果奋起反对而被迫流亡国外，流亡期间写下一部政治讽刺诗《惩罚集》，每章配有拿破仑三世的一则施政纲领条文并加以讽刺，还用拿破仑一世的功绩和拿破仑三世的耻辱对比。

　　1870年法国不流血革命推翻拿破仑三世后，雨果返回巴黎。雨果一生著作等身，几乎涉及文学所有领域，评论家认为，他的创作思想和现代思想最为接近，他死后法国举国志哀，遗体被安葬在聚集法国名人纪念碑的"先贤祠"。

　　雨果几乎经历了19世纪法国的所有重大事变，他的创作历程超过60年，一生写过诗歌、小说、剧本、各种散文和文艺评论及政论文章，是法国有影响的人物。他的作品包括26卷诗歌、20卷小说、12卷剧本、21卷哲理论著，合计79卷之多，给法国文学和人类文化宝库增添了一份十分辉煌的文化遗产。其代表作是：长篇小说《巴黎圣母院》《悲惨世界》《海上劳工》《笑面人》《九三年》，诗集《光与影》等。短篇小说：《"诺曼底"号遇难记》。

大 仲 马

> 成功的第一个条件就是要有决心;而决心要下得迅速、干脆、果断,又必须具有成功的信心。

亚历山大·仲马(1802—1870年)后人称大仲马,是法国19世纪积极浪漫主义作家。

大仲马的祖父戴维·佩莱苔利原本是圣多明哥岛上的一个充满激情而好色的贵族,家里有一大群黑人奴仆,其中一个名叫露易·仲马的女黑奴给他生了一个混血儿,这便是大仲马的父亲托马斯·亚历山大。托马斯成人后想去参加拿破仑的军队,戴维·佩莱苔利却不允许他使用自己的姓氏报名参军,这个傲慢的老贵族认为,一个混血儿士兵使用自己的贵族姓氏,是有辱门庭的。托马斯只好用母亲的姓氏参加了拿破仑军队。

由于他作战勇敢,在短短的7年时间里,就由一名士兵升为一名将军。拿破仑开始独裁统治之后,由于托马斯是个激烈的共和党人,被解除了军职。托马斯郁闷而死时,大仲马才3岁半。接着,祖父又破了产,大仲马的家境一下子陷入困顿之中。拿破仑在滑铁卢战败之后,大仲马已经13岁了,他的母亲想重振家业,便让他作出抉择,是采用佩莱苔利这个古老而又尊严的贵族姓氏,还是保留黑奴的姓氏仲马。这两个姓氏的高低贵贱,以及哪一个对自己的命运影响大,少年仲马心里非常清楚,但他还是坚定地对母亲说:"我保留亚历山大·仲马的名字!"

大仲马自学成才,一生写的各种类型作品达300卷之多,主要以小说和剧作著称于世。

大仲马的剧本《亨利第三及其宫廷》比雨果的《欧那尼》还早问世一年。这出浪漫主义戏剧,完全破除了古典主义"三一律"。这期间,他创作的《雨》闻名于世。

大仲马小说多达百部,大都以真实的历史作为背景,以主人公的奇遇为内容,情节曲折生动,处处出人意料,堪称历史惊险小说。异乎寻常的理想英雄、急剧发展的故事情节、紧张的打斗动作、清晰明朗的完整结构、生动有力的语言、灵活机智的对话等构成了大仲马小说的特色。最著名的是《三个火枪手》(旧译《三剑客》)和《基督山伯爵》。他曾自己主编过一份文学性质的报纸,名为《火枪手》,上面刊登了他自己的很多小说和漫谈录。它是当时法国家庭妇女深深喜爱的读物。大仲马被别林斯基称为"一名天才的小说家"。

梅 里 美

礼貌经常可以代替最高贵的感情。

普罗斯佩·梅里美(1803—1870年)是法国现实主义作家,中短篇小说大师,剧作家,历史学家。

梅里美生于法国巴黎一个知识分子家庭,家境富裕。1819年他进入巴黎大学学习法律,同时掌握了英语、西班牙语、意大利语、俄语、希腊语和拉丁语,并对古典文学、哲学和各国的神秘思想多有涉猎。大学毕业后,他在商业部任职,工作之余经常出入文学团体,结识了司汤达、夏多布里昂等作家,自己也开始将写作作为业余爱好。

1829年,梅里美在文学创作上找到了更适合他的道路,在一年多的时间里,他连续写出了一批成功的中篇小说,其中最著名的是《马铁奥·法尔哥尼》。作品故事精彩,人物形象鲜明,成为他的代表作品之一。之后他再接再厉,在同一年又完成了两篇杰作《塔芒戈》与《费德里哥》。

1830年七月革命前夕,梅里美到西班牙旅行,结识了日后对他的生活道路很有影响的蒙蒂霍伯爵夫人一家,而且,西班牙之行还扩大了他创作的视野,带给他的小说以新西班牙题材和对西班牙风格的描写。

1834年梅里美被任命为历史文物总督察官,他漫游了西班牙、英国、意大利、希腊及土耳其等国。在对当地文物进行考察之余,他广泛接触各阶层民众,了解逸闻趣事、民间风俗,写了大量的游记,同时积累了小说创作的素材。

梅里美的女儿嫁给了拿破仑三世,梅里美终身衣食无忧,学识渊博,是法国现实主义文学中鲜有的学者型作家。他文字底蕴深厚,虽然不具备司汤达、巴尔扎克等人的锐利批判锋芒,但他在小说中将瑰丽的异域风光、引人入胜的故事情节和性格不循常规的人物结合起来，形成鲜明的画面，是法国现实主义文学中难得一见的手笔，所以仅以十几个短篇就奠定了在法国文学史上颇高的地位。他的代表作《卡门》经法国音乐家比才改编成同名歌剧而取得世界性声誉，"卡门"这一形象亦成为西方文学史上的一个典型。

爱 默 生

相信你自己。

爱默生（1803—1882年）是美国散文作家、思想家、诗人。

爱默生的一生几乎横贯19世纪的美国，1837年爱默生以《美国学者》为题发表了一篇著名的演讲词，宣告美国文学已脱离英国文学而独立，告诫美国学者不要让学究习气蔓延，不要盲目地追随传统，不要进行纯粹的模仿。另外这篇演讲词还抨击了美国社会的拜金主义，强调人的价值，被誉为美国思想文化领域的"独立宣言"。

一年之后，爱默生在《神学院献辞》中竭力推崇人的至高无上，提倡靠直觉认识真理。文学批评家劳伦斯·布尔在《爱默生传》中说，爱默生与他的学说，是美国最重要的世俗宗教。

爱默生曾就读于哈佛大学，毕业后曾执教两年，之后进入哈佛神学院，担任基督教唯一的神教派牧师，并开始布道。1832年以后，爱默生到欧洲各国游历，回到波士顿后，在康考德一带从事布道。这时他的演说更接近于亚里士多德学派风格，重要讲演稿有《历史的哲学》《人类文化》《目前时代》等。爱默生经常和他的朋友们举行小型聚会，探讨神学、哲学和社会学问题。这种聚会当时被称为"超验主义俱乐部"，爱默生也自然而然地成为超验主义的领袖。

1840年爱默生任超验主义刊物《日晷》的主编，进一步宣扬超验主义思想。后来他把自己的讲演稿汇编成书，这就是著名的《论文集》。《论文集》包括《论自助》《论超灵》《论补偿》《论爱》《论友谊》等12篇论文。3年后，《论文集》第二集也出版了，这部著作为爱默赢得了巨大的声誉，他的思想被称为超验主义的核心，他本人则被冠以"美国的文艺复兴领袖"之美誉。

爱默生喜欢演讲，面对人群会令他兴奋不已，他说他感觉到一种伟大的情感在召唤，他的主要声誉和成就建立于此。他通过自己的论文和演说成为美国超验主义的领袖，并且成为非正式哲学家中最重要的一个。

乔治·桑

最巍峨的大厦需要最深的根基。

乔治·桑（1804—1876年）是法国著名的女小说家。她小小年纪便显露出卓尔不群的才华，13岁进入巴黎的修道院。

改变乔治·桑命运的，是她那不幸的婚姻。18岁时，她嫁给了贵族青年卡西米尔·杜德望，成为男爵夫人。但她很快就不能忍受丈夫的平庸和缺乏诗意。1831年，她做出了那个时代惊世骇俗的举动：坚决与丈夫分居，并弃家出走，到巴黎开辟了新的生活。

移居巴黎后，为了生存下去，她开始了勤奋的笔耕，写出了一部部文笔秀美、内容丰富、情节迷人的风情小说，并以此确立了自己在法国文学史上的地位。

乔治·桑属于最早反映工人和农民生活的欧洲作家之一，她的作品以抒情见长，善于描绘大自然绮丽的风光，渲染农村的静谧气氛，具有浓郁的浪漫色彩。她的文字清丽流畅，风格委婉亲切，具有强烈的感染力。她一生写了一百多卷文艺作品、20卷的回忆录《我的一生》以及大量书简和政论文章。她的代表作有《安蒂亚娜》《华伦蒂娜》《莱莉亚》《木工小史》《康素爱萝》《安吉堡的磨工》《魔沼》《弃儿弗朗索瓦》《小法岱特》和《金色树林的美男子》等。

在离巴黎数百公里远的诺安镇庄园中，这个文采出众、多才多艺的浪漫主义作家接待了一大批文学艺术史上名留青史的人物：诗人缪塞，作曲家兼钢琴家肖邦和李斯特，文学家福楼拜、梅里美、屠格涅夫、小仲马和巴尔扎克，画家德拉克洛瓦等等。乔治·桑庄园这个"艺术家之家"终日高朋满座，真正是"谈笑有鸿儒，往来无白丁"。

第二帝国时期，她和王室来往密切，对巴黎公社革命很不理解，但她反对残酷镇压公社社员，她被同时代人公认为最伟大的作家之一。雨果曾说："她在我们这个时代具有独一无二的地位。特别是，其他伟人都是男子，唯独她是女性。"

乔治·桑为后人留下了华美的文字，同时，她也用自己的笔和行动，深深地介入了当时的政治，积极参与社会问题的解决，这是同时代的许多男性文化名人都没能做到的。

安 徒 生

攀登上一个阶梯，这固然很好，只要还有力气，那就意味着必须再继续前进一步。

安徒生（1805—1875年）是丹麦19世纪著名童话作家，世界文学童话创始人。他一生坚持不懈地进行创作，把他的天才和生命献给了"未来的一代"。

安徒生出生于丹麦菲英岛奥登塞的贫民区，从小就为贫困所折磨，先后在几家店铺里做学徒，没有受过正规教育。少年时代的安徒生就对舞台发生了兴趣，幻想当一名歌唱家、演员或剧作家。1819年他在哥本哈根皇家剧院当了一名小配角，后因嗓子失润被解雇，从此开始学习写作，但写的剧本完全不适宜于演出，没有为剧院所采用。

安徒生14岁就离开了家乡奥登塞市，带着祖母和母亲所积蓄下来的几十个铜子，只身来到当时的文化中心哥本哈根，追求他的理想。可是饥饿和精神上的打击与他结下了不解之缘，但他以顽强的毅力，克服了种种困难。虽然由于贫困和由此而带来的疾病折磨了他的身体，毁坏了他的体形和声音，使他不能成为一个舞台艺术家，但他以坚强的意志最后还是达到了他的目的：他成为全世界亿万儿童所喜爱的童话作家。他在童话作品中所创造出的美和诗，成为人类永远享受不尽的精神财富和艺术宝藏。

安徒生的童话故事体现了丹麦文学中的民主传统和现实主义倾向。他的童话脍炙人口，到今天还为世界上众多的成年人和儿童所传诵。有些童话如《卖火柴的小女孩》《丑小鸭》《看门人的儿子》等，既真实地描绘了穷苦人的悲惨生活，又渗透着浪漫主义的情调和幻想。由于作者出身贫寒，对于社会上贫富不均、弱肉强食的现象感受极深，因此他一方面以真挚的笔触热烈歌颂劳动人民，同情不幸的穷人，赞美他们的善良、纯洁等高尚品质；另一方面又愤怒地鞭挞了残暴、贪婪、虚弱、愚蠢的反动统治阶级和剥削者，揭露了教会僧侣的丑行和人们的种种陋习，不遗余力地批判了社会罪恶。《皇帝的新装》辛辣地讽刺了皇帝的昏庸无能和朝臣们阿谀逢迎的丑态；《夜莺》和《豌豆上的公主》嘲笑了贵族的无知和脆弱。《白雪皇后》则表现了作者对人类理想的看法，即坚信"真善美终将取得胜利"的乐观主义信念。他在最后一部作品《园丁和主人》中，还着力塑造了一个真正的爱国者的形象，反映了作者本人始终不渝的爱国主义精神。

勃朗宁夫人

无知不是无辜，而是有罪。

伊丽莎白·芭蕾特·勃朗宁（1806—1861年）又称勃朗宁夫人或白朗宁夫人，是19世纪英国著名的女诗人。

勃朗宁夫人出生于一个富有的庄园主家庭，她自幼聪明好学，10岁左右就给家里人写过生日颂词，13岁便开始了创作尝试，15岁时不幸从马上跌落摔伤了脊椎，从此卧床不起，之后灾难接二连三，先是母亲去世，尔后她最爱的弟弟爱德陪溺死。在悲伤孤寂的日子里，在等待死亡来临的绝望中，是文学给她带来了精神上的乐趣和生存的勇气。她开始从事文学创作，把自己命运的辛酸和寂寞融进了作品中。

她诗歌创作的主题可以分为两个主要方面：一是抒发生活之情；二是争取妇女解放，反对奴隶制，暴露社会的弊端，表现了进步的理想。她的诗具有炽热充沛的感情和扣人心弦的力量，且语句精炼，才气横溢，大都是带有较浓的感伤性质。

勃朗宁夫人是一个很有天赋的女性，能阅读希腊文原版的荷马史诗和希伯来语的《圣经》。早在13岁时，她父亲便私下出版了她称之为

"伟大史诗"的作品以及《马拉松战役》，20岁时又出版了她的第二部诗集。1833年她翻译的希腊悲剧《被缚的普罗米修斯》问世，同年随家迁居伦敦，结识了华兹华斯等诗人。1838年，她以诗集《天使及其他诗歌》成名。她对当时的社会政治问题予以极大的关注，1844年发表了短诗《孩子们的哭声》，愤怒抗议了资本家对儿童的摧残和剥削，这首诗对敦促国会讨论反奴役儿童议案起到了一定作用，极大地提高了诗人的声望。

在39岁那年，她结识了小她6岁的诗人罗伯特·勃朗宁，她不顾父亲的反对，在教堂举行了简单的婚礼后，和勃朗宁同往意大利。他们大部分时间住在佛罗伦萨，在那里度过了幸福的15年。在意大利期间，除发表了《葡萄牙十四行诗集》外，还写下《圭迪公寓的窗子》和《在大会以前写的诗》，同情并支持意大利的民族解放斗争。直至1861年突然去世前，她仍对当时的社会政治表达了激进的观点，她痛斥卖淫制度，为追求女权而斗争。她说："我深信，这个社会的破灭需要的不是关闭门窗，而是光明和空气。"

1861年6月29日，勃朗宁夫人偎依在丈夫的胸前睡去了，再也没有醒来。

果 戈 理

理智是最高的才能，但是如果不克制感情，它就不可能获胜。

果戈理（1809—1852年）是俄国19世纪上半叶最优秀的讽刺作家、讽刺文学流派的开拓者、批判现实主义文学的奠基人之一。

他出生于乌克兰一个地主家庭，中学毕业后在十二月党人革命运动的影响下到了彼得堡，当过小公务员，薪俸微薄，生活拮据，这使他亲身体验了"小人物"的悲哀，也目睹了官僚们的荒淫无耻、贪赃枉法、腐败堕落。1831年他毅然辞职，专门从事文学创作。

1831—1832年他的处女作短篇小说集《狄康卡近乡夜话》问世，书中赞扬了乌克兰人民的勤劳、智慧和善良，揭露了封建主义和金钱势力的罪恶。1835年，中篇小说集《米尔戈罗德》和《彼得堡的故事》的出版给他带来声誉。《米尔戈罗德》收入4篇小说，其中《塔拉斯·布尔巴》是历史题材，塑造了哥萨克英雄布尔巴的形象，歌颂了民族解放斗争和人民的爱国主义精神。《彼得堡的故事》取材于当时的现实生活，展示了生活在专制制度下"小人物"的悲剧，尤以《狂人日记》《鼻子》和《外套》最为突出。

1836年果戈理发表了讽刺喜剧《钦差大臣》（又译《巡按》），它改变了当时俄国剧坛上充斥着从法国移植而来的思想浅薄、手法庸俗的闹剧的局面。《钦差大臣》描写纨绔子弟赫列斯达可夫与人打赌输得精光，正一筹莫展，从彼得堡途经外省某市，被误认为"钦差大臣"，在当地官僚中引起恐慌，闹出许多笑话。果戈理用喜剧这面镜子照出了当时社会达官显贵们的丑恶原形，从而揭露了农奴制俄国社会的黑暗、腐朽和荒唐反动。

1842年果戈理发表了长篇小说《死魂灵》。描写"诡计多端"的投机家乞乞科夫为了发财致富想出一套买空卖空、巧取豪夺的发财妙计，在N市及其周围地主庄园贱价收购在农奴花名册上尚未注销的死农奴，并以移民为借口，向国家申请无主荒地，然后再将得到的土地和死农奴名单一同抵押给政府，从中渔利。作者通过乞乞科夫遍访各地主庄园的过程，展示了俄罗斯外省地主肖像的画廊。《死魂灵》以俄国"病态历史"而震撼了整个俄罗斯。它的意义和价值，就在于对俄国封建农奴制度的无情揭露和批判，而其批判的深刻在俄国长篇小说中，果戈理是第一人，所以《死魂灵》历来被认为是19世纪俄国批判现实主义文学的奠基之作。

林　　肯

给别人自由和维护自己的自由，两者同样是崇高的事业。

亚伯拉罕·林肯（1809—1865年）是美国政治家，第16任总统，也是首位共和党籍总统。

林肯出生在一个清贫的农民家庭，在25岁以前，林肯没有固定的职业，四处谋生。林肯始终是一个热爱读书的青年，他夜读的灯火总要闪烁到很晚很晚。在青年时代，林肯通读了莎士比亚的全部著作，读了《美国历史》，还读了许多历史和文学书籍。在一场政治集会上他第一次发表了政治演说，由于抨击了黑奴制，提出一些有利于公众事业的建议，林肯在公众中有了一定的影响，加上他具有杰出的人品，1834年他被选为州议员，开始了自己的政治生涯。

1860年，林肯成为共和党的总统候选人，11月，选举揭晓，他以200万票当选为美国第16任总统，但在奴隶主控制的南部10个州，他没有得到1张选票。林肯当选总统的消息传出，美国南北矛盾迅速扩大，坚持蓄奴主义的南方把林肯的当选看作一场灾难，南卡罗来纳州在林肯宣誓就职之前退出联邦。为了维护国家的统一，战争一触即发。

林肯就职一个月以后的4月12日，南部联邦的军队攻击了政府的一个要塞，南北战争爆发了。战争开始时，北方军队打得并不顺利，为了迅速扭转不利的局面，1862年9月22日，林肯颁发了《初步解放宣言》。当年年底，林肯签署了经过修改的《最后解放宣言》。他在签署了这个文件后庄严宣布："在我的一生中，从来没有比此刻签署这个文件时更加坚信自己是正义的。"根据这个宣言，美国从法律上废除了奴隶制。

1863年7月1日，南北双方军队在宾夕法尼亚州的葛底斯堡打响了关键性战役，北军获胜，战局从此向有利于北方的方向发展。1864年11月，林肯第二次当选总统。其后，林肯以极大的努力要求参众两院通过宪法第十三修正案——宣布蓄奴非法。这项历史性的宪法修正案于当年获得通过。1865年4月14日晚，林肯在华盛顿的福特剧院遇刺身亡。

林肯领导美国人民维护了国家统一，废除了奴隶制，为资本主义的发展扫除了障碍，促进了美国历史的发展，一百多年来，受到美国人民的尊敬。由于林肯在美国历史上所起的进步作用，人们称赞他为"新时代国家统治者的楷模"。

肖　邦

爱祖国高于一切。

弗雷德里克·肖邦（1810—1849年）是伟大的波兰音乐家、作曲家。他的代表作有《马祖卡舞曲》《圆舞曲》《葬礼进行曲》《革命练习曲》等。

　　肖邦自幼喜爱波兰民间音乐，从6岁时开始学习钢琴，在7岁时写了《波兰舞曲》，8岁登台演出，16岁时加入了华沙音乐学院作曲班，不满20岁已成为华沙公认的钢琴家和作曲家。后半生正值波兰亡国，他在国外度过，创作了很多具有爱国主义思想的钢琴作品，以此抒发自己的思乡情、亡国恨。其中有与波兰民族解放斗争相联系的英雄性作品，如《第一叙事曲》《bA大调波兰舞曲》等；有充满爱国热情的战斗性作品，如《革命练习曲》《b小调谐谑曲》等；有哀痛祖国命运的悲剧性作品，如《降b小调奏鸣曲》等；还有怀念祖国、思念亲人的幻想性作品，如小夜曲与幻想曲以及抒发离别感情的钢琴曲。

　　肖邦一生不离钢琴，所有创作几乎都是钢琴曲，被称为"浪漫主义的钢琴诗人"。他的作品，除17首波兰歌曲、钢琴三重奏和大提琴曲外，全是钢琴曲。此类作品中，有两首钢琴协奏曲和3首钢琴奏鸣曲。

　　肖邦对民族主义音乐的贡献，是他60首马祖卡舞曲与12首波兰舞曲。两种舞曲都是三拍，马祖卡是中庸速度，来自民间庆典音乐；波兰舞曲高雅，原是16世纪宫廷庆典的配乐。肖邦将马祖卡舞曲带入音乐会，并将早期波兰宫廷生活的雄姿与盛况再度展现在人们面前，令人想起过去民族的荣耀。

　　在浪漫主义时期，肖邦作为一个杰出的波兰民族音乐风格作曲家而拥有非常独特的历史地位。在19世纪欧洲音乐发展历史中，民族音乐风格占有主导地位。尽管在所有的肖邦作品中都具有来自波兰传统的音乐风格，但在肖邦的玛祖卡中更为集中地表现了波兰的民族风格。在玛祖卡中肖邦运用了直到当今仍为世界所仰慕的最美的波兰旋律，使得当今的音乐家们第一次真正意识到他音乐中独特的波兰风格。

李　斯　特

　　　　　人的最高尚行为除了传播真理外，就是公开放弃错误。

　　弗朗兹·李斯特（1811—1886年）是匈牙利作曲家、钢琴家、指挥家和音乐活动家,浪漫主义音乐的主要代表人物之一。

　　李斯特6岁起开始学习音乐,并于此后不久移居维也纳,1823年,李斯特来到巴黎,受雨果、拉马丁、夏多布里昂等浪漫主义文艺家思想的影响,向往资产阶级革命。在音乐上他主张标题音乐,首创了交响诗体裁,作有《塔索》《前奏曲》《匈牙利》等交响诗共13部。

　　李斯特还受帕格尼尼的影响,创作了19首《匈牙利狂想曲》和12首钢琴练习曲以及超技练习曲。他树立了与学院风气、市民习气相对立的新的浪漫主义原则,并支持阿尔贝尼斯、斯美塔那、肖邦、柏辽兹、瓦格纳等作曲家的创作。相传贝多芬听了他的演奏后,非常赞赏他的天才,曾上台拥抱亲吻李斯特,这成为李斯特音乐成长史上的佳话。

　　李斯特创作活动中进步的民主主义倾向在很大程度上是与匈牙利的民族解放运动相联系的(包括社会主义)。钢琴曲《匈牙利狂想曲》是和李斯特的名字分不开的,李斯特的作品多姿多彩、极富想象力,充分挖掘了钢琴的音响功能,对演奏者的技巧提出了很高的要求。作为那个时代最杰出的钢琴家,他对键盘音乐的发展做出了重大的贡献,在他的后期作品中最早使用了20世纪才普遍采用的和声语言。它的钢琴曲已列入世界古典钢琴曲的文献宝库。

　　李斯特所创作的19首钢琴曲《匈牙利狂想曲》,在他的钢琴作品中占有特殊重要的地位。这些作品不但充分发挥了钢琴的音乐表现力,而且为狂想曲这个音乐体裁创作树立了杰出的音乐典范。这些作品都是以匈牙利和匈牙利吉卜赛人的民歌和民间舞曲为基础,进行艺术加工和发展而成的,因而都具有鲜明的民族色彩。这些乐曲结构精练、乐思丰富活跃,音乐语言与音乐表现方法同匈牙利乡村舞蹈音乐和城市说唱音乐有着密切联系,乐曲的形式虽然不时地变化,可是音乐形象都始终鲜明而质朴,体现了自然美和艺术美的完美统一。

　　作为一个匈牙利人,李斯特对祖国的事业真诚关注;民族的历史和英雄人物、民间音乐的音调和节奏,在他的创作中都得到了生动的反映和运用。在他的祖国,人民始终尊崇他为伟大的"民族艺术家"。

　　李斯特最重要的作品是《浮士德交响曲》《但丁交响曲》《匈牙利狂想曲》、交响诗《前奏曲》《马捷帕》、《4首钢琴协奏曲》《B小调钢琴奏鸣曲》《12首超技练习曲》和《旅行岁月》。

狄 更 斯

别骄傲，别怀恨，别不肯原谅人。

查尔斯·狄更斯（1812—1870年）是英国19世纪伟大的批判现实主义作家，一生创作了大量作品，广泛描写了19世纪英国维多利亚时代的社会生活，揭露了资产阶级金钱世界的种种罪恶。

狄更斯出生在一个贫寒的小职员家庭里，自幼就与文学结下了不解之缘。童年时代，他就阅读了《鲁宾孙漂流记》《天方夜谭》等大量小说。11岁起就承担了繁重的家务。他在皮鞋油作坊当学徒时，由于包装熟练，曾被雇主放在橱窗里当众表演操作，作为广告任人围观，这在他心上留下了永久的伤痕。16岁时他在一家律师事务所当缮写员，走遍伦敦的大街小巷，广泛了解社会。后担任报社的采访记者，熟悉议会政治中的种种弊端。1836年出版了《特写集》。1837年第一部长篇小说《匹克威克外传》开始在报上连载，它是狄更斯的现实主义小说创作的第一个成果。

第二部长篇小说《雾都孤儿》是狄更斯第一部动人的社会小说。小说通过孤儿奥列佛的遭遇揭开了处于社会底层的人们哀苦无告的生活画面，揭露了资产阶级伪装慈善的面目，显示出他当时创作思想的深度。

1848年以后是狄更斯创作的繁荣时期，作品反映的社会生活也更加广阔。他着力描写小人物的善良、温情和道德感化的力量，乐观主义精神已被沉重、苦闷的心情和强烈的愤懑所代替。这时主要的作品有《董贝父子》《大卫·科波菲尔》《荒凉山庄》《艰难时世》《小杜丽》《双城记》和《远大前程》等。这些作品的主题思想不断深化，艺术风格也有了与前不同的特色。作者善于运用典型的细节表现人物的特征；在着力描写小人物善良、温情和道德感化的力量的同时，对资产阶级的罪恶和惨无人道的社会制度作了具有强烈感染力的艺术概括。

《大卫·科波菲尔》是半自传体的小说，它的成就超过了狄更斯所有其他作品。作品塑造了不同阶层的典型人物，特别是劳动者的形象，表现了作者对弱小者的深切同情。小说最后仍以一切圆满作为结局，表现了作者的一贯思想。《大卫·科波菲尔》是狄更斯作品的跨越和精华。

1870年6月9日狄更斯与世长辞，临终时他的第一部侦探小说《艾德温·德鲁德之谜》也未能完成。他去世后被安葬在西敏寺的诗人角，他的墓碑上如此写道："他是贫穷、受苦与被压迫人民的同情者；他的去世令世界失去了一位伟大的英国作家。"

赫　尔　岑

要坚持真理——不论在哪里也不要动摇。

赫尔岑（1812—1870年）是俄国哲学家、作家、革命家。赫尔岑是一个私生子，但他的父亲十分爱他，给他取赫尔岑为姓，德语意为"心"，并使其受到良好的教育。

少年时代赫尔岑受十二月党人思想影响，立志走反对沙皇专制制度的道路。1829年秋进莫斯科大学哲学系数理科学习。学习期间，他和朋友奥加辽夫一起组织政治小组，研究社会政治问题，宣传空想社会主义和共和政体思想。1833年大学毕业后，曾计划出版宣传革命思想的刊物，因1834年被捕入狱未能实现。1835年，他以"对社会有极大危险的自由思想者"的罪名被流放。在长达6年的流放期间，他开始了文学创作。写了自传性的中篇小说《一个年轻人的札记》。

19世纪40年代中后期，他在别林斯基主编的《现代人》杂志上接连发表了3部小说。长篇《谁之罪》通过对3个人的不同身世、经历和社会关系的具体描写，清楚地表明铸成主人公们悲剧命运的主要原因，在于当时俄国的封建农奴制度。另两部都是中篇小说，《克鲁波夫医生》和《偷东西的喜鹊》。这3部中长篇小说显示了赫尔岑卓越的艺术才能，作品丰富深刻的思想内容和比较完美的艺术技巧，使他成为19世纪中叶俄国现实主义文学的优秀代表之一。

1847年初，赫尔岑携家到欧洲，大部分时间住在英国和法国，成了政治流亡者。在流亡期间，赫尔岑还写了一部包括日记、书信、随笔、政论和杂感的长篇回忆录《往事与随想》。作者自称它是"历史在偶然出现于其道路上的一个人身上的反映"。全书共7卷，记述了从十二月党人起义到巴黎公社成立前夕的半个世纪里俄国和西欧的社会生活及革命事件，在广阔的历史背景下描写了形形色色的人物，把重大社会事件同作家个人的生活道路、思想发展紧密结合在一起，而贯穿其中的主要线索，是他一生对革命真理的不倦探索和对光明未来的坚定信念。这是一部独特的文学作品，它不仅内容丰富，思想深广，文笔也生动活泼。

由于各种条件的局限，赫尔岑一生未能达到历史唯物主义的思想高度，但是无论作为革命家、哲学家或文学家，他的作用都是巨大的。列宁在评价赫尔岑时，一方面指出了他的错误和弱点，另一方面一再肯定他"是通过向群众发表自由的俄罗斯言论、举起伟大旗帜来反对沙皇专制制度的第一人"，称赞他是"在俄国革命的准备上起了伟大作用的作家"。

瓦 格 纳

我不想做君主和帝王，我只想做一名指挥。

威廉·理查德·瓦格纳（1813—1883年）是德国作曲家、剧作家。

瓦格纳从小就热爱古希腊悲剧和莎士比亚的戏剧，14岁时曾尝试写作一部五幕的大悲剧。他最早的歌剧《仙女们》是采用意大利剧作家戈齐所写的脚本，作于1833年，1838年才上演。这是一部浪漫风格的幼稚之作，其中显露出在他日后作品中经常出现的用自我牺牲来拯救人类的思想。第二部歌剧是根据莎士比亚的喜剧《请君入瓮》写成的大型喜剧性歌剧《爱情的禁令》。它歌颂了自由和爱情，嘲笑了假仁假义的虚伪道德，细腻的形象描绘以及丰富多彩的舞台场景，表现出他的独特个性。

瓦格纳中期的歌剧创作是以《漂泊的荷兰人》《汤豪泽》和《罗恩格林》3部歌剧为中心的。这3部歌剧反映了瓦格纳积极改革歌剧的意向。如《漂泊的荷兰人》基本使用传统的歌剧构成的"分曲结构"，《汤豪泽》开始使用分曲结构与"场"相结合的形式；而在《罗恩格林》中则主要用"场"代替了分曲结构。此外，在这3部歌剧中还可以见到从较传统的序曲过渡到结构自由、富于诗意的前奏曲，从旧的咏叹调到无终旋律的明显变化。上述这些尝试成为他后期乐剧改革的基础。

从40年代下半期开始，瓦格纳的思想发生了很大变化。由于受到革命思潮的影响，他写下了7部关于歌剧改革的著作，其中《艺术与革命》《未来的艺术作品》《歌剧与戏剧》《告友人书》等，虽有形而上学和反历史主义的某些观点，但也表现出瓦格纳的进步思想。

瓦格纳晚年的代表作，是一部规模极为庞大的巨作，由《莱茵河的黄金》《女武神》《齐格弗里德》《众神的黄昏》4部歌剧组成，分4夜上演。瓦格纳的后期创作中，歌剧《纽伦堡的歌唱师傅》占有特殊的地位。这部歌剧在音乐语言上吸收了丰富的民族音调，生动地描绘了16世纪行会艺人的生活。瓦格纳的创作道路以宗教奇迹歌剧《帕西法尔》而告终结。

瓦格纳对歌剧艺术的改革做出了许多贡献。他试图把音乐、剧本、表演、造型美术和戏剧等方面加以综合。他不称自己的作品为歌剧，而称之为乐剧，他认为歌剧不是音乐的艺术品，而应该是戏剧的艺术品，要为创造综合艺术而努力。

莱蒙托夫

没有奋争，人生便寂寞难忍。

莱蒙托夫（1814—1841年）是俄国诗人、作家。

莱蒙托夫生于莫斯科一个小贵族家庭，他3岁丧母，由外祖母抚养。1828年入莫斯科大学附设的贵族寄宿中学，接触西欧名家作品，深受拜伦和普希金的影响，创作了早期的60首抒情诗。

莱蒙托夫18岁考入莫斯科大学，后因参与学生事件被勒令退学。同年入彼得堡近卫军骑兵士官学校，这时创作了同情农民起义的长篇小说《瓦吉姆》及《帆》等向往自由的抒情诗。毕业后，作为近卫军骠骑兵团旗手驻扎在皇村，写下一些反映上流社会生活的作品，如诗剧《假面舞会》、长诗《大贵族奥尔夏》及中篇小说《里戈夫斯卡娅伯爵夫人》（未完成）等。

1837年震惊于普希金的死，他写下成名作《诗人之死》，指出贵族上流社会是扼杀自由、杀害诗人普希金的真正凶手。莱蒙托夫因此被流放到高加索，1838年重返彼得堡。此后被公认为普希金的继承者、俄国文坛的希望。

　　流放生活对他此后的创作影响重大，高加索景色成为大多数作品的背景。流放期间写下了著名长诗《沙皇伊凡·瓦西里耶维奇、年轻的近卫士和勇敢的商人卡拉希尼科夫之歌》。同时，《现代人》出版了他的爱国长诗《波罗金诺》。重返彼得堡后他写下了大量的抒情诗。

　　1840年出版了第一部抒情诗集和长篇散文体小说《当代英雄》。《当代英雄》塑造了一个禀赋非凡、教育良好却无所作为的青年贵族军官形象，作品擅长自然景物描写和人物的心理活动分析，对俄国散文影响重大。主人公毕巧夫成为俄国文学中又一贵族"多余的人"的典型形象。

　　长诗《恶魔》《童僧》是歌颂自由与叛逆精神的浪漫主义长诗杰作。1840年2月因与法国公使之子决斗而再次被捕并流放到高加索。1841年7月27日与军官马尔特诺夫决斗，死于高加索。虽然死时不足27岁，莱蒙托夫却为俄国文学留下了丰富的遗产。12年创作生涯中他写下了四百多首抒情诗、若干长诗、诗剧及小说。作品中渴望自由的浪漫主义激情和反抗专制的斗争精神滋养了后代俄国文学；深刻的心理分析手法为屠格涅夫、托尔斯泰继承发扬。

易 卜 生

社会犹如一条船，每个人都要有掌舵的准备。

　　亨利·约翰·易卜生（1828—1906年）是一位非常有影响的挪威剧作家，他可以被看作是现代现实主义话剧的创始人。

　　易卜生出生于一个小康家庭，16岁时他到格里姆斯塔镇上的一家药材店当学徒。工作余暇，他经常阅读莎士比亚、歌德、拜伦的作品，随后自己也动手写诗，并学习拉丁文。6年艰苦的学徒生活，磨练了他的斗争精神，同时也培育了他的创作兴趣，这在他一生中是一个重要阶段。

　　易卜生早期的剧作大多采用挪威古代英雄传奇、歌谣和历史改编创作，属于富于民族色彩的浪漫主义戏剧。他根据挪威古代英雄传说和中世纪的民间创作，改编了多部剧本，如《凯替莱恩》《英格夫人》《奥拉夫·利列克朗》《觊觎王位的人》等。《英格夫人》描写了16世纪挪威北方女英雄英格夫人的故事，《觊觎王位的人》则是写挪威从封建割据到民族统一时期的斗争，作品借歌颂古代英雄宣传民族团结，激发民众的爱国热情，并以此倡导挪威的民族戏剧。稍后的《布朗德》《彼尔·金特》开始向现实主义转变。

19世纪70年代以后，巴黎公社革命引起欧洲社会矛盾的激化，这使易卜生对资本主义社会和制度的认识有所加深，他把注意力从中世纪民间文学转移到当前现实生活方面来，他的创作从浪漫主义转向现实主义。他往往以日常生活为素材，从多方面剖析社会问题，揭露和批判的锋芒直指资产阶级社会的种种弊端，触及到法律、宗教、道德乃至国家、政党、体制等各个领域，因此人们称之为"社会问题剧"。

易卜生的重要剧作有《青年同盟》《社会支柱》《玩偶之家》《群鬼》《人民公敌》等。1891年，易卜生63岁时回到久别的祖国，在奥斯陆安度晚年。他晚期的创作，不像中期那样热情、犀利，显得冷峻、深邃，转向心理描写和精神分析，也有悲观情绪和象征主义色彩，作品有《野鸭》《建筑师》等。1898年易卜生七十寿辰时，挪威文化界聚会庆祝他的生日，挪威国家剧院为他树立了一尊铜像以示敬意。易卜生一生共写过26个剧本和许多诗篇，他的剧作对现代戏剧发展具有深刻而广泛的影响，故而他被誉为"现代戏剧之父"。

米　　　勒

给艺术的真正力量是融会于伟大情感之中的平凡。

让·弗朗索瓦·米勒（1814—1875年）是19世纪法国最杰出的以表现农民题材而著称的现实主义画家。他创作的作品以描绘农民的劳动和生活为主，具有浓郁的农村生活气息。

米勒出生在一个农民家庭，青年时代种过田，23岁时到巴黎师从于画家德拉罗什，画室里的同学都瞧不起他，说他是"土气的山里人"。老师也看不惯他，常斥责他。米勒在巴黎贫困潦倒，亡妻的打击和穷困压得他透不过气来。为了生存，他用素描去换鞋子穿，用油画去换床睡觉，还曾为接生婆画招牌去换点钱，为了迎合资产者的感官刺激，他还画过庸俗低级的裸女。

1849年巴黎流行黑热病，他携家迁居到巴黎郊区枫丹白露附近的巴比松村，这时他已35岁。在巴比松村他结识了科罗、卢梭、特罗容等画家，在这个穷困闭塞的乡村，他一住就是27年之久。

米勒对大自然和农村生活有一种特殊的深厚感情，他早起晚归，上午在田间劳动，下午就在不大通光的小屋子里作画，他的生活异常困苦，但这并没有减弱他对艺术的酷爱和追求，他常常由于没钱买颜料就自己制造木炭条画素描。他爱生活、爱劳动、爱农民，他曾说过："无论如何农民这个题材对于我是最合适的。"于是，以卢梭、科罗和米勒为主要成员的、在欧洲美术史上声名卓著的"巴比松画派"就这样形成了。此后的27年，是米勒一生中创作最为丰富的时期。许多法国人民家喻户晓的名画作品《播种者》《牧羊女》《拾穗》《晚钟》《扶锄的男子》《喂食》《春》等等，都是在这里完成的。

米勒笔下的农夫并不是天国中的亚当和夏娃，他们是疲惫、穷苦、终日操劳的贫困者，衣衫褴褛，肌肤黝黑，佝偻的身躯，粗大的手掌，这便是米勒的美学，这便是米勒要为之呕心沥血地赞美歌颂的法兰西农民的形象。正如罗曼·罗兰所说："他们日复一日地劳动，来养育这伟大的民族，他们日复一日地劳动，来缔造这美丽的国家。"

鲍　狄　埃

每跨出一步都要付出极大的努力，但是你看顶峰多么灿烂！

欧仁·鲍狄埃（1816—1887年）是法国的革命家，法国工人诗人，巴黎公社的主要领导人之一，《国际歌》的词作者。

鲍狄埃生于巴黎一个手工业工人家庭，从少年时代起，他就立志为劳苦大众的解放斗争贡献力量，同时他热爱诗歌，以平民歌手贝朗瑞的歌谣为范本而开始创作。他在艰难的环境里刻苦自学，从他所能够找到的书籍中吸取知识的营养。

1830年七月革命爆发时，还在当学徒工的鲍狄埃参加了七月革命，时年14岁的他就写出了他的第一首诗歌《自由万岁》，并发表了第一部诗集《年轻的女诗神》。从此，他开始用诗歌作为武器，踏上了革命的征途，并逐渐由一个民主主义者向社会主义者转变。他在诗歌《该拆毁的老房子》中，把等级森严的制度比作老房子，发出"是拆毁它的时候了"的呼吁，并投身于巴黎六月起义，成为勇敢的街垒斗士。1865年他加入了第一国际巴黎支部，第二帝国垮台后，他在《1870年10月31日》一诗中提出"快成立红色的公社"的口号，并于1870年加入了第一国际，成为第一国际巴黎支部联合会的委员。

1871年3月至5月，法国巴黎革命爆发了，3月28日，巴黎公社成立了，英勇的巴黎工人建立了第一个无产阶级政权。在巴黎公社进行革命斗争的72天中，鲍狄埃奋不顾身地投入战斗，被选为公社委员。在巴黎公社期间，鲍狄埃先后担任国民自卫军中央委员会委员、二十区中央委员会委员、公社委员。他在担任公社社会服务委员会委员时，被人们称誉为"最热情的公社委员之一"，和公社战士一起在街垒浴血战斗，在5月最后一个星期流血周中，鲍狄埃右手残废仍坚持战斗，为保卫公社直战斗到5月"流血周"的最后一天。5月30日，巴黎公社被反革命暴力镇压而失败。

1871年6月，鲍狄埃躲过敌人的搜捕，在郊区小巷一所老房子的阁楼上，他怀着满腔热血和悲痛，用战斗的笔写下了震撼寰宇的宏伟诗篇——《英特纳雄耐尔》。这首不朽的无产阶级战歌——《国际歌》，对马克思主义革命原理和巴黎公社历史经验加以艺术概括，正式宣告向敌人"开火"。

在他写下那首著名的《国际歌》17年后，也是在他逝世后的第二年，年轻的法国工人作曲家皮埃尔·狄盖特发现了这首诗词，并以满腔的激情在一夜之间为《国际歌》谱写了曲子，很快这支战歌便迅速传遍整个法国，传遍世界。

马 克 思

最好把真理比做燧石——它受到的打击越厉害，发射出的光辉就越灿烂。

马克思（1818—1883年）是第一国际的组织者和领导者，马克思主义的创始人，是全世界无产阶级和劳动人民的伟大导师。

马克思诞生于德国莱茵省特利尔城，1843年秋迁居巴黎。在巴黎期间，马克思进行了紧张的理论研究工作。他埋头钻研了资产阶级经济学家特别是英国古典经济学家亚当·斯密和大卫·李嘉图的劳动价值论，圣西门、傅立叶、欧文等人的空想社会主义学说和空想共产主义者的思想。

1844年8月，恩格斯从英国来到巴黎，拜访了马克思。这是一次历史性会见，从此他们开始了前无古人的伟大合作。

马克思对历史唯物主义和剩余价值学说的两大发现，使社会主义从空想变成科学。1847年初，马克思和恩格斯应邀参加了德国工人的秘密组织正义者同盟，并积极参加了同盟的改组工作。在6月召开的同盟第一次代表大会上，正义者同盟改名为共产主义者同盟。同年马克思出席了共产主义者同盟第二次代表大会，受大会委托，同恩格斯一起起草了同盟纲领，这就是科学共产主义的纲领性文献《共产党宣言》。

《共产党宣言》的发表，标志着马克思主义的诞生。1848年法国二月革命爆发后，受同盟中央委托，他在巴黎筹建新的中央委员会，并当选为同盟主席。4月回德国参加革命。1848年欧洲革命期间，在科伦创办了《新莱茵报》。

革命失败后，马克思流亡到伦敦，在这里长期定居。在伦敦，马克思重建了共产主义者的盟约地方组织和中央委员会。到五六十年代，在极端困难的条件下，完成了马克思主义经济理论体系，1867年发表《资本论》第一卷；第二、三卷由恩格斯于1885、1894年整理出版。

19世纪70年代，马克思写了《哥达纲领批判》，对拉萨尔主义的政治观点、经济观点和策略思想进行了严厉的批判，同时深刻地阐明了科学社会主义的基本原理。第一次指出了共产主义划分为两个发展阶段，论述了这两个阶段的经济关系的基本特征，并提出了从资本主义向共产主义的过渡时期的理论。这部著作对无产阶级政党具有重大的理论意义和实践意义。

屠格涅夫

不会宽容别人的人，是不配受到别人宽容的。

伊凡·谢尔盖耶维奇·屠格涅夫（1818—1883年）是俄国19世纪批判现实主义作家、诗人和剧作家。

屠格涅夫出生于世袭贵族之家，1833年进入莫斯科大学学习一年，随后转入圣彼得堡大学学习经典著作、俄国文学和哲学。1838年前往柏林大学学习黑格尔哲学。在欧洲，屠格涅夫见到了更加现代化的社会制度，被视为"欧化"的知识分子，他主张俄国学习西方，废除包括农奴制在内的封建制度。

1847—1851年，他在进步刊物《现代人》上发表其成名作《猎人笔记》。该作品反农奴制的倾向触怒了当局，当局以屠格涅夫发表追悼果戈理文章违反审查条例为由，将其拘捕、放逐。在拘留中他写了著名的反农奴制的短篇小说《木木》。

19世纪50—70年代是屠格涅夫创作的旺盛时期，他陆续发表了长篇小说《罗亭》《贵族之家》《前夜》《父与子》《烟》《处女地》。其中《罗亭》是他的第一部长篇小说，塑造了继奥涅金、皮却林之后又一个"多余的人"形象，所不同的是，罗亭死于1848年6月的巴黎巷战中。《父与子》是屠格涅夫的代表作，它反映了代表不同社会阶级力量的"父与子"的关系，描写亲英派自由主义贵族代表基尔沙诺夫的"老朽"，塑造了一代新人代表——平民知识分子巴札罗夫。但巴札罗夫身上也充满了矛盾，他是旧制度的叛逆者，一个"虚无主义者"，否认一切旧传统、旧观念，他宣称要战斗，但却没有行动。小说问世后在文学界引起了激烈争论。

从60年代起，屠格涅夫大部分时间在西欧度过，结交了许多著名作家、艺术家，如左拉、莫泊桑、都德、龚古尔等。参加了在巴黎举行的"国际文学大会"，被选为副主席（主席为维克多·雨果）。屠格涅夫对俄罗斯文学和欧洲文学的沟通交流起到了桥梁作用。

屠格涅夫是一位有独特艺术风格的作家，他既擅长细腻的心理描写，又长于抒情。他的小说结构严谨，情节紧凑，人物形象生动，尤其善于细致雕琢女性艺术形象，而他对旖旎的大自然的描写也充满诗情画意。

焦　耳

要科学，不要永动机！

焦耳（1818—1889年）是英国著名的物理学家。

焦耳的父亲是个富有的啤酒厂厂主。焦耳从小体弱不能上学，在家跟父亲学酿酒，并利用空闲时间自学化学、物理等。他很喜欢电学和磁学，对实验特别感兴趣。后来成为英国曼彻斯特的一位酿酒师和业余科学家。焦耳可以说是一位靠自学成才的杰出的科学家。

1840年12月，他在英国皇家学会上宣读了关于电流生热的论文，提出电流通过导体产生热量的定律；俄国著名物理学家楞次也独立地发现了同样的规律，所以被称为焦耳—楞次定律。这一发现为揭示电能、化学能、热能的等价性打下了基础，敲开了通向能量守恒定律的大门。

焦耳的主要贡献是他钻研并测定了热和机械功之间的当量关系。这方面研究工作的第一篇论文《关于电磁的热效应和热的功值》，是1843年在英国《哲学杂志》第23卷第3辑上发表的。此后，他用不同材料进行实验，并不断改进实验设计，结果发现，尽管所用的方法、设备、材料各不相同，结果都相差不远；并且随着实验精度的提高，趋近于一定的数值。最后他将多年的实验结果写成论文发表在英国皇家学会《哲学学报》1850年第140卷上，其中阐明：第一，不论固体或液体，摩擦所产生的热量，总是与所耗的力的大小成比例。第二，要产生使1磅水（在真空中称量，其温度在50—60华氏度之间）增加1华氏度的热量，需要耗用772磅重物下降1米的机械功。他精益求精，直到1878年还有测量结果的报告。他近四十年的研究工作，为热运动与其他运动的相互转换、运动守恒等问题，提供了无可置疑的证据，焦耳因此成为能量守恒定律的发现者之一。

1852年焦耳和汤姆孙（即开尔文）发现气体自由膨胀时温度下降的现象，被称为焦耳—汤姆孙效应。这种效应在低温和气体液化方面都有广泛应用。他对蒸汽机的发展做了不少有价值的工作，他第一次计算了有关气体分子的速度。

焦耳逝世后，人们为了纪念他，把功和能的单位命名为焦耳。

惠 特 曼

当我活着的时候，我要做生命的主宰，而不做它的奴隶。

惠特曼（1819—1892年）是19世纪美国最杰出的浪漫主义诗人和民主主义诗人，公认的现代美国"诗歌之父"、美国现代文学的鼻祖。

惠特曼的民主主义思想有两个主要来源，少年时代，他多次聆听了他家常客托马斯·潘恩的谈话，后者激进的民主倾向和空想社会主义的思想对他产生了深刻影响，使他从小就立志成为一个潘恩式的民主斗士。成年以后，适逢超验主义运动兴起，他为爱默生的学说所迷醉，更加热爱大自然和普通的劳动人民，强化了自己的民主立场。

惠特曼从1839年起开始文学创作，写一些短诗，同时参加当地的政治活动。1842年他担任《纽约曙光》报的编辑。1846年初，他又担任《布洛克林每日鹰报》的编辑，因在该报发表反对奴隶制度的文章，于1848年1月被解职。

惠特曼的第一部诗集是《草叶集》，1855年在纽约出版时只有94页，包括12首诗作，到1882年版时，已增加到372首诗作。1861年美国南北战争爆发，这个时期，他写下了真实记录这场革命战争的《鼓声》；林肯总统被刺后，他写下了沉痛表达美国人民对林肯被刺而哀思的《啊，船长！我的船长》《今天的军营静悄悄》等诗篇；在著名的《神秘的号手》一诗中，他乐观地描绘了未来的自由世界。

惠特曼是美国著名的民主诗人，他歌颂民主自由，体现了美国人民对民主的渴望，他赞美人民创造性的劳动，他的诗给人以积极向上的生气勃勃的精神。

惠特曼是土生土长的美国诗人，他创造了一种新型诗体：自由体诗。即不受格律、韵脚的限制和束缚，任思想和语言自由自在地发挥，诗作《草叶集》奠定了美国诗歌的基础，并对美国及其他国家的诗歌艺术产生了相当大的影响。

莫　顿

明确目标，努力奋斗。

　　莫顿（1819—1868年）是美国牙科医生，世界上最早将乙醚麻醉应用于外科手术的人。

　　18世纪以前，由于没有麻醉剂，外科手术是一件非常可怕的事情。为了做手术，有的医生用绞勒的方法使病人暂时窒息；有的则用放血或压住颈部血管的方法使病人的大脑暂时缺血而昏迷；有的干脆用一根木棒猛击病人的头顶，使病人失去知觉……这些野蛮的做法给病人带来了巨大的痛苦：有的病人在手术中突然惊醒，痛得大喊大叫；有的在手术后留下了脑震荡等后遗症；有的甚至因此而丧失生命。

　　19世纪初，英国化学家戴维发现笑气（一氧化二氮）对神经有兴奋作用，亦具有麻醉止痛作用，后来，美国牙科医生维尔斯用笑气做麻醉剂，成功地给不少患者做了拔牙手术。可是，1844年的一天，维尔斯在美国波士顿城做拔牙公开表演时，由于笑气用量不足，手术没有成功，病人痛得大声呼叫，一群保守的人就此把维尔斯当作骗子，将他赶出了医院。

　　当时，维尔斯有个学生名叫莫顿。一个偶然的机会，莫顿听到化学教授杰克逊说，有一次在做化学实验时，他不慎吸入一大口氯气，为了解毒，他立即又吸了一口乙醚。不料，开始他感到浑身轻松，可不一会儿便失去了知觉。听了杰克逊的叙说，勤于思索的莫顿深感兴趣。他大胆设想，能否用乙醚来作为一种理想的麻醉剂呢？于是，他便动手在动物身上试验，以后又在自己身上试验，结果证明乙醚的确是一种理想的麻醉剂。

　　1846年10月的一天，世界上第一次使用乙醚进行麻醉外科手术的公开表演成功了。从此，还是医学院二年级学生的莫顿出名了。乙醚麻醉剂亦逐渐成为全世界各家医院手术室里不可缺少的药品。

乙醚麻醉剂的发明是医学外科史上的一项重大成果。然而，当莫顿以乙醚麻醉剂发明者的身份向美国政府申请专利时，他的老师维尔斯和曾经启发他发明的化学教授杰克逊都起来与莫顿争夺专利权。后来，这场官司打到法院，但多年一直毫无结果。他们为此都被搞得狼狈不堪。最后，杰克逊为此得了精神病，维尔斯自杀身亡，莫顿则患脑出血而死去。

乙醚麻醉剂的发明造福于人类。可是，因发明减轻人们痛苦的3位科学家却因名利的争夺而在科学史上演出了一场令人遗憾的悲剧。

维多利亚

我宁愿失去一个印度，也不肯失去一个莎士比亚。

维多利亚女王（1819—1901年）是英国历史上统治时间最长的一位君主，她开创了英国历史上的黄金时代——维多利亚时代。

维多利亚的童年远称不上无忧无虑。她只有8个月大时，父亲就撒手人寰。1837年6月20日，威廉四世辞世，他的侄女维多利亚即位。18岁的维多利亚坐着金光闪闪的马车，前往威斯敏斯特大教堂参加加冕大典。紧张不安的维多利亚悄声问她的侍从："求求你，告诉我应该做什么？"那天，伦敦上空有黑天鹅飞过，遂有流言传出：维多利亚的王位坐不长。

然而登基后不久，女王很快就展现出她的政治才能。新任首相墨尔本勋爵向女王建议，更换她身边的两个女侍，理由是两人的丈夫是效忠前政府的。年轻的女王这样回答：我不会换掉其中的任何一个，我对她们的政治观点不感兴趣，因为我不需要和她们讨论政治问题。

维多利亚时期，是英国对外领土扩张最辉煌的时期，为了扩张领土，女王不惜使用一切手段。而这正是她从丈夫那里学到的：阴谋、收买、强权、先下手为强、武力攻占。1857年，英法两国争夺苏伊士运河的统治权达到白热化的程度，但是一场设计巧妙的阴谋使英国获得了苏伊士运河的控股权，法国只能乖乖地退让。第二年，在英国沿海殖民地的版图中又增加了印度——帝国王冠上的一颗明珠。英国还让俄国在1877—1878年与土耳其的战争中的胜利果实几乎化为乌有。当时，俄国军队离伊斯坦布尔只有一步之遥，俄土双方签订协议，将巴尔干半岛的一部分土地归属俄罗斯。而维多利亚不希望看到俄国势力深入到巴尔干半岛，她以武力和外交双重施压，迫使俄罗斯做出退让。女王当时已经是60岁了，但她是这场较量的真正赢家。

在维多利亚统治期间，国家空前团结，英国成为一个强大的帝国，并不断壮大发展。这是维多利亚女王给英国人留下的最好遗产，也是对她一生政绩最有力的评价。没有一个坐上帝位的女人，像维多利亚一样，如此出色地完成了女王的职责，同时又拥有如此平凡的作为女人的幸福。

恩 格 斯

只有获得胜利的可能性非常大时，才可进行决战。

恩格斯（1820—1895年）是德国哲学家、马克思主义的创始人之一。恩格斯是卡尔·马克思的挚友，被誉为"第二提琴手"。

恩格斯出生于普鲁士莱茵省的工业城巴门，父亲是当地一家纺织厂的厂主。恩格斯在上中学时在诗歌创作上就表现出了一定的才华，但父亲坚持要他经商，所以他于毕业前一年退学，在父亲的安排下到不来梅当办事员。1841年9月，他为了服兵役而来到柏林，业余时间就到柏林大学听哲学讲课，很快成为"黑格尔青年派"中积极的一分子。

1842年深秋，恩格斯在英国经商再度获得成功，他成为恩格斯纺织厂的总经理。曼彻斯特是英国宪章运动中心，在那里他开始真正深入工人阶级的生活，并且在这段时间，认识了还是莱茵报主编的马克思。1844年出版了第一部重要著作《英国工人阶级状况》；8月，恩格斯返回德国巴门老家，途中经过巴黎时和马克思见面。1845年2月，马克思举家迁往布鲁塞尔。几个月后，恩格斯同样迁到布鲁塞尔帮助困境中的马克思。

1846年8月，他和马克思共同完成了《德意志意识形态》。1847年6

月，起草了《共产主义信条草案》，后来进一步完善成《共产主义原理》。在第二次代表大会上以此为基础，与马克思合作拟定了《共产党宣言》。1848年4月和马克思一起创办了《新莱茵报》。1850年前后，民主革命失败，恩格斯和马克思被普鲁士政府压迫，经济拮据，恩格斯决定暂时回曼彻斯特纺织厂工作，以便继续资助马克思。

1869年7月，恩格斯终于从商人生涯中摆脱出来，移居伦敦，与马克思再度相聚。1878年，《反杜林论》这部马克思主义百科全书式的著作问世。

马克思1883年逝世时，《资本论》只出了第一卷，剩下的只是一些字迹潦草的手稿。此时恩格斯正在整理其持续10年来累积的有关自然辩证法的研究记录，但他马上停下手中的工作，整理资本论剩下的手稿。在他12年的努力下，资本论二、三卷分别在1885年和1894年出版。1895年8月6日，患有晚期食道癌的恩格斯在泰晤士河边的住所中长眠。

南丁格尔

护士必须要有同情心和一双愿意工作的手。

弗洛伦斯·南丁格尔（1820—1910年）生于意大利佛罗伦萨一个富裕家庭，后随父母迁居英国。

年青时代的南丁格尔由于常协助父亲的老友（一位医生）精心护理病人，逐渐对护理工作发生了兴趣。她曾到德国、法国、希腊等地考察这些国家的医院和慈善机构，充实了阅历，坚定了立志于护理事业的决心。

1850年，她不顾家人反对，前往德国学习护理，从此把一生献给了护理事业。

南丁格尔的雄心壮志，终于感动了她的父亲，答应每年资助她500英镑。1853年8月12日，在慈善委员会的资助下，南丁格尔在伦敦哈雷街一号成立了看护所，开始施展她的抱负。她采取了许多措施，令当时的人叹为观止，如采用病人召唤拉铃，在厨房设置绞盘以运送膳食给病人，她强调"任何妇女，不分信仰、贫富，只要生病，就可收容……"

她在工作中表现出非凡的能力，大家对她都言听计从。

1854年8月，伦敦郊区贫民窟发生霍乱，南丁格尔不顾个人安危，志愿参加紧急救护工作。她在医院里照料垂死病人，终日奔忙，不少人在她怀抱中死去。

克里米亚战争爆发后。在前方发回的报道中说，英军的医疗救护条件非常低劣，伤员死亡率高达42%。南丁格尔闻知这一消息，立即给当时的作战部部长写了一封信，表示愿自费率领护士奔赴战地。5天后政府任命她为驻土耳其英国总医院妇女护士团团长。护士团包括38名团员，立即投入了忙碌的工作。

最初，医师们基于传统认识及嫉妒心理，主张没有医师指示，不让她们涉足病房，她们一连4天被拒之门外。面对这种局面，南丁格尔首先着手进行改善伤兵的饮食，换洗肮脏的衣服，共同致力清理工作。她深深感到，一所完善的医院，必须有充分的供水与良好的排水系统。3个月下来，她清理好一万多件衬衫。为了收容八百多名新伤患，她自己出钱支付紧急修理病房费用。南丁格尔的积极服务精神，终于化解了军医们的敌视心理，更赢得了伤患们的敬爱与信任。

当时英军的医院设备奇缺，病床拥挤不堪，卫生设备极差，一般药品极为缺乏。在这种恶劣条件下，大批伤兵均感染了痢疾与霍乱。南丁格尔拿出自己的3万英镑为医院添置药物和医疗设备并重新布置医院，改善伤员的生活环境和营养条件，整顿手术室、食堂和化验室，很快改变了战地医院的面貌。6个月后，战地医院发生了巨大的变化，伤员死亡率从42%迅速下降至2%。这种奇迹般的有目共睹的护理效果震动了全国，同时改变了英国朝野对护士们的估价，并提高了妇女的地位，护理工作从此受到社会的重视。

南丁格尔为此付出了极大的精力和心血，她建立了护士巡视制度，每天夜晚她总是提着风灯巡视病房，每天往往工作二十多个小时。夜幕降临时，她提着一盏小小的油灯，沿着崎岖的小路，在4英里之遥的营区里，逐床察看伤病员。士兵们亲切地称她为"提灯女神""克里米亚的天使"。伤病员写道："灯光摇曳着飘过来了，寒夜似乎也充满了温暖……我们几百个伤员躺在那，当她来临时，我们挣扎着亲吻她那浮动在墙壁上的修长身影，然后再满足地躺回枕头上。"这就是所谓的"壁影之吻"。

陀思妥耶夫斯基

> 人之所以不幸，理由只是不知自己身在福中。

陀思妥耶夫斯基（1821—1881年）是19世纪群星灿烂的俄国文坛上一颗耀眼的明星，与列夫·托尔斯泰、屠格涅夫等人齐名，是俄国文学的卓越代表。

陀思妥耶夫斯基出生在一个医生家庭。他的童年是在父亲的庄园里度过的，因而接触到了农奴的实际生活。1834年他进入莫斯科契尔马克寄宿中学，毕业后入彼得堡军事工程学校，在该校工程部制图局工作。一年后，他自动离职，专门从事文学创作。

1846年，他写出了自己的第一部作品《穷人》。小说一出版，即轰动文坛，受到读者的普遍赞扬。之后，他又先后写出了《双重人格》《女房东》《白夜》和《脆弱的心》等几个中篇小说，以及其代表作《罪与罚》。

《罪与罚》是一部卓越的社会心理小说，可视作近代世界推理小说鼻祖。它的发表标志着陀思妥耶夫斯基艺术风格的成熟，比较全面地显示了陀思妥耶夫斯基关于"刻画人的心灵深处的奥秘"的特点。小说通过人物悲剧性的内心冲突揭示人物性格，同时对幻觉、梦魇和变态心理的刻画也极为出色。

1880年他发表了《卡拉马佐夫兄弟》这部他后期最重要的作品。1881年陀思妥耶夫斯基准备写作《卡拉马佐夫兄弟》第二部。2月9日他的笔筒掉到地上，滚到柜子底下，他在搬柜子过程中用力过大，导致脑血管破裂，当天去世。

陀思妥耶夫斯基是心理描写专家，他醉心于病态的心理描写，不仅写行为的结果，而且着重描述行为发生的心理活动过程，特别是那些自觉不自觉的反常行为、近乎昏迷与疯狂的反常状态。而人物的思想行为反常，恰恰又是他作品的特点。他对人类肉体与精神痛苦的震撼人心的描写是其他作家难以企及的。他的小说戏剧性强，情节发展快，接踵而来的灾难性事件往往伴随着心理斗争和痛苦的精神危机，以此揭露人物关系的纷繁复杂、矛盾重重和深刻的悲剧性。陀思妥耶夫斯基的善恶矛盾性格组合、深层心理活动描写都对后世作家产生了深刻影响。

福楼拜

非凡的激情才能产生卓越的作品。

古斯塔夫·福楼拜（1821—1880年）是19世纪中叶法国重要的批判现实主义作家。他的"客观而无动于衷"的创作理论和精雕细刻的艺术风格，在法国文学史上独树一帜。

福楼拜生于法国诺曼底卢昂医生世家，童年在父亲医院里度过。医院环境培养了他细致观察与剖析事物的习惯，对日后文学创作产生了极大的影响。福楼拜在中学时就热爱浪漫主义作品，并从事文学习作。福楼拜年轻时才华横溢，文思如涌，写过不少以历史为题材、蕴涵哲理或富于浪漫激情的作品。《佛罗伦萨的鼠疫》《激情与贞操》等等。这些早期作品文笔不免稚嫩，但为后来的创作打下了良好的基础。

1857年，福楼拜出版了代表作长篇小说《包法利夫人》，轰动了文坛。但很快作品就受到了当局的指控，罪名是败坏道德，毁谤宗教。此后，他一度转入古代题材创作，于1862年发表了长篇小说《萨朗波》。但1870年发表的长篇小说《情感教育》，仍然是一部以现实生活为题材的作品，小说在揭露个人悲剧的社会因素方面，与《包法利夫人》有异曲同工之处。此外，他还写有《圣·安东的诱惑》、未完稿的《布瓦尔和佩居谢》、剧本《竞选人》和短篇小说集《三故事》等。小说集里的《一颗简单的心》，出色地刻画了一个普通劳动妇女的形象，是他短篇中的杰作。

福楼拜主张小说家应像科学家那样实事求是，要通过实地考察进行准确的描写。同时，他还提倡"客观而无动于衷"的创作理论，反对小说家在作品中表现自己。在艺术风格上，福楼拜从不做孤立、单独的环境描写，而是努力做到用环境来烘托人物心情，达到情景交融的艺术境界。他还是一位语言大师，注重思想与语言的统一，他认为"思想越是美好，词句就越是铿锵，思想的准确会造成语言的准确"，"表达愈是接近思想，用词就愈是贴切，就愈是美"。因此，他经常苦心磨炼，惨淡经营，注意锤炼语言和句子。他的作品语言精练、准确、铿锵有力，是法国文学史上的"模范散文"之作。

巴　斯　德

　　机遇只偏爱那些有准备的人。

　　路易斯·巴斯德（1821—1895年）是法国著名的微生物学家、化学家，近代微生物学的奠基人。

　　巴斯德小时候家境贫困，但他勤奋好学，再加上聪明伶俐，颇具艺术天分，很有可能成为一名画家。然而，他19岁时放弃了绘画，而一心投入到科学事业中。

　　巴斯德最早是从事化学方面的研究工作——关于酒石酸的光学性质。他通过实验制备了19种不同的酒石酸盐和外消旋酒石酸盐的晶体。在显微镜下检查时，他发现这些晶体能用机械的方法分作两类——左旋和右旋晶体，它们具有旋光数值相同，但旋光方向相反的偏振光特性，从而揭示了酒石酸的"同分异构现象"。

　　巴斯德在化学领域的杰出成就受到人们的重视，并获得了荣誉。然而，他并未将自己的视线仅仅停留在化学领域，而是将实验化学的原理、技能等广泛地应用于发酵问题，从而开辟了人类科学历史的新纪元。

　　巴斯德后来从化学研究转入生物学研究，发现了微生物对酸的选择作用。在研究酒质变酸问题过程中，明确指出发酵是微生物的作用，不同的微生物会引起不同的发酵过程，改变了以往认为微生物是发酵的产物，发酵是一个纯粹的化学变化过程的错误观点。同时，巴斯德通过大量实验提出：环境、温度、pH值和基质的成分等因素的改变，以及有毒物质都以特有的方式影响着不同的微生物。例如酵母菌发酵产生酒精的最佳pH值为酸性，而乳酸杆菌却喜欢pH值为中性的环境条件。

　　巴斯德把微生物发酵原理广泛应用于指导工业生产，开创了"微生物工程"，被人们尊称为"微生物工程学之父"。

　　巴斯德在发酵问题的研究中，确立了他的学术地位，但他并不满足，仍然奋斗在科学实验的前沿阵地上，因为他坚信"科学实验"可以解决许多问题，是最有力的证据之一。1868年10月，他患了脑出血，使他的身体左侧刺痛、麻木，最后失去活动能力。在这期间，他仍然口述一份备忘录，论述他富有独创性的实验——如何检查发现刚刚开始感染到疾病的蚕卵，最终实验获得成功，使纯净的"种子"（即蚕卵）得以传遍整个欧洲和日本。正是有了这种精神，才使他成为伟大的微生物学家。

裴多菲

生命诚可贵，爱情价更高；若为自由故，二者皆可抛！

裴多菲（1823—1849年）是匈牙利的爱国诗人和英雄，也是匈牙利民族文学的奠基人，资产阶级革命民主主义者。

裴多菲少年时期过着流浪的生活，做过演员，当过兵。1842年开始发表了诗歌《酒徒》，开始了写作生涯。

早期作品中有《谷子成熟了》《我走进厨房》《傍晚》等五十多首诗，被李斯特等作曲家谱曲传唱，已经成了匈牙利的民歌。

1844年，裴多菲从故乡来到首都佩斯，担任《佩斯时装报》助理编辑，在诗人弗勒斯马尔蒂的资助下，出版了第一本《诗集》，确定了他在匈牙利文学中的地位，并受到德国诗人海涅的高度评价。他因发表讽刺诗《农村的大锤》和革命诗歌《爱国者之歌》《反对国王》等蜚声诗坛，后在佩斯参加和领导激进青年组织"青年匈牙利"，从事革命活动。裴多菲于1846年底整理诗稿，准备出版诗歌全集，并在自序中写下著名箴言诗《自由与爱情》："生命诚宝贵，爱情价更高；若为自由故，二者皆可抛！"成为诗人走向革命的标志，也是他向革命迈进的誓言。

1847年起他的诗歌创作涉及当时政事，如《致十九世纪的诗人》《以人民的名义》等诗篇，抒发了时代的声音。1848年3月15日裴多菲领导有学生参加的无产阶级和小资产阶级的反抗奥地利的市民起义，向起义者朗诵政治诗篇《民族之歌》，并写下诗篇《大海沸腾了》《把国王吊上绞架》，激励人民为争取民族自由和独立而斗争，被誉为"匈牙利自由的第一个吼声"，9月他加入了革命军队，投身于匈牙利民族独立战争。在1848年至1849年由科苏特领导的民族解放战争中，裴多菲参加了贝姆将军的部队，作为贝姆将军的少校副官同俄奥联军英勇奋战。1849年7月，他创作了最后一首诗歌《恐怖的时刻》，7月31日在瑟什堡战役中牺牲，年仅26岁。

裴多菲一生中写下了约一千首抒情诗和8部叙事长诗，其中最著名的有《雅诺什勇士》和《使徒》，对匈牙利文学的发展具有重大影响，他的政论文章揭露了敌人，鼓舞了人民，起过积极的作用。

法 布 尔

学习这件事不在乎有没有人教你，最重要的是在于你自己有没有觉悟和恒心。

法布尔（1823—1915年）是法国昆虫学家、动物行为学家、作家。被世人称为"昆虫界的荷马，昆虫界的维吉儿"。

法布尔出生在法国南部一个贫穷的人家，童年时代就表现出对自然的热爱与天赋的观察力，他靠着自修考取了师范学院的公费生，18岁毕业后担任小学教师。在随后的几年内陆续获得文学、数学、物理学和其他自然科学的学士学位，并在1855年拿到了科学博士学位。

年轻的法布尔曾经为数学与化学深深着迷，但是后来发现动物世界更加吸引他，在取得博士学位后，即决定终生致力于昆虫学的研究。

法布尔也以他丰富的知识和文学造诣，写作了各种科普书籍，介绍科学新知与各类自然科学知识给大众。1870年法布尔举家迁到欧宏桔。

在欧宏桔定居的9年中，法布尔殷勤写作，完成了61本科普书籍，有许多相当畅销，甚至被指定为教科书或辅助教材。这些科普书籍的成功使《昆虫记》一书的写作构想逐渐在法布尔脑中浮现，他开始整理集结过去三十多年来观察所累积的资料，并着手撰写。

1879年法布尔搬到欧宏桔附近的塞西尼翁村，在那里买下一栋意大利风格的房子和一公顷的荒地定居。虽然这片荒地满是石砾与野草，但是法布尔的"拥有一片自己的小天地以观察昆虫"的心愿终于实现了。

这里还有他的书房、工作室和试验场,能让他安静地集中精力思考,全身心地投入到各种观察与实验中去。就是在这里,法布尔一边进行观察和实验,一边整理前半生研究昆虫的观察笔记、实验记录和科学札记,完成了《昆虫记》的后9卷。如今,这所故居已经成为博物馆,静静地坐落在有着浓郁普罗旺斯风情的植物园中。

这位多才多艺的文人与科学家,前半生为贫困所苦,但是却未曾稍减对人生志趣的追求;虽曾经历许多攀附权贵的机会,依旧未改其志。开始写作《昆虫记》时,法布尔已经超过50岁,到85岁时才完成这部巨作,这样的毅力与精神实在是令人敬佩。

小 仲 马

如果一个人宽恕了别人,那么他便觉得自己非常坚强。

亚历山大·小仲马(1824—1895年)是法国小说家、剧作家。他是作家大仲马同一个女裁缝的私生子。

小仲马7岁时大仲马才认其为子,但仍拒不认其母为妻。私生子的身世使小仲马在童年和少年时代受尽世人的讥诮。成年后他痛感法国资本主义社会的淫靡之风造成许多像他们母子这样的被侮辱与被损害者,决心通过文学改变社会道德。痛苦的家境对小仲马的一生产生了深刻影响,因此,他后来的文学创作大多以探讨社会道德问题为主题。

小仲马的代表作兼成名作是《茶花女》,书中真实生动地描写了一位外表与内心都像白茶花那样纯洁美丽的少女被摧残致死的故事,揭露了虚伪的社会道德和门第观念。作品在艺术表达上独特而新颖,组织情节时,用了追叙、补叙、倒叙,手法多变,生动有致。一个个悬念的设置扣人心弦,使人不忍释卷。特别是作品洋溢着浓烈的抒情色彩和悲剧气氛,有感人至深的艺术魅力。

《茶花女》当时一经出版即轰动了全国,尽管上流社会恼怒地批评他渲染妓女生活,是"淫荡堕落""低级下流",但更多的人则为真切感人的故事所征服。妓女玛格丽特的悲惨命运、她的灵魂悲号,以及男主人公阿芒痛彻肺腑的悔恨,都强烈地打动了读者的心弦,令人"心神飞越"。

小仲马一举成名，他又把小说改编为剧本。1852年，五幕剧《茶花女》上演了。剧场爆满，万人空巷。当小仲马将《茶花女》演出大获成功的消息告诉远在比利时的父亲时，电报上写道："第一天上演时的盛况，足以令人误以为是您的作品。"父亲立即回电："我最好的作品正是你，儿子！"

小仲马的处女作《茶花女》所取得的成功无疑是巨大的。虽然小仲马后来发表的无数优秀问题剧，今日爱好者都已寥寥无几，但这一部作品就足以使他取得如大仲马一样的名声。《茶花女》也许在社会道德方面未必替小仲马争得好的评价，但却实实在在令这位作家在死后依旧名垂千古。人们所津津乐道的"大小仲马"构成了法国文学史乃至世界文学史上罕见的"父子双璧"的奇观。

拉　萨　尔

如果剑短，那就只有多冲一步。

拉萨尔（1825—1864年）是德国早期工人运动活动家，国际工人运动中机会主义的重要代表，拉萨尔主义的创始人。

拉萨尔出身于德国犹太富商家庭，少年时代曾被称为神童，青年时代在柏林大学学习过黑格尔哲学，后来成了律师。他在欧洲1848年革命期间，投身于革命运动，为马克思所领导的《新莱茵报》工作过，并曾被捕入狱。

1854年8月拉萨尔离开莱茵省迁居柏林。1862年4月在柏林郊区奥兰宁堡的手工业协会作了一次演说，同年11月，这篇演说以《工人纲领》为题出版，在德国工人中引起了一定的反响，全德工人代表大会筹备委员会邀请他担任未来的"全德工人联合会"领导并起草纲领性文件。1863年3月，他发表了《给筹备全德工人代表大会的莱比锡中央委员会的公开答复》的小册子，准备作为全德工人联合会的纲领。同年4月在莱比锡作了《论工人问题》的演说，5月在法兰克福发表演说，后以《工人读本》为题出版。

这些演说和著作系统地提出了自己的思想主张，对德国工人运动的发展起了很大的推动作用，人称"拉萨尔的鼓动"。其主要内容是：政治上主张阶级调和，反对无产阶级革命和暴力斗争；经济上提出"铁的工资规律"，认为工人的工资只能维持在一个低水平上，偏高或偏低则会引起劳动力过剩或不足。要使工人获得全部劳动所得，就必须由国家贷款建立生产合作社，使工人自己成为企业主；而要获得国家的贷款，首先必须争取到普选权。

这一系列思想是"拉萨尔主义"的核心内容，它长期影响着德国工人运动。1863年5月23日，全德工人代表大会召开并宣布正式成立"全德工人联合会"，拉萨尔当选为主席，他起草的纲领也被大会通过。

1864年8月，在瑞士与人决斗中，拉萨尔中弹身亡。死神的过早降临，反而提高了他本人及拉萨尔主义在工人中的声望与影响。

小约翰·施特劳斯

音乐是人生的艺术。

施特劳斯，一般是指19世纪奥地利维也纳著名的音乐世家——施特劳斯家族，即老约翰·施特劳斯和他的3个儿子——小约翰·施特劳斯，约瑟夫·施特劳斯和爱德华·施特劳斯。不过小约翰是整个家族中成就最大、名望最高的一位，他所取得的成就超过了他的父亲。

小约翰·施特劳斯（1825—1899年）的父亲本想让他成为一个银行家，以使他免受从事音乐事业所要遭受的痛苦。事实上，正是由于老施特劳斯经常不在家才使小施特劳斯有机会学习音乐。在母亲的支持下，小施特劳斯偷偷背着他父亲学习了钢琴和小提琴。

1844年，小施特劳斯和来自维也纳的一支管弦乐队首次联合演出即大获成功。当然小施特劳斯和老施特劳斯在音乐上的相互竞争也更增强了人们对他的兴趣。在老施特劳斯去世后，小施特劳斯把父亲的乐队和自己的乐队合并起来，他多次率领乐队赴奥地利各地以及波兰、德国、俄国、法国、意大利、英国、美国旅行演出。1865年到俄国时，首演了柴可夫斯基的新作《性格舞曲集》。1863—1871年，他接受宫廷舞会乐长称号，创作了《蝙蝠》《罗马狂欢节》《阿里巴巴与四十大盗》《吉卜赛男爵》等16部轻歌剧，对于欧洲轻歌剧的发展有着相当深远的影响。

他的"圆舞曲之王"的称号是由于他把华尔兹这种原本只属于农民的舞曲形式提升为了哈布斯堡宫廷中的一项高尚的娱乐形式。

小约翰·施特劳斯的创作以《蓝色多瑙河》《维也纳森林的故事》《艺术家的生活》《春之声》和《安娜波尔卡》等一百二十余首维也纳圆舞曲著称。他曾带领乐队访问欧洲各国，使维也纳圆舞曲风靡全欧洲。他的圆舞曲独具特色，旋律酣畅，柔美动听，节奏自由，生机盎然，是每年维也纳新年音乐会的主要曲目。他还作有《雷鸣电闪波尔卡》等源自捷克的波尔卡舞曲及几十首其他舞曲。

列夫·托尔斯泰

> 只有一个时间是重要的，那就是现在。

列夫·托尔斯泰（1828—1910年）是19世纪末20世纪初俄国最伟大的文学家，也是世界文学史上最杰出的作家之一，他的文学作品在世界文学上占有第一流的地位。

托尔斯泰出生在一个古老而有名望的大贵族庄园，他在喀山大学就读期间，对卢梭的学说产生过浓厚的兴趣。离开大学后，成为青年地主的托尔斯泰曾力图改善农民的生活，但却不被农民所理解。这段经历后来在小说《一个地主的早晨》中得到了反映。

19世纪50年代，托尔斯泰在高加索入伍期间开始了文学创作。他的处女作《童年》与后来的《少年》和《青年》构成了自传三部曲。

在高加索期间，托尔斯泰还发表了一些反映战地生活的小说，如《袭击》和《台球房记分员笔记》等。退役回到家乡后，他曾为农民子弟办学，后因沙皇政府干预，学校夭折。期间他两次出国，并写下了《暴风雪》《两个骠骑兵》《卢塞恩》《阿尔贝特》《三死》《家庭幸福》和《波里库士卡》等小说。60—70年代，托尔斯泰先后完成了长篇小说《战争与和平》和《安娜·卡列尼娜》，这两部作品为他赢得了世界一流作家的声誉。

70年代末80年代初，托尔斯泰经历了一场世界观的激变。他否定了贵族阶级的生活，站到了农民的一边。这时，他不仅在生活方式上发生了很大变化，而且力求使自己的作品能为普通的农民所接受。他写了不少民间故事和"人民戏剧"，也写出了一些优秀的小说，其中著名的有长篇小说《复活》，剧本《黑暗的势力》、《教育的果实》和《活尸》，中篇小说《霍尔斯托麦尔》、《伊凡·伊里奇之死》和《克莱采奏鸣曲》等。

《复活》是托尔斯泰晚年最重要的作品，它显示了托尔斯泰"撕下一切假面具"的决心和彻底暴露旧世界的批判激情。小说对沙俄的法律、法庭、监狱以及整个国家机器和官方教会，都给予了无情的抨击。

为此，托尔斯泰遭到当局和教会的迫害，还被革除教籍。然而，托尔斯泰在人民中获得了越来越高的声誉。托尔斯泰晚年生活力求平民化，并保持着旺盛的创作精力，完成了中篇小说《哈泽·穆拉特》和《舞会之后》等优秀作品。1910年，他在出走途中去世。

列夫·托尔斯泰以自己有力的笔触和卓越的艺术技巧辛勤创作了"世界文学中第一流的作品"，因此被列宁称为"最清醒的现实主义"的"天才艺术家"。

车尔尼雪夫斯基

人的活动如果没有理想的鼓舞，就会变得空虚而渺小。

车尔尼雪夫斯基（1828—1889年）是俄国革命家、哲学家、作家和批评家，是19世纪60年代俄国革命民主主义运动的领袖。

车尔尼雪夫斯基生于萨拉托夫城一个神父家庭，18岁进彼得堡大学文史系。从此他经常接近先进知识分子团体彼得拉舍夫斯基小组，潜心研究黑格尔唯心主义哲学和费尔巴哈唯物主义哲学，对法国空想社会主义也产生了浓厚的兴趣。1850年大学毕业，次年重返萨拉托夫，在中学教授语文，宣传进步思想。

1853年车尔尼雪夫斯基回到彼得堡，成为《祖国纪事》和《现代人》两家进步杂志的撰稿人。1855年发表了著名学位论文《艺术对现实的审美关系》。这篇论文向黑格尔的唯心主义美学进行了大胆的挑战，提出了"美是生活"的定义。1856年涅克拉索夫出国就医,他接编《现代人》杂志,使它成为宣传革命思想的强大阵地。同年冬他发表了论文《俄国文学果戈理时期概观》,系统地探讨了俄国文学批评思想的发展。1862年车尔尼雪夫斯基被沙皇政府逮捕,关入彼得保罗要塞。

彼得堡罗要塞是1703年彼得大帝下令建造的,建成后沙皇政府就把它变成了一座残酷黑暗的政治监狱,高尔基也曾在这里坐过牢。坚固的牢墙剥夺了车尔尼雪夫斯基的人身自由,但却锁不住他的革命思想。身陷囹圄的车尔尼雪夫斯基凭借坚忍不拔的革命精神,利用一切可能的条件继续他的文学创作。在极艰苦的条件下,他创作了被称为生活教科书的长篇小说《怎么办?》。

这部作品是19世纪俄罗斯的古典主义杰作之一。它通过独特的艺术形式,表达了作家的政治、哲学和美学观点。小说问世以后就被查禁,但是已经发行的早已在群众中到处传阅,它的手抄本也在人民中广泛流传。小说还被译成了英文、法文、德文、意大利文在国外出版发行。车尔尼雪夫斯基被沙皇当局判处7年苦役,并且终身流放西伯利亚。

1864年5月19日,在彼得堡的拉特宁广场上,车尔尼雪夫斯基被捆在"耻辱柱"上,胸前挂着写有"国事犯"字样的牌子,刽子手在他的头顶上把长剑折成两段,随后,把他押送到西伯利亚服苦役。二十多年后,1889年6月,车尔尼雪夫斯基才得到许可回到故乡萨拉托夫。多年的监禁生活损害了他的健康,4个月后,这位伟大的作家离开了人世。

马　奈

多画线条。

马奈(1832—1883年)是法国印象主义画派中的著名画家,他对欧洲绘画的发展有着重要贡献。

马奈出生在巴黎一个富有的家庭。他的父亲是一个法官,父母也希望他成为一个法官。16岁那年,他向父母表明了自己想成为一个画家的志向,而父亲却让他报考海军学校,结果没被录取。后来,他作为见习水手在航行中画了大量的肖像速写和漫画。回国后,他的坚定志向终于迫使父母同意他去学习绘画。

1850年，马奈成为当时美术学院院士的学生，接受了较扎实的绘画基础训练。同时，他还潜心钻研了前人和同时代画家的作品。求学期间，还去过各国的各大博物馆研究欧洲的艺术遗产，临摹大师的作品。他的画既有传统绘画坚实的造型，又有印象主义画派明亮、鲜艳、充满光感的色彩，可以说他是一个承上启下的重要画家。他的作品尤其是肖像画很自然地反映出了人物的性格和心理。1860年，马奈的《父母肖像》和《弹吉他的人》首次入选沙龙，开始在巴黎画坛崭露头角。

1863年，马奈在马尔丁艾咖啡馆举办了个人画展，开始形成他具有个性的艺术风格。同年，他的《草地上的午餐》真正使他名震巴黎，引起激烈的争论。两年后的大幅作品《奥林匹亚》引起了更大的反响。马奈在绘画色彩技巧上的独具匠心，强烈吸引了后来成为印象派的青年画家，因此他也被看作是印象派的导师和先驱。

他是巴黎社交界的宠儿，受到沙龙的青睐，而不像莫奈等印象派画家那样遭到沙龙的拒绝。

马奈的作品中，人总是他描绘的中心，他画过许多出色的肖像画，《埃米尔·左拉像》是其中最著名的一幅。马奈对印象派画家的创作一直十分关注，经常在一起讨论对艺术的见解。

1874年夏，他和莫奈经常去塞纳河畔画画。这一阶段的作品，十分明显地表现出印象派的艺术风格。他广泛地运用光的分散和聚合作用，色彩明亮轻快，笔触流畅。

马奈晚年的创作，引起了更多的争议，不断地遭到保守者的抨击，但他仍拥有不少拥护者，包括当时的美术部长，使他在1882获得"荣誉团勋章"。

马奈的成就主要体现在人物画方面，他第一个把印象主义的光和色彩带进了人物画，开创了印象主义画风。

马奈是19世纪印象主义的奠基人之一，虽然他从未真正参加过印象派的展览，但他深具革新精神的艺术创作态度，却深深影响了莫奈、塞尚、凡·高等新兴画家，进而将绘画带入现代主义的道路上。

受到日本浮世绘及西班牙画风的影响，马奈大胆采用鲜明色彩，舍弃传统绘画的中间色调，将绘画从追求三元次立体空间的传统束缚中解放出来，朝二元次的平面创作迈出革命性的一大步。此外，马奈还以自然主义式的想象来处理创作的题材与想象力，并未刻意美化，取而代之的是清晰、冷静、光线均匀分布的景致，表现出和谐、清楚而简约的风格。马奈在绘画生涯的大胆创新影响深远，在美术史上可谓占有举足轻重的地位。

诺 贝 尔

我的理想是为人类过上更幸福的生活而发挥自己的作用。

诺贝尔（1833—1896年）是瑞典著名化学家、发明家和工业家，诺贝尔奖奖金创立人。

诺贝尔出生在瑞典首都斯德哥尔摩。他早年在斯德哥尔摩圣雅可比教会学校学习。1850—1852年，诺贝尔先后到欧美诸国进行了广泛的旅游、学习，增长了知识，开阔了视野，年仅16岁的他已精通英语、德语、法语、瑞士语、瑞典语和俄语，为他后来的创造发明打下了坚实的基础。

诺贝尔的父亲是一位发明家，在俄国拥有大型机械工厂，1840—1859年在圣彼得堡从事大规模水雷生产，这些水雷及其他武器曾用于克里木战争。他发明了家用取暖的锅炉系统，设计了一种制造木轮的机器，设计制造了大锻锤，改造了工厂设备。1853年，沙皇尼古拉一世为了表彰他的功绩，破例授予他勋章。在父亲永不停息的创造精神影响和引导下，诺贝尔走上了光辉灿烂的科学发明道路。

诺贝尔在圣彼得堡长大和求学，后去法国和美国深造，学成返回瑞典从事化学，尤其是炸药的研究与发明。诺贝尔父子在斯德哥尔摩市郊建立了试验室，首次研制出解决炸药引爆的雷汞管。1863年开始生产甘油炸药，由于液体炸药容易发生爆炸事故，1866年他制造出固体的安全猛烈炸药"达那马特"，这一产品成为以后诺贝尔国际性工业集团的基石。1867年又发明了安全雷管引爆装置，随后又相继发明了威力更大的炸药多种。他毕生共有各类炸药及人造丝等近400项发明，获85项专利。这些发明使诺贝尔在世界化学史上占据了重要地位。诺贝尔通过制造炸药积累了大量财富，他购入瑞典哥尔斯邦军火化工厂的大部分股权，创建了诺贝尔化工公司，在西欧各国开设生产炸药性两个托拉斯，拥有在俄国巴库开采石油的诺贝尔兄弟公司。

诺贝尔去世前于1895年立下遗嘱，将其财产的大部分920万美元作为基金，以其年息（每年20万美元）设立物理、化学、生理或医学、文学以及和平事业5种奖金（1969年瑞典国家银行增设经济学奖金），奖励当年在上述领域内做出最大贡献的学者。从1901年开始，奖金在每年诺贝尔逝世日12月10日颁发。

门捷列夫

天才就是这样，终身劳动，便成天才。

门捷列夫（1834—1907年）是俄罗斯化学家，他的最大贡献是发现了化学元素周期律，今称门捷列夫周期律。

门捷列夫门出生在西伯利亚。1854年，他大学毕业并荣获学院的金质奖章，23岁成为副教授，31岁成为教授。

他担任化学副教授以后，负责讲授《化学基础》课。在理论化学里应该指出自然界到底有多少元素、元素之间有什么异同和存在什么内部联系、新的元素应该怎样去发现，这些问题，当时的化学界正处在探索阶段。年轻的学者门捷列夫也毫无畏惧地冲进了这个领域，开始了艰难的探索工作。

他不分昼夜地研究着，探求元素的化学特性和它们的一般的原子特性，然后将每个元素记在一张小纸卡上。他企图在元素全部的复杂的特性里，捕捉元素的共同性。虽然他的研究一次又一次地失败了，可他不屈服，不灰心，坚持干下去。

为了彻底解决这个问题，他又走出实验室，开始出外考察和整理收集资料。大量的实践活动，不仅增长了他认识自然的才干，而且对他发现元素周期律，奠定了雄厚的基础。

门捷列夫返回实验室后继续研究他的纸卡，他把重新测定过的原子量的元素，按照原子量的大小依次排列起来。他发现性质相似的元素，它们的原子量并不相近；相反，有些性质不同的元素，它们的原子量反而相近。他紧紧抓住元素的原子量与性质之间的相互关系，不停地研究着。1869年2月19日,他终于发现了元素周期律。

在门捷列夫编制的周期表中,还留有很多空格,这些空格应由尚未发现的元素来填满。门捷列夫从理论上计算出这些尚未发现的元素的最重要性质,断定它们介于邻近元素的性质之间。例如,在锌与砷之间的两个空格中,他预言这两个未知元素的性质分别为类铝和类硅。就在他预言后的4年,法国化学家布阿勃朗用光谱分析法,从门锌矿中发现了镓。实验证明,镓的性质非常像铝,也就是门捷列夫预言的类铝。镓的发现具有重大的意义,它充分说明了元素周期律是自然界的一条客观规律,为以后元素的研究,新元素的探索,新物资、新材料的寻找,提供了一个可遵循的规律。元素周期律像重炮一样,在世界上空轰响了,门捷列夫也因此闻名于世。

马克·吐温

宁愿闭口不说话,也不要急于表现自己。

马克·吐温(1835—1910年)的原名是塞缪尔·兰贺尔·克莱门斯,是美国的幽默大师、小说家、作家,也是著名演说家,19世纪后期美国现实主义文学的杰出代表。

马克·吐温生于密苏里州佛罗里达镇,1851年当排字工人时开始习作幽默小品。1856年去新奥尔良,后在密西西比河做舵手。1861年随兄去西部内华达,次年在内华达弗吉尼亚城一家报馆工作。

1863年始用"马克·吐温"的笔名发表作品。1865年发表了幽默小说《卡拉韦拉斯县驰名的跳蛙》,小说风行一时,闻名全国。1872年出版了《艰苦岁月》,写他在西部新开发区的生活经历。1873年与查·沃纳合写了《镀金时代》,塑造了具有"镀金时代"精神品格的人物形象。19世纪60—80年代是他创作的丰盛期。1875年出版了自传体幽默作品《密西西比河的往事》,1876年出版了小说《汤姆·索亚历险记》,受到广大青少年读者的喜爱。此后还出版了他的另一部重要小说《哈克贝里·费恩历险记》及《亚瑟王朝廷上的康涅狄格州美国人》《王子与贫儿》等。1894年创作的《傻瓜威尔逊》,塑造了一个富有斗争性的女黑奴罗克西的形象，1896年出版了《贞德传》。

1900年以后马克·吐温发表了许多时评，其中有抨击帝国主义及其工具传教士而颂扬中国义和团运动的《给在黑暗中的人》、揭露沙俄侵略行径的《沙皇的独白》等。晚年重要著作是由他口授、由他的秘书笔录的《自传》。1910年4月21日逝世。鲁迅曾为他的《夏娃日记》中文译本作序，给以肯定的评价。

马克·吐温早年的作品情调幽默，文笔轻捷，充满了对上升时期的美国生活的憧憬；中期以后，色调逐渐暗淡低沉，对美国的社会现实表现出不满和失望；晚年则随着资产阶级民主理想的破灭以及个人生活悲剧的影响，作品明显地表现出悲观与绝望的情绪，颇有命定论的倾向。马克·吐温的风格开创了美国小说语言口语化的先河，对后世作家产生了巨大影响。

卡 内 基

在巨富中死去，是一种耻辱。

安德鲁·卡内基（1835—1919年）在美国历史上有"钢铁大王"之称，他与"汽车大王"福特、"石油大王"洛克菲勒并列为当时美国经济界三大巨头。

卡内基出生于苏格兰，12岁的时候他跟随他的家庭一起移居到美国。人们对他的评价是"一个举止傲慢，容易冲动，为人热情、忠诚而又精明的理想主义者"。他最初当了一名锭子工，每周的薪水只有1.2美元。在16岁的时候，他成为宾夕法尼亚州铁路上的一名电报员，在那里他一待就是12年。此后他投入自己所有的资产建立了凯斯通桥梁工程公司，并极具眼光地展望到钢铁桥梁业具有不可限量的前景。于是他开始专门致力于钢铁生产行业，成为美国的钢铁大王。

33岁的卡内基年收入已有5万美元，他当时说：以后要将年收入超过5万美元的剩余收入全部用作慈善事业，并不再单纯追求个人财富增长。

卡内基在日记中写道："对金钱执迷的人，是品格卑贱的人。如果我一直追求能赚钱的事业，有一天自己也一定会堕落下去。假使将来我能够获得某种程度的财富,就要把它用在社会福利上。"

他有一句名言广为世人所传颂,这就是:"在巨富中死去,是一种耻辱。"

截至1911年,卡内基捐赠了他全部财富的90%,直到1919年卡内基去世时,他总计捐款3.5亿美元,其中1.25亿美元则被捐赠到卡内基有限公司继续延续他的慈善事业。

卡内基的主要信托及慈善基金会:

1.苏格兰大学卡内基信托(爱丁堡)。成立于1901年,主要对苏格兰的四所大学及学生提供财务帮助;2.卡内基Dunfermline信托。成立于1903年,主要宗旨是帮助苏格兰Dunfermline镇提高当地教育水平;3.卡内基英国信托(Dunfermline)。成立于1913年,主要用于各种慈善的捐赠,如图书馆、戏剧院及儿童福利中心等的建设;4.匹兹堡卡内基学院。成立于1896年,旨在帮助提升匹兹堡文化与教育水平;5.华盛顿卡内基协会。成立于1902年,他捐款给各个领域的科学研究;6.卡内基国际和平基金会。成立于1910年,旨在促进国家之间的和平及相互理解;7.纽约卡内基有限公司。成立于1911年,是卡内基最大的一个基金会,其宗旨是在美国人民之间提高并传播知识,加强彼此理解与信任。从1917年开始,这一基金也惠及加拿大和英国侨民;8.卡内基捐款建造了3000座图书馆,其中,他在英国修建了380所,在美国修建了2620所。

塞 尚

要用圆柱体、球体、圆锥体来处理自然界。

保罗·塞尚(1839—1906年)是后期印象画派的代表人物,他毕生追求表现形式,对运用色彩、造型有新的创造,被称为"现代绘画之父"。

塞尚上小学时,父亲从帽店老板变成银行经理,生活得无忧无虑。他入中学学习时,和左拉是同学。他喜欢游泳、打猎,在原野上远游。他还醉心于音乐,在学生乐队中,他吹铜管,左拉吹长笛。

可是为了学绘画,他却成为一个很少为人理解的孤独者。父亲的阻拦、老师的拒绝、同行的不解，使他从年轻时起，在探索艺术的道路上就艰难地前行。但他顽强地拼搏着，一生奋斗不息，为用颜料来表现他的艺术本质的观念而斗争。

塞尚早期大多以写实的手法，以真实且疑难的情景作为绘画的题材。晚年画风有所改变，留下了多幅温和、光明并富含古典主义庄严气息的风景及静物画。

塞尚说过要"使印象主义成为像博物馆的艺术一样巩固的东西"，被文艺复兴所激发出的这句议论常被引用又屡遭非难。

塞尚在他的作品中所寻找的就是真实，即绘画的真实。由于他逐渐感到，他的源泉必须是自然、人和他生活在其中的那个世界的事物，而不是昔日的故事和神话。他希望把这些源泉里流出来的东西转换成绘画的新真实。

塞尚的成熟见解，是以他的独特方式经过了长期痛苦思考、研究和实践之后才达到的。在他的后期生活中，用语言怎么也讲不清楚这种理论见解。他的成功，也许更多的是通过在画布上的发现，即通过在画上所画的大自然的片段取得的，而不是靠在博物馆里所做的研究。他的作品有《埃斯泰克的海湾》《一篮苹果》《圣·维克多山》《玩牌者》《穿红背心的男孩》等。

左 拉

没有一天不写一行。

左拉（1840—1902年）是法国著名作家，自然主义文学流派的领袖。

左拉生于巴黎，父亲是移居法国的意大利工程师，在左拉7岁时病死。母亲是希腊人。青年时代的左拉备尝失业辛酸，也因此体验了劳苦大众的生活，为日后的文学创作准备了条件。

1862年左拉进入阿歇特出版社工作。1864年他的第一部短篇小说集《给妮侬的故事》出版，次年写了一部自传体小说《克洛德的忏悔》，因内容淫秽，引起警方注意，翌年被迫辞职。

随着工业革命出现的19世纪社会变革，促使现实主义作家描写社会生活的各个方面，左拉把这种现实主义手法提高到更新的阶段。他强调资料考证和客观描写，从科学的哲学观点去全面解释人生，从纯物质的角度去看待人的行为与表现。1867年，左拉首次把他这种科学理论付诸实践，发表了令人毛骨悚然的小说《黛莱丝·拉甘》，翌年又写了另一部科学实证小说《玛德莱纳·菲拉》。

1871年他开始发表长篇连续性小说《卢贡·马卡尔家族——第二帝国时代一个家族的自然史和社会史》的第一部《卢贡·马卡尔家族的命运》，随后每年出版一部。1877年，第七部研究酗酒后果的《小酒店》问世，左拉一举成名，从此踏上成功之路。

接着，他又用16年时间写完余下的13部，其中重要的有《娜娜》《萌芽》《金钱》《崩溃》《巴斯卡医师》等。从某种意义上看，《卢贡·马卡尔家族》是拿破仑三世上台到1870年普法战争法国在色当失败这段时期法国生活各个方面的写照。继《卢贡·马卡尔家族》之后，左拉又写了两部短篇系列小说《三城市》和《四福音书》。

《萌芽》是左拉的代表作。它不仅在法国文学史上，而且在世界文学史上也是第一部从正面描写煤矿工人罢工的作品。左拉在谈到《萌芽》的重要意义时指出："我的小说描写工资劳动者的暴动，这是对社会的冲击，使它为之震动；一句话，是描写资本和劳动的斗争。这部小说的重要性就在于：我希望它预告未来，它提出的问题将是20世纪最重要的问题。"

罗　丹

为了在生活中努力发挥自己的作用，热爱人生吧。

奥古斯特·罗丹（1840—1917年）是法国杰出的雕塑家、欧洲两千多年来传统雕塑艺术的集大成者、20世纪新雕塑艺术的创造者，被称为"雕塑界的摩西""近代的米开朗琪罗"。他恢复了西方雕塑对人类的理解和对精神世界的表现，被认为是雕刻史上最伟大的肖像雕塑家。

罗丹从小喜爱美术，他14岁时随荷拉斯·勒考克学画，后又随巴耶学雕塑，并当过加里埃·贝勒斯的助手，去比利时布鲁塞尔创作装饰雕塑5年。1875年游意大利，深受米开朗琪罗作品的启发，从而确立了现实主义的创作手法。

他的《青铜时代》《思想者》《雨果》《加莱义民》和《巴尔扎克》等作品都有新的创造，曾受到法国学院派的抨击。包含着186件雕塑的《地狱之门》的设计，即因当时官方阻挠而未能按计划实现，只完成了《思想者》《吻》《夏娃》等部分作品。

他善于用丰富多样的绘画性手法塑造出神态生动、富有力量的艺术形象。他一生作了许多速写，别具风格，并有《艺术论》传世。罗丹在欧洲雕塑史上的地位，正如诗人但丁在欧洲史上的地位。罗丹和他的两个学生马约尔和布德尔，被誉为欧洲雕刻"三大支柱"。

对于现代人来说，他是旧时期（古典主义时期）的最后一位雕刻家，又是新时期（现代主义时期）最初的一位雕刻家，他的一只脚留在古典派的庭院内，另一只脚却已迈过现代派的门槛。可以说，罗丹用他在古典主义时期锻炼得成熟而有力的大手，用他不为传统束缚的创造精神，为新时代打开了现代雕塑的大门，当年轻的艺术家们蜂拥着向前跑去时，他却已入衰迈之年，他走不动了。他的创作对欧洲近代雕塑的发展有着较大影响。

罗丹的一生是被人攻击和嘲讽、同时亦为人理解和支持的一生，但他始终以一种伟大的人格正确地面对这一切。罗丹一生攀登，并终于登上米开朗琪罗之后的又一高峰。罗丹坚信："艺术即感情"，他的全部作品都证明了这一观念，都深刻揭示了人类的丰富情感。罗丹偏爱悲壮的主题，善于从残破中发掘出力与美，这使他的艺术具备博大精深的品格。他开创了一个全新的时代，创作了一种全新的艺术手法。他的作品所体现出的思想和精神魅力，永远带给人以深沉的美，启迪着人们不停地思考。

柴可夫斯基

天才和灵感是不愿做懒汉的客人的。

柴可夫斯基（1840—1893年）是伟大的俄罗斯浪漫乐派作曲家，也是俄罗斯民族乐派的代表人物，其风格直接和间接地影响了很多后来者。

柴可夫斯基出生于乌拉尔山脉附近的一个定居点。首次记录柴可夫斯基涉足音乐的是1844年的一封信，其中提到他帮助母亲创作了一首歌《妈妈在彼得堡》。小时候，他就有机会一直在家里听他母亲唱民歌、流行咏叹调和浪漫曲，还能听到管风琴演奏的乐曲，其中就有莫扎特的《唐·爵凡尼》，这一切在柴可夫斯基幼小的心灵中早早地播下了音乐的种子。

柴可夫斯基5岁起学习钢琴，1848年赴圣彼得堡上寄宿学校，但他的钢琴课并未停止。1850—1859年，他就读于法律学校，在校期间，他在由盖利·罗玛科执导的合唱团帮忙，师从鲁道尔夫·肯蒂居学钢琴，并向肯蒂居的哥哥学习和声。毕业后，柴可夫斯基被分配到司法部，但他仍然忘不了音乐。1861年，俄国音乐协会赞助开办了一个音乐讲习班，柴可夫斯基在讲习班任教。一年后，他辞去了在司法部的工作，就读于刚刚成立的圣彼得音乐学院。在安东·鲁宾斯坦和赞瑞巴的指导下，柴可夫斯基废寝忘食地钻研学习，1865年12月毕业时，以一曲根据席勒的作品改编的清唱剧而荣获银质奖章。

柴可夫斯基的代表作品有：第四、第五、第六（悲怆）交响曲，歌剧《叶甫盖尼·奥涅金》《黑桃皇后》，舞剧《天鹅湖》《睡美人》《胡桃夹子》，第一钢琴协奏曲、小提琴协奏曲、《罗科主题变奏曲》、第一弦乐四重奏、钢琴三重奏《纪念伟大的艺术家》、交响序曲《1812年》、幻想序曲《罗密欧与朱丽叶》、交响幻想曲《里米尼的弗兰切斯卡》、意大利随想曲、弦乐小夜曲以及大量声乐浪漫曲等。

现在人们常把柴可夫斯基的3部芭蕾舞剧《睡美人》《天鹅湖》《胡桃夹子》视为经典之作，至今盛演不衰。

都　　德

根据自然。

阿尔封斯·都德（1840—1897年）是19世纪法国著名现实主义作家、小说家，龚古尔学院院士。

他出生在一个破落的商人家庭，迫于穷困，15岁起便独自谋生。17岁时他带着诗作《女恋人》来到巴黎，开始文艺创作。1866年散文和故事集《磨坊书简》的出版给他带来小说家的声誉。

《磨坊书简》发表两年后，28岁的都德出版了自己的第一部长篇小说《小东西》，获得了广泛声誉。

《小东西》半自传式地记叙了作者青少年时期因家道中落，不得不为生计而奔波的经历，以俏皮和幽默的笔调描绘了资本主义社会人与人之间的冷酷关系。这部小说是都德的代表作，它集中表现了作者的艺术风格：不带恶意的讽刺和含蓄的感伤，也就是所谓含泪的微笑。因此，都德有法国的狄更斯之称。

1870年普法战争爆发，都德应征入伍。战争生活给他提供了新的创作题材。后来他曾以战争生活为题材创作了不少爱国主义的短篇。1873年他发表了著名短篇小说集《月曜日故事集》，其中大多是以这次战争为背景的。其中的《最后一课》和《柏林之围》更由于具有深刻的爱国主义内容和精湛的艺术技巧而享有极高的声誉，成为世界短篇小说中的杰作。

普法战争以后是都德长篇小说的多产时期，共创作了12部长篇小说，其中较为著名的有讽刺资产阶级庸人的《达拉斯贡的戴达伦》、揭露资产阶级家庭生活腐朽的《小弟罗蒙与长兄黎斯雷》，以及刻画巧于钻营的资产阶级政客形象的《努马·卢梅斯当》《萨福》和《不朽者》等。

尼　采

在这个世界上，总有一条除了你以外，别人无法走的路。

尼采（1844—1900年）是德国著名哲学家，他是西方现代哲学的开创者，同时也是卓越的诗人和散文家。他最早开始批判西方现代社会，然而他的学说在他的时代却没有引起人们的重视，直到20世纪才激起深远的调门各异的回声。后来的生命哲学、存在主义、弗洛伊德主义、后现代主义，都以各自的形式回应尼采的哲学思想。

尼采出生于一个牧师之家，他自幼性情孤僻，而且多愁善感，纤弱的身体使他总是有一种自卑感。因此，他一生都是在追寻一种强有力的人生哲学来弥补自己内心深处的自卑。

尼采的哲学打破了以往哲学演变的逻辑秩序，凭的是自己的灵感来做出独到的理解，因此他的著作不像其他哲学家那样晦涩，而是文笔优美，寓意隽永。有人说，尼采与其说是哲学家，不如说是散文家和诗人。尼采富于影响的代表作有《快乐的科学》《查拉图斯特拉如是说》《超越善与恶》以及《权力意志论》等。

尼采进一步发展了叔本华的非理性主义倾向，他用权力意志代替了叔本华的生存意志，并试图把叔本华的消极绝望的悲观主义改造为积极乐观的行动主义。其哲学的意义主要体现为对西方文化的两大支柱——理性主义和基督教的批判。

尼采给西方文化带来了一场前所未有的震动，在他之后，人们再也不会像以前那样理直气壮地以"理性"动物、"道德"动物自居了，人的虚荣、鄙俗、伪善、平庸的一面被尼采毫不留情地暴露出来，让人无地自容。人们不得不面对自己的权力意志——这个被掩盖已久、被压抑已久的人性中最深刻的东西，无论你是去极力地否定它还是去勇敢地肯定它，你都会感到内心的震颤，这就是尼采哲学的威力所在。

与叔本华一样，尼采在去世以后，其哲学才受到人们的重视，他的权力意志哲学和超人哲学对德国社会乃至世界都产生了巨大影响。在第一次世界大战期间，开赴前线的德国士兵的背包中有两本书是最常见的，一本是《圣经》，另一本是尼采的《查拉图斯特拉如是说》。尼采的强权思想对希特勒的影响也是众所周知的，其中有一句格言为希特勒终生恪守："强人的格言，别理会！让他们去唏嘘！夺取吧！我请你只管夺取！"尼采和希特勒都是狂妄自大的人，所不同的是，尼采的疯狂是学者型的，只停留在口头和字面上；而希特勒是一位实践者，他把前者的思想付诸实际行动。

列　宾

灵感不过是顽强的劳动而获得的奖赏。

伊里亚·叶菲莫维奇·列宾（1844—1930年）是19世纪后期伟大的俄罗斯批判现实主义绘画大师。

列宾出生在俄罗斯哈尔科夫省的楚古耶夫镇。其父是一个屯垦军军官。全家人在屯垦地辛勤劳作，童年的列宾亲身体会到了生活的贫困和艰难，他也不止一次亲眼看见了囚犯如何被驱赶着由此经过，这些印象成为他日后创作的素材。

1864年他考入彼得堡美术学院，习画6年后，以优异的成绩毕业，并获得了大金质奖章和公费到意大利、法国留学的机会。1876年回国并开始了坚持不懈的创作。

俄罗斯一些具有进步民主思想的写实派画家和雕刻家组成的"巡回展览画派"，主张真实地描绘俄国人民的历史、社会、生活和大自然，揭露沙俄专制制度。1878年列宾加入了该画派，创作了大量现实主义的绘画作品。他的《伏尔加河上的纤夫》是其现实主义绘画杰出的代表作之一，也是画家的成名之作。为了创作这幅描绘沙皇统治下俄国人民痛苦生活的作品，他两度到伏尔加去，深入观察纤夫生活，使画面上的纤夫既是生活在社会底层受压迫的人，又是具有坚强毅力的生活的强者，表现了人民的强大力量和精神美。

1873年他去法国进修，绘画技巧得到进一步提高。1876年回国后借助小城镇的宗教习俗画的一系列风俗画，反映了农村中由于资本主义的发展而导致阶级分化的加剧。他的历史画也很出色。代表作《索菲亚公主》和《伊凡雷帝杀子》《查波罗什人写信给苏丹王》表现了悲剧性冲突，刻画了复杂的历史人物精神面貌和心理变化。他还用画笔描绘了19世纪后期俄国民粹派反对沙皇专制的政治斗争，代表作有《拒绝临刑前的忏悔》《意外归来》《宣传者被捕》等。他也是一位肖像画家，他把为同时代名人画像看作是最有意义的事情。在一系列肖像画中，最杰出的是《穆索尔斯基肖像》《斯塔索夫肖像》《托尔斯泰肖像》。

伦　琴

　　我喜欢离开人们通行的小路，而走荆棘丛生的崎岖山路。

　　威尔姆·康拉德·伦琴（1845—1923年）是德国物理学家。1895年他发现了X射线，被认为是19世纪末物理实验的三大发现之一，标志着现代物理学的开端，对科学技术的发展产生了巨大而深远的影响。

　　伦琴一生在物理学许多领域中进行过实验研究工作，如对电介质在充电的电容器中运动时的磁效应、气体的比热容、晶体的导热性、热释电和压电现象、光的偏振面在气体中的旋转、光与电的关系、物质的弹性、毛细现象等方面的研究都做出了一定的贡献，由于他发现X射线而赢得了巨大的荣誉，以致这些贡献大多不为人所注意。

　　1895年11月8日，伦琴在进行阴极射线的实验时第一次注意到放在射线管附近的氰亚铂酸钡小屏上发出微光。经过几天废寝忘食的研究，他确定了荧光屏的发光是由于射线管中发出的某种射线所致。他用这种射线拍摄了他夫人的手的照片，显示出手骨的结构。因为当时对于这种射线的本质和属性还了解得很少，所以他称它为X射线，表示未知的意思。同年12月28日，《维尔茨堡物理学医学学会会刊》发表了他关于这一发现的第一篇报告。他对这种射线继续进行研究，先后于1896年和1897年又发表了新的论文。1896年1月23日，伦琴在自己的研究所中作了第一次报告；报告结束时，他用X射线拍摄了维尔茨堡大学著名解剖学教授克利克尔一只手的照片；克利克尔带头向伦琴欢呼祝贺，并建议将这种射线命名为伦琴射线。

　　伦琴射线是人类发现的第一种所谓"穿透性射线"，它能穿透普通光线所不能穿透的某些材料。这种发现实现了某些神话中的幻想，因而在社会上立即引起很大的轰动，为伦琴带来了巨大的荣誉。1901年诺贝尔奖第一次颁发，伦琴就由于这一发现而获得了这一年的诺贝尔物理学奖。

　　伦琴一生谦虚谨慎，从不居功自傲，当他发现新现象时他会对好友说："我发现了一件有趣的事，但我还不知道是否正确。"在回答记者采访时他会说:"我在这个工作中没有所谓历史可说,我只是继续别人所做的工作,其中我发现了一个新现象。"当问到他当时怎么想,他会说:"我不是在想,而是在做进一步的研究。"他仍以一个普通成员的身份进行教学和科研工作。他的 X 射线研究工作,从现在的水平来看已非常完整。他谢绝了贵族的称号,不申请专利,不谋求赞助,使 X 射线的应用得到了迅速发展和普及。

贝　尔

人最得意的时候,常有最大的不幸。

亚历山大·格雷厄姆·贝尔(1847—1922年)是美国(英国裔)发明家和企业家。他发明了世界上第一台可用的电话机,创建了贝尔电话公司,被世界誉为"电话之父"。

贝尔1847年生于苏格兰爱丁堡市。虽然他只在学校念过几年书,但是通过家庭的熏陶和自学却受到了良好的教育。贝尔对语音复制感兴趣是很自然的,因为他父亲是语音生理、语音矫正和聋哑教学方面的专家。

1871年贝尔移居马萨诸塞州波士顿市,1875年他做出了导致发明电话的一些发现。1876年2月他申请了电话发明的专利权,几个星期之后就获得了该项发明的专利权。有趣的是,还有一名叫伊茉沙·格雷的人申请类似装置的专利权的报告与贝尔的同一天到达,但只是晚到了一个多钟头的时间。

贝尔获得专利权不久就在费拉德尔菲亚市百年纪念展览馆展出了他的电话。他的发明引起了观众的极大兴趣,并且获了奖。但是东方联合电报公司花10万美元获得了该项发明权,却拒不购买贝尔的电话。因此贝尔及其同事一起于1877年7月成立了一家公司,即今日美国电话电报公司的祖先。美国电话电报公司现在是世界上最大的私人企业公司。

回到波士顿后他继续对电话进行改进,同时抓住一切时机进行宣传。两年后的1878年,贝尔在波士顿和相距三百多公里的纽约的沃特森之间首次进行了长途电话实验。这次实验是一场科普宣传会,双方的现场听众可以互相交谈。中途出了个小小的插曲：表演最后节目的黑人民歌手听到远方贝尔的声音后紧张得出不了声，急中生智的贝尔让沃特森代替，沃特森鼓足勇气的歌声使双方的听众不时传来阵阵掌声和欢笑声，试验圆满成功。

1877年，也就是贝尔发明电话后的第二年，在波士顿设的第一条电话线路开通了，这沟通了查尔·威廉斯先生的各工厂和他在萨默维尔私人住宅之间的联系。也就在这一年，有人第一次用电话给《波士顿环球报》发送了新闻消息，从此开始了公众使用电话的时代。

爱 迪 生

天才是百分之一的灵感加上百分之九十九的勤奋。

爱迪生（1847—1931年）是美国著名的发明家、企业家。虽然他的"学历"是一生中只上过3个月的小学，但他一生中完成了两千多项发明，被授予美国国会金质特别奖章。

爱迪生虽未受过良好的学校教育，却凭个人奋斗和非凡的才智获得了巨大的成功。他自学成才，以坚忍不拔的毅力、罕有的热情和精力从千万次的失败中站了起来，克服了数不清的困难，成为美国发明家、企业家。

他早年曾制定了双工式和四工式电报系统，发了明自动电报机。1877—1879年发明了留声机；实验并改进了电灯（白炽灯）和电话。以后又制定了照明系统，并为实现集中供电进行了许多工作。他提出并采用直流三线系统，制成当时容量最大的发电机，并于1882年利用该机建成了第一座大型发电厂。在同时期，他作了铁道电气化的试验。1883年发现"爱迪生效应"，即热电子发射现象。在电影技术、矿业、建筑、化工等方面也有不少著名的发明，仅从1869年到1901年，就取得了1328项发明专利。在他的一生中，平均每15天就有一项新发明，他因此而被誉为"发明大王"。

爱迪生献身科学、淡泊名利。在研制电灯时，记者对他说："如果你真能造出电灯来取代煤气灯，那你一定会赚大钱。"爱迪生回答说：

"一个人如果仅仅为积攒金钱而工作，他就很难得到一点别的东西——甚至连金钱也得不到！"他一直被称作现代电影之父，可是在电影界人士为他77岁寿辰举行的盛大宴会上，他说："对于电影的发展，我只是在技术上出了点力，其他的都是别人的功劳。"

爱迪生造福大众、不畏艰辛。为寻找灯丝，他试验了数千种材料；为试制一种新的蓄电池，他失败了八千多次。因此，爱迪生常常说："天才是百分之一的灵感加上百分之九十九的勤奋。"他在80岁时仍然保持着发明家的精神，紧张地进行着发明创造活动。1927年，他成立了爱迪生植物研究公司，投入一个崭新的研究领域，寻觅化工新材料。81岁高龄的爱迪生成功地从野草中提炼出橡胶，受到人们极高的评价。

普 利 策

报纸要承担起社会责任。

约瑟夫·普利策（1847—1911年）是19世纪末至20世纪初美国报界最有社会责任理念、最受人尊敬的报人，是世界公认的报业巨子。他一生都在为提倡和实现社会改革而疾呼、奔走、奋斗。他的远大的新闻理想是：报纸要承担起社会责任。

普利策出生在匈牙利一个叫马口的小镇，17岁那年普利策偷渡到美国，后加入了"林肯骑兵队"，退役后，一次偶然的机会，普利策结识了艾米尔和苏兹，这两个人共同拥有一家圣路易斯《西方邮报》，就这样，普利策开始了自己的记者生涯。

进入《西方邮报》后，普利策的"战斗生涯"便开始了：他每天不知疲倦地从上午10点干到次日凌晨2点。他是个天生的改革家和政治家，将《邮报》立即变成了揭露社会弊病的战场。

1878年，普利策发现圣路易斯的一家老报《圣路易斯快报》因经营不善正打算出售，便以2.5万美元买下了《快报》，这样，31岁的普利策终于有了属于自己的报纸。虽然这家报纸发行量只有24份，但普利策很快使之起死回生，不久与《圣路易斯电讯报》合并为《圣路易斯快邮报》。《快邮报》一开始就进行各种"社会运动"，致力于"医治各种弊端"，他因此四处树敌，不得不经常带着手枪。

为了同当地那些墨守成规的报纸争夺发行量，普利策采用大量的"煽情主义"新闻。在4年里《快邮报》的发行量激增10倍，年均利润45万美元。

1882年底普利策将视线投向更广阔的天地——纽约，他买下了《纽约世界报》，更名为《世界报》。《世界报》倡导了一连串的改革运动，如反对美国纽约中央公司、美国石油公司、贝尔电话公司的专利。它发动有声有色的募捐活动，使法国赠送的"自由女神"雕像成功地于1884年在美国"安家"。它的高质量的社论版犹如一面旗帜，对公众造成了深远的影响。

《世界报》与其后创办的《晚报》及《星期日世界报》一起为普利策带来了巨大的财富，到1893年，报社资产已达1 000万美元，从而跨入美国上层社会。

高　更

勇敢面对一切。

保罗·高更（1848—1903年）是法国后印象派画家、雕塑家、陶艺家及版画家。与塞尚、凡·高合称为后印象派三杰。

高更早年在海轮上工作，后又到法国海军中服务，23岁当上了股票经纪人，收入丰厚。可是在绘画天赋的召唤之下，35岁时他辞去了银行的职务致力于绘画，38岁时与家庭断绝了关系，过着孤独的生活，并通过毕沙罗卷入了印象主义的天地。

高更留恋那些具有异国情调的地方，他要求抛弃现代文明以及古典文化的阻碍，回到更简单、更基本的原始生活方式中去。他很愿意过野人的生活，这使他在39岁时踏上了去巴拿马和马提尼岛的旅行。

1887年，他在布列塔尼、巴拿马和马提尼找到了天堂一般的环境。明晰的线条、硕大的体积感、生硬的对比色彩，从此他与印象派决裂。

在1893年11月他举办了《塔希提人》画展，结果是彻底失败，在物质上收入是零，而他那新颖、神秘、野蛮的绘画，却赢得了一些崇拜者。巴黎文明人的嘲弄又使他返回塔希提岛。这样，便有了今天广为人知的脱去了文明的衣服、独身一人赤裸裸地置身于伟大的自然之中的高更的传说。

19世纪80年代早期，高更将笔触放松、变宽，赋予画面颤动的韵律特质，色彩略见后来发展的迹象，但仍很拘谨。他把颜色做块面处理，自由地加重色泽的明亮感：例如以鲜亮的蓝色画阴影，以红色画屋顶，而使之自背景中突出。晚年他创作的《我们来自何方？我们是什么？我们走向何方？》用梦幻的形式把读者引入似真非真的时空延续之中，就是这方面的典型之作。另一幅作品《两个塔希提妇女》追求表现的原始性，含有精致的趣味和艺术魅力。

高更的绘画风格与印象主义迥然不同，强烈的轮廓线以及用主观化色彩表现经过概括和简化了的形体，都服从于几何形图案，从而取得音乐性、节奏感和装饰效果。其理论和实践影响了一大批画家，被誉为继印象主义之后在法国画坛上产生重要影响的艺术革新者。

巴甫洛夫

无论什么时候，永远不要以为自己已经知道了一切。

巴甫洛夫·伊凡·彼德罗维奇（1849—1936年）是苏联生理学家、心理学家、医师、高级神经活动学说的创始人，苏联科学院院士。

巴甫洛夫出生在俄罗斯的梁赞。他开始是一位神学院的学生，但后来退出并进入圣彼得堡大学学习自然科学，在1879年得到博士学位。

巴甫洛夫对生理学的重要贡献有3个方面：血液循环生理、消化生理和高级神经活动生理。

在研究血液循环生理时，巴甫洛夫注意到神经系统对心脏的影响，发现了支配心脏活动的4种神经，第一次说明了神经调节心脏活动的机制，并断定神经系统存在着营养性机能。

在消化生理研究中，巴甫洛夫创造了慢性生理实验法，取代了传统的实行活体解剖的急性实验法。由于实验方法的改进，致使他可能有控制地长期观察有机体某些腺体在正常生命活动条件下的分泌情况，从而证明了动物的所有主要消化腺都有专门的分泌神经。这一突出成就使巴甫洛夫实际上成为现代消化生理学的开创者，并因此获得了诺贝尔生理学或医学奖。

在研究消化生理过程中因发现所谓"心理性分泌"现象而导致巴甫洛夫提出条件反射概念，从而开辟了高级神经活动生理研究的新领域。他把有机体看成一个完整的系统，研究在环境条件下大脑皮质对有机体的调控作用和对外界刺激的信号反映功能，以大量的实验研究，揭示了形成条件反射的基本条件、方式和程序，研究了形成条件反射的大脑高级神经活动的机制以及中枢神经系统的基本活动过程和它们的主要活动规律。

巴甫洛夫是生理学与医学相结合的积极倡导者。他认为，用生理学的实验方法研究机体病态的起源、本质和治疗等问题，是生理学最重要的任务之一。他的高级神经活动学说在医学上产生了极大的影响。

巴甫洛夫的主要著作有《心脏的传出神经》《主要消化腺机能讲义》《消化腺作用》《动物高级神经活动（行为）客观研究20年经验：条件反射》《大脑两半球机能讲义》。

莫　泊　桑

人生从来不像臆想中那么好，也不像臆想中那么坏。

莫泊桑（1850—1893年）是19世纪后半期法国优秀的批判现实主义作家，曾拜法国著名作家福楼拜为师。他的文学成就以短篇小说最为突出，是与契诃夫和欧·亨利并列的世界三大短篇小说巨匠之一，对后世产生了极大影响。

莫泊桑出生在一个没落的贵族家庭。幼年时的莫泊桑喜欢在苹果园里游玩，在草原观看打猎，喜欢和农民、渔夫、船夫、猎人在一起聊天、干活，这些经历使莫泊桑从小就熟悉了农村的生活。从童年时代起，母亲就培养他写诗，到儿子成为著名作家时，她仍然是莫泊桑的文学顾问、批评者和助手，所以他的母亲是他走上文学创作道路的第一位老师。

1870年，莫泊桑中学毕业后到巴黎入大学学习法律。这一年普法战争爆发，他应征入伍。在军队中，他亲眼看见了危难中的祖国和在血泊中呻吟的兵士，心里十分难过，他要把自己的所见所闻写下来，以激发人们的爱国热情。1871年，战争结束后，莫泊桑退役回到巴黎。

1878年，他在教育部工作之余开始从事写作。那时大文学家福楼拜成为莫泊桑文学上的导师，他们两人结下了亲如父子的师徒关系。1880年，莫泊桑的成名作《羊脂球》发表了，它使莫泊桑一鸣惊人，读者称他是文坛上的一颗新星。从此，他一跃登上了法国文坛。

莫泊桑的绝大部分作品是从这时到1890年的10年间创作的。此间，他写成短篇小说约300篇，长篇小说6部，还写了3部游记、1部诗集及其他杂文。

莫泊桑的作品对后世产生了极大的影响。除了《羊脂球》这一短篇文库中的珍品之外，莫泊桑还创作了包括《一家人》《我的叔叔于勒》《米隆老爹》《两个朋友》《项链》及《西蒙的爸爸》《珠宝》《小步舞》《珍珠小姐》等在内的一大批脍炙人口、思想性和艺术性完美结合的短篇佳作。莫泊桑的长篇小说也达到了比较高的成就。他的6部长篇小说是：《一生》《俊友》（又译《漂亮朋友》）、《温泉》《皮埃尔和若望》《像死一般坚强》和《我们的心》，其中前两部已列入世界长篇小说名著之林。

凡·高

爱之花盛开的地方，生命方能欣欣向荣。

文森特·凡·高（1853—1890年）是荷兰画家，后期印象画派代表人物，是19世纪人类最杰出的艺术家之一。

凡·高出生于一个基督教牧师的家庭，16岁时，他到古比尔美术公司海牙分店当店员，以后又去伦敦分店工作。几年以后，凡·高投身宗教，决心做一个福音传道者。

1878年，他25岁时来到比利时南部的博里纳日传教。凡·高怀着极大的同情心来到矿区，只见矿工们穿着破烂的衣服，满脸煤灰，骨瘦如柴，不时有人发出阵阵的咳嗽声。几天以后，凡·高就在一间简陋的席棚里开始了第一次宗教集会。他天天去看望那些身患重病的人，把自己的大半薪水用在为病人购买仪器和药物上。他甚至把床让出去，自己睡在地板上，村里的病人他全都护理过，每一间草棚他都去送过牛奶、面包，而自己却由于缺吃少穿而得了热病，瘦得皮包骨头。他的这种过分认真的牺牲精神引起了教会的不安，终于把他撤了职。

凡·高贫困潦倒，到处流浪。这时，他阅读了莎士比亚、狄更斯、雨果的作品，并开始学画素描。1882年，他到海牙学习绘画，受到他的表兄以及当时荷兰一些画家短时间的指导，并与巴黎的一些画家（包括印象派画家）建立了友谊。

1883年12月，凡·高迁到纽南。在这里，他画了很多朴素的农村场景，画了农民、织工的肖像。1885年5月，凡·高画了一幅《吃马铃薯的人》：幽暗的灯光，挖掘土地的手伸向盆里去拿土豆。作品反映了作者对劳动者深厚的感情。

1888年，凡·高来到法国南部的阿尔。那里碧蓝的天空中悬挂着炫目的太阳，大地仿佛被炽热的阳光点燃，显示出强烈的色彩。凡·高欣喜若狂，创作激情燃烧着，他一生中最优秀的作品就在这里诞生了。凡·高发自内心地说："画面里的色彩就是生活里的热情。"

凡·高最著名的作品是1888年8月完成的《向日葵》。在这幅画中，黄色是太阳的象征。他还不止一次地描绘炫目的太阳。同年10月所作的《夕阳剪柳》中那欢快明亮的色彩、大放光芒的太阳，使观众的心和凡·高的心一起跳动。这一时期，他还画了《普罗旺斯的果园》《阿尔的收割季节》《圣玛利的渔船》《邮递员约瑟夫·鲁兰》等著名的作品。他几乎用原色来描绘，强烈的色彩对比一下子攫住了观众的心；短促而粗壮的笔触，形成一种节奏感。色彩犹如镶嵌在画面上的宝石，闪闪发光。凡·高用心灵感受光明，由荷兰古典画法、印象派和日本浮世绘给予的灵感，在绘画艺术领域里开辟出一个新的天地。

在生活极端困难的情况下，凡·高患了精神分裂症被送进阿尔医院。住院期间，他画了病院、病室等奇丽的作品。后因病情不见好转，又转到圣雷米精神病院。在这里，他画周围的一切，病院花园里的石凳、病友、窗口望得见的景色、鸢尾花、橄榄园以及远山和太阳，都是他绘画的题材。

只有绘画才是凡·高最好的药物，艺术使他感到欣慰。后来表兄把他接到巴黎,安排在离巴黎不远的奥维,请精神病专家迦歇医生为他治疗。迦歇是个美术爱好者,19世纪中叶许多的著名画家几乎都是他的朋友。迦歇出于对凡·高艺术的热爱,免费为他治病。在他的细心照料下,凡·高画了最后一批作品:《迦歇医生肖像》《奥弗的教学》《茅草房》《葡萄园的房舍》《多比尼的花园》《麦田上的鸦群》等。这些画都有强烈的表现力,笔触赋予画面一种运动的旋律,这是他生命最后一刻放射出的光华。

1890年7月27日,凡·高旧病复发,他借一只手枪,对准胸膛扣动了扳机。凡·高死后,他的名声才传遍世界。凡·高生前只卖过一幅画,而且售价极低。可是今天,凡·高的画却价值连城。

米 丘 林

我们不能等待大自然的恩赐,我们的任务就是向大自然索取。

米丘林(1855—1935年)是苏联卓越的园艺学家,植物育种学家,米丘林学说的创始人。

米丘林的曾祖父、祖父和父亲都爱好园艺,这给米丘林很大影响。他在8岁时已学会了嫁接和压条技术,因家境贫困,小学毕业后就辍学了。

1875年米丘林在科兹洛夫铁路站当了一名职员。他用节省下来的钱租下一块荒废的小园地,开始了他的园艺实验工作。他曾对中部俄罗斯各地的果园做过调查,立志要改变当地果树低劣的状况。1888年他在科兹洛夫城外6公里的地方买得一小块牧场地,把原来所有的果树苗木都移植到那里。后来他发现要获得耐寒的优良果树品种,必须把苗木栽种在比较瘠薄的土地上,因而又另买了一片荒芜的沙地,建立起新的苗圃。在这里,他培育了许多果树品种,如"六百克安托诺夫卡"苹果、蜜饯梨、樱桃等。他在那里工作到逝世。

十月革命后,他的工作受到列宁的重视。1918年,苏联政府接收了米丘林献出的苗圃。1922年,列宁在拍给他的电报中说:"你在获得新植物的实验上，具有全国意义。"1928年在苗圃基础上建立了米丘林果树遗传育种站。经过数十年的研究和实践，他一生共育成三百多个果树和浆果植物新品种。

米丘林主要著作有：《工作原理与方法》《六十年工作总结》等。

米丘林学说的基本思想认为：生物体与其生活条件是统一的，生物体的遗传性是其祖先所同化的全部生活条件的总和。如果生活条件能满足其遗传性的要求时，遗传性保持不变；如果被迫同化非其遗传性所要求的生活条件时，则导致遗传性发生变异，由此获得的性状与其生活条件相适应，并在相应的生活条件中遗传下去。从而主张生活条件的改变所引起的变异具有定向性，获得性状能够遗传。

这个学说中关于无性杂交、辅导法和媒介法、杂交亲本组的选择、春化法、气候驯化法、阶段发育理论等，对提高农业生产和获得植物新品种具有实际意义。

弗洛伊德

> 人生就像弈棋，一步失误，全盘皆输，这是令人悲哀之事；而且人生还不如弈棋，不可能再来一局，也不能悔棋。

西格蒙德·弗洛伊德（1856—1939年）是奥地利医生兼心理学家、哲学家、精神分析学的创始人。

弗洛伊德17岁入维也纳大学学医，成绩优异。1883—1885年，他对脑髓进行了重要的研究，任神经病理学讲师；还发现了可卡因的麻醉作用。后来他的兴趣由临床神经病学转到了临床精神病理学。

1895年弗洛伊德与布罗伊尔合著的《癔病研究》，开创了精神分析法。认为被意识所压抑的心理过程转换为躯体的症状而表现出来，则成为癔病，可用精神分析的方法治疗。在技术上，他抛弃了古老的催眠术，代之以自由联想，也就是让患者想起什么就说什么，由此发现隐藏的病因。他分析许多病例后确信，性的问题对神经症的发生起着重要作用。发现不但父母常有乱伦冲动，这种冲动更多地表现在儿童，甚至在婴儿期，即所谓的俄狄浦斯情结。他发现梦在精神分析中的重要性，认为"梦中概括了神经症的心理学"。

1895—1900年是弗洛伊德的多产时期，他这一时期发表的《梦的解释》，被认为是一本巨著。该书不仅论述了过去的探讨者感到一筹莫展的梦境生活问题以及形成梦的种种复杂机制，而且还讨论了深度心理，即无意识的结构和作用方式。他精辟地分析了梦的机制：在梦中，一件事情被凝缩成别的事情，一个人被另外一个人所置换，梦者的愿望常以乔装打扮的形式来满足。

作为一个治疗精神疾病的医生，弗洛伊德创立了一个涉及人类心理结构和功能的学说。他的观点不仅在精神病学，也在艺术创造、教育及政治活动等方面得到了广泛的运用。弗洛伊德学说的主要论点已被后人所修正、发展。人们认识到，人类的行为不仅是由性欲所支配，社会—经济因素对人格的形成、教养对本性也都起着作用。虽然弗洛伊德学说一再受到抨击，这丝毫无损于他的形象。他卓绝的学说、治疗技术以及对人类心理隐藏的那一部分的深刻理解，开创了一个全新的心理学研究领域。由他所创立的学说，从根本上改变了对人类本性的看法。

萧 伯 纳

人生有两出悲剧：一是万念俱灰；另一是踌躇满志。

乔治·萧伯纳（1856—1950年）是英国现代杰出的现实主义戏剧作家，是世界著名的擅长幽默与讽刺的语言大师。

萧伯纳生于爱尔兰首都都柏林，从小就爱好音乐和绘画。中学毕业后，因经济拮据未能继续深造，15岁便当了缮写员，后又任会计。1876年多居伦敦母亲处，为《明星报》写音乐评论，给《星期六评论》周报写剧评，并从事新闻工作。

萧伯纳的世界观比较复杂，他接受过柏格森、叔本华和尼采的哲学思想，又攻读过马克思的《资本论》。1884年他参加了"费边社"，主张用渐进、点滴的改良来改变资本主义制度，反对暴力革命。在艺术上，他接受了易卜生的影响，主张写社会问题，反对"为艺术而艺术"的主张。

萧伯纳的文学始于小说创作，但突出的成就是戏剧，"他的戏剧使他成为我们当代最迷人的作家"（颁奖辞）。1885至1949年的64个创作春秋中，他共完成了51部剧本。前期主要有《不愉快戏剧集》，包括《鳏夫的房产》《荡子》和《华伦夫人的职业》等；《愉快的戏剧集》由《武器与人》《康蒂妲》《风云人物》和《难以预料》组成。第三个戏剧集名为《为清教徒写的戏剧》，其中有《魔鬼的门徒》《恺撒和克莉奥佩屈拉》和《布拉斯庞德上尉的转变》。

进入20世纪之后，萧伯纳的创作进入了高峰，他发表了著名的剧本《人与超人》《芭芭拉少校》《伤心之家》《圣女贞德》《苹果车》和《真相毕露》《突然出现的岛上愚人》等。其中《圣女贞德》获得空前的成功，被公认为是他的最佳历史剧，是"诗人创作的最高峰"（颁奖辞）。

契 诃 夫

> 人在智慧上应当是豁达的，道德上应该是清白的，身体上应该是清洁的。

安东·巴甫洛维奇·契诃夫（1860—1904年）是俄国小说家、戏剧家，19世纪俄国批判现实主义作家、短篇小说艺术大师。他和法国的莫泊桑、美国的欧·亨利齐名，为三大短篇小说巨匠之一。

契诃夫1879年进莫斯科大学医学系，毕业后在兹威尼哥罗德等地行医，广泛接触平民和了解生活，这对他的文学创作产生了良好的影响。

契诃夫在大学学习期间就开始了文学创作。他的早期作品无情地揭露了专横残暴的黑暗势力，如《假面》《变色龙》《普里希别耶夫中士》等；鞭挞了庸俗卑劣的社会现象，如《胜利者的胜利》《胖子和瘦子》《一个官员的死》等；同情下层人民的悲惨遭遇，如《哀伤》《苦恼》《凡卡》《歌女》《风波》等。

1890年，契诃夫去库页岛旅行。从这个人间地狱回来后，他逐渐摆脱了思想上的苦闷，加深了对现实的认识，写了一系列具有深刻社会意义的中、短篇小说，如《第六病室》《跳来跳去的女人》《文学教师》等。

晚年的契诃夫同时致力于小说和戏剧的创作,著名的小说有《农民》《带阁楼的房子》《姚尼奇》《新娘》等;剧本有《海鸥》《万尼亚舅舅》《三姊妹》《樱桃园》等。这时期的创作大都取材于中等阶级的小人物。其剧作含有浓郁的抒情味和丰富的潜台词,令人回味无穷。

他的小说短小精悍,简练朴素,结构紧凑,情节生动,笔调幽默,语言明快,寓意深刻。他善于从日常生活中发现具有典型意义的人和事,通过幽默可笑的情节进行艺术概括,塑造出完整的典型形象,以此来反映当时的俄国社会。最著名的代表作是《变色龙》《装在套子里的人》。前者成为见风使舵、善于变相、投机钻营者的代名词;后者成为因循守旧、畏首畏尾、害怕变革者的符号象征。

泰 戈 尔

如果鸟翼上系上了黄金,鸟儿也就飞不起来了。

罗宾德拉纳特·泰戈尔(1861—1941年)是一位印度诗人、文学家、哲学家和印度民族主义者,1913年他获得诺贝尔文学奖,是首位获得诺贝尔文学奖的亚洲人。

泰戈尔8岁开始写诗,12岁开始写剧本,15岁发表了第一首长诗《野花》,17岁发表了叙事诗《诗人的故事》。1878年赴英国留学,1880年回国专门从事文学活动。1886年,他发表了《新月集》,成为印度大中小学必选的文学教材。这期间,他还撰写了许多抨击美国殖民统治的政论文章。

泰戈尔做过多次旅行,这使他了解到许多不同的文化以及它们之间的区别。他对东方和西方文化的描写是至今为止这类描述中最细腻的。

除诗外泰戈尔还写了小说、小品文、游记、话剧和两千多首歌曲。他的诗歌主要是用孟加拉语写成的,在孟加拉语地区,他的诗歌非常普及。

他的散文的内容主要是社会、政治和教育,他的诗歌,除了其中的宗教内容外,最主要的是描写自然和生命。在泰戈尔的诗歌中,生命本身和它的多样性就是欢乐的原因。同时,他所表达的爱(包括爱国)也是他的诗歌的内容之一。印度和孟加拉国的国歌使用的是泰戈尔的诗。他还亲自将他的《吉檀迦利》译成英语，因此获得了诺贝尔文学奖。

他反对英国在印度建立起来的教育制度，反对这种"人为"的、完全服从的、死背书、不与大自然接触的学校。为此他在他的故乡建立了一个按他的设想设计的学校，这是维斯瓦—巴拉蒂大学的前身。

泰戈尔在印度独立运动的初期支持这个运动，但后来他与这个运动疏远了。为了抗议1919年札连瓦拉园惨案，他拒绝了英国国王授予的骑士头衔，他是第一个拒绝英王授予荣誉的人。1941年，泰戈尔留下控诉英国殖民统治和相信祖国必将获得独立解放的著名遗言《文明的危机》，随即与世长辞。

欧·亨利

人生是个含泪的微笑。

欧·亨利（1862—1910年）是美国著名批判现实主义作家，世界三大短篇小说大师之一。

欧·亨利的原名是威廉·西德尼·波特，他出身于一个医师家庭。他的一生富于传奇性，当过药房学徒、牧牛人、会计员、土地局办事员、新闻记者、银行出纳员。当银行出纳员时，因银行短缺了一笔现金，为避免审讯，离家流亡中美的洪都拉斯。后因回家探视病危的妻子被捕入狱，并在监狱医务室任药剂师。他创作第一部作品的起因是为了给女儿买圣诞礼物，但基于犯人的身份不敢使用真名，乃用一部法国药典的编者的名字作为笔名，所以就有了世界文学史上的欧·亨利。1901年提前获释后，迁居纽约，专门从事写作。

欧·亨利善于描写美国社会尤其是纽约百姓的生活。他的作品构思新颖，语言诙谐，结局常常出人意料；又因描写了众多的人物，富于生活情趣，被誉为"美国生活的幽默百科全书"。他的代表作有小说集《白菜与国王》《四百万》《命运之路》等。其中一些名篇如《爱的牺牲》《警察与赞美诗》《带家具出租的房间》《麦琪的礼物》《最后一片藤叶》等使他获得了世界声誉。

欧·亨利还以擅长结尾而闻名遐迩,他善于戏剧性地设计情节,埋下伏笔,做好铺垫,勾勒矛盾,把小说的灵魂全都凝聚在结尾部分,让读者在前面的似乎是平淡无奇的而又是诙谐风趣的娓娓动听的描述中,不知不觉地进入作者精心设置的迷宫,最后在结尾处突然让人物的心理情境发生出人意料的变化,或使主人公命运陡然逆转,使读者感到豁然开朗,柳暗花明,既在意料之外,又在情理之中,让读者在惊喜之中不禁拍案称奇,从而造成独特的艺术魅力,有一种被称为"含泪的微笑"的独特艺术风格。

欧·亨利给美国的短篇小说带来新气息,他的作品因而久享盛名,并具有世界影响。美国自1918年起设立了"欧·亨利纪念奖",以奖励每年度的最佳短篇小说,由此可见其声望之卓著。

顾 拜 旦

更快,更高,更强!

顾拜旦(1863—1937年)是法国著名教育家,近代奥林匹克运动创始人。他的杰出成就主要在学生教育方面和社会竞技运动方面。他终生倡导奥林匹克精神,被誉为"现代奥林匹克之父"。

顾拜旦生于巴黎一个贵族家庭,从小受过良好的教育。1894年在他的积极努力和多方筹措下,召开了巴黎国际体育会议,促进了国际奥委会的成立。1912年斯德哥尔摩奥运会时,他发表了著名诗作《体育颂》,另著有《运动心理学试验》和《竞技运动教育学》等。1937年9月2日病逝于日内瓦,其遗体葬在国际奥委会总部所在地洛桑,心脏则埋在奥林匹克运动发源地奥林匹亚。

严格说来,他的专业不是体育,由于他认识到体育的重要性,认识到体育在教育中的地位,他立下了教育救国、体育救国的志向,并决心为复兴奥林匹克运动做出不懈的努力,为其发展奋斗终身。

顾拜旦在复兴奥林匹克运动中遇到了重重困难,可他执着地发展体育事业的意志从不动摇。他坚忍不拔,顽强苦奋。1896年第一届奥运会因经费困难几乎流产,他亲赴雅典,拜会首相和王储,日夜奔波,想尽办法，终于顺利举行。第二届巴黎奥运会，又遇世博会同时举办，两者产生矛盾。顾拜旦被迫辞职，还不时遭到讥笑和唾骂，但他忍辱负重，从不气馁。他从1883年20岁时就开始了复兴奥运会的工作，直到他逝世，整整为奥林匹克运动奋斗了54年。

顾拜旦原则性强，他坚持奥运会是属于世界的，应该在全世界各个不同城市举办，而希腊人认为奥运会是希腊的，雅典应是奥运会的永久举办地。由于顾拜旦的坚持原则才使奥运会有了今天的辉煌。顾拜旦对和平、友谊、进步宗旨的原则，对反对歧视、坚持平等的原则，对奥运与文化的教育的结合，对人的和谐发展，对逆向代表制等原则的坚持不渝，如今已成效显著地写入奥林匹克宪章中。

罗曼·罗兰

人生不出售返程票，一旦动身，绝不能复返。

罗曼·罗兰（1866—1944年）是法国思想家、文学家，是法国批判现实主义作家、音乐评论家和社会活动家。

罗曼·罗兰早年毕业于法国巴黎高等师范学校，通过会考取得了中学教师终身职位的资格。其后入罗马法国考古学校当研究生。归国后在巴黎高等师范学校和巴黎大学讲授艺术史，并从事文艺创作。这时期他写了7个剧本，以历史上的英雄事件为题材，试图以"革命戏剧"对抗陈腐的戏剧艺术。

20世纪初，他的创作进入一个崭新的阶段，罗兰为让世人"呼吸英雄的气息"，替具有巨大精神力量的英雄树碑立传，连续写了几部名人传记：《贝多芬传》《米开朗琪罗传》和《托尔斯泰传》（共称《名人传》）等。同时发表了他的长篇小说杰作《约翰·克利斯朵夫》，这是他的代表作，被高尔基称为"长篇叙事诗"，被誉为20世纪最伟大的小说。这部巨著共10卷，每卷都是一个有着不同情绪和节奏的乐章，于1913年获法兰西学院文学奖金，由此罗曼·罗兰被认为是法国当代最重要的作家。1915年，为了表彰"他的文学作品中的高尚理想和他在描绘各种不同类型人物所具有的同情和对真理的热爱"，罗兰被授予诺贝尔文学奖。

两次世界大战之间，罗曼·罗兰的创作又一次达到高潮，1919年发表了写于1913年的中篇小说《哥拉·布勒尼翁》，1920年发表了两部反战小说《格莱昂波》和《皮埃尔和吕丝》，1922至1933年又发表了另一部代表作《欣悦的灵魂》。这一时期还发表了音乐理论和音乐史的重要著作7卷本《贝多芬的伟大创作时期》，此外还发表过诗歌、文学评论、日记、回忆录等各种体裁的作品。

罗曼·罗兰的艺术成就主要在于他用豪爽质朴的文笔刻画了在时代风浪中为追求正义、光明而奋勇前进的知识分子形象。在提到艺术风格时，罗曼·罗兰表示，除了"诚恳"二字，他不希望别人承认他有什么别的优点。他是一个有广泛国际影响的作家，也是著名的社会活动家，一生为争取人类自由、民主与光明进行了不屈的斗争。

摩 尔 根

总有一天，人类的理智一定会强健到能够支配财富。

托马斯·亨特·摩尔根（1866—1945年），美国著名生物学家，1933年获诺贝尔生理学或医学奖。他通过对果蝇的研究，在孟德尔定律的基础上创立了现代遗传学的"基因学说"，发展了染色体遗传学说，被誉为"现代遗传学的先驱"。

摩尔根出生于美国一个名门望族家庭，童年时代他就对动物学有着浓厚的兴趣，常到野外搜集标本。在肯塔基州立学院学习期间，他曾参加过联邦政府地质调查工作，还参加过甜菜选种实验。

摩尔根于1890年获得动物学哲学博士学位后，任布林马尔学院生物学副教授，开始了其非凡的科学生涯。起初他主要对动物从事描述性研究，后转向以实验和分析方法（他将这些方法贯穿于他一生的研究中）研究胚胎发育问题。他毕生保持着对胚胎发育研究的兴趣。然而使他闻名世界的，还是他对果蝇遗传问题的研究。这项工作起始于1908年他在哥伦比亚大学任教期间，此后持续了多年，最终导致"基因学说"的诞生。

1910年，摩尔根在实验中偶然发现了一种白眼雄果蝇突变体（通常果蝇都是红眼），他立即对之进行遗传杂交实验，发现所得结果正与孟德尔定律相吻合。重视实验的摩尔根从而相信孟德尔定律是正确的，并成为其坚定的支持者。摩尔根同时还发现了"性连锁现象"，并总结出"连锁交换定律"。这一定律后来被称为继孟德尔两大定律之后的"经典遗传学第三定律"。

摩尔根通过进一步的深入研究，在此基础上发展了染色体学说，提出了基因理论。该理论认为：基因是组成染色体的遗传单位，在染色体上呈线性排列；在个体发育中，一定的基因在一定条件下控制着一定的代谢过程，从而体现在一定的遗传特性和特征的表现上；基因可通过突变而导致性状的变异。这些研究成果汇集于1915年摩尔根与他的学生A·斯特蒂文特、C·布里奇、H·马勒等合著的《孟德尔遗传机制》一书中。一门新的、完整的遗传科学出现了。摩尔根的工作，大大推动了经典遗传学的发展，奠定了现代遗传学的基础。摩尔根因此获得了1933年的诺贝尔生理学或医学奖。

遗传学基因理论的建立使摩尔根成为20世纪最著名的生物学家之一。他得到的荣誉除诺贝尔奖之外，还有英国皇家学会授予的"达尔文奖章"和"柯普莱奖章"。

莱特兄弟

鸟类中会说话的只有鹦鹉，而鹦鹉是飞不高的。

莱特兄弟是指维尔伯·莱特（1867—1912年）和奥维尔·莱特（1871—1948年）兄弟俩，是世界航空先驱，美国飞机发明家。莱特兄弟在公众面前的形象始终是一体的，他们共享发明成果和荣誉。

他们在童年时就曾经利用邻居店里的坏车，改制成可以使用的人力运货车。1894年，他们还开设了一家自行车店，改装和修理自行车。

奥托·里林达尔试飞滑翔机成功的消息使他们立志飞行。1896年里林达尔试飞失事，促使他们把注意力集中在了飞机的平衡操纵上面。他们特别研究了鸟的飞行，并且深入钻研了当时几乎所有关于航空理论方面的书籍。这个时期，航空事业连连受挫，飞行技师皮尔机毁人亡，重机枪发明人马克沁试飞失败，航空学家兰利连飞机带人摔入水中，等等，这使大多数人认为飞机依靠自身动力的飞行是完全不可能的。

莱特兄弟却没有放弃自己的努力，仅1900年至1902年期间，他们除了进行一千多次滑翔试飞之外，还自制了二百多个不同的机翼进行了上千次风洞实验，修正了里林达尔一些错误的飞行数据，设计出了较大升力的机翼截面形状。终于在1903年制造出了第一架依靠自身动力进行载人飞行的飞机"飞行者1号"，并且获得试飞成功。

1906年，莱特飞机的专利在美国得到承认。1908年，莱特兄弟改良了飞机，他们装置了30马力的发动机，改造了座椅，使驾驶人坐在机翼中间进行操纵。这一年他们在法国巴黎举行了飞行表演，创下连续飞行2小时22分23秒、飞行距离117.5千米的记录。这是当时世界上最长的飞行时间和距离。巴黎的飞行表演是莱特兄弟赴欧洲众多表演中最成功的一次。1908—1909年，莱特兄弟正式接受美国陆军部的订货并组建了莱特飞机公司，还签订了在法国建立飞机公司的合同。

居里夫人

> 我们应该不虚度一生，应该能够说："我已经做了我能做的事。"

玛丽亚·斯克沃多夫斯卡·居里（1867—1934年）被称为居里夫人，是波兰裔法国籍女物理学家、放射化学家。1903年和丈夫皮埃尔·居里及亨利·贝克勒尔共同获得了诺贝尔物理学奖，1911年又因放射化学方面的成就获得诺贝尔化学奖。

玛丽亚出生于波兰的华沙，高中毕业后，在她姐姐的经济支持下移居巴黎，并取得了巴黎大学物理及数学两个硕士学位。在那里，她成了该校第一名女性讲师。

玛丽亚在索邦结识了另一名讲师皮埃尔·居里，就是她后来的丈夫。他们两个经常在一起进行放射性物质的研究，以沥青铀矿石为主，因为这种矿石的总放射性比其所含有的铀的放射性还要强。1898年，居里夫妇对这种现象提出了一个逻辑性的推断：沥青铀矿石中必定含有某种未知的放射成分，其放射性远远大于铀的放射性。12月26日，居里夫人公布了这种新物质存在的设想。

在此之后的几年中，居里夫妇不断地提炼沥青铀矿石中的放射成分。经过不懈的努力，他们终于成功地分离出了氯化镭并发现了两种新的化学元素：钋（Po）和镭（Ra）。因为他们在放射性物质上的发现和研究，居里夫妇和亨利·贝克勒尔共同获得了1903年的诺贝尔物理学奖，居里夫人也因此成了历史上第一个获得诺贝尔奖的女性。8年之后的1911年，居里夫人又因为成功分离了镭元素而获得诺贝尔化学奖。

居里夫人获得诺贝尔奖之后，她并没有为提炼纯净镭的方法申请专利，而是将之公布于众，这种做法有效地推动了放射化学的发展。

在第一次世界大战时期，居里夫人倡导用放射学救护伤员，推动了放射学在医学领域里的运用。之后，她曾在1921年赴美国旅游并为放射学的研究筹款。

居里夫人是历史上第一个获得两项诺贝尔奖的人，而且是仅有的两个在不同的领域获得诺贝尔奖的人之一。化学元素锔（Cm，96）就是为纪念居里夫妇所命名的。

高　尔　基

学习——永远不晚。

高尔基（1868—1936年）全名是马克西姆·高尔基，原名阿列克赛·马克西莫维奇·彼什科夫，也叫斯克列夫茨基，是苏联伟大的无产阶级作家，苏联文学的创始人。

高尔基早年丧父，寄居在经营小染坊的外祖父家。他只上过2年的小学，11岁起独立谋生，当过学徒、搬运工和面包师。1884年流落到喀山，19世纪80年代末90年代初两次漫游俄国各地，广泛了解民情；其间因参加秘密革命组织于1889年被捕，获释后行动仍受宪警监视。

1892年他以马克西姆·高尔基这个笔名，发表了处女作《马卡尔·楚德拉》，不久开始在地方报刊当编辑、记者。1898年出版了两卷集

《随笔和短篇小说》，从此蜚声俄国和欧洲文坛。

他的早期作品，杂存着现实主义与浪漫主义两种风格，浪漫主义作品如《马卡尔·楚德拉》《伊则吉尔老婆子》《鹰之歌》等，赞美了热爱自由、向往光明与英雄业绩的坚强个性，表现了渴望战斗的激情；现实主义作品如《契尔卡什》《沦落的人们》《柯诺瓦洛夫》等，描写了人民的苦难生活及他们的崇高品德，表达了他们的激愤与抗争。这些作品的主人公大多是努力探求新的生活道路、思考生活的意义并充满激烈内心冲突的人物。

从1900年起，高尔基参加并主持知识出版社的工作，通过出版《知识》丛刊，团结了当时俄国大批具有民主主义倾向的作家。1901年他在圣彼得堡写传单揭露沙皇政府镇压示威学生的暴行，号召推翻专制制度，同年发表了著名的散文诗《海燕之歌》，塑造了象征大智大勇的革命者搏风击浪的勇敢的海燕形象，预告革命风暴即将到来，鼓舞人们去迎接伟大的战斗。这是一篇无产阶级革命战斗的檄文与颂歌，受到列宁的热情称赞。这一年他还受革命政党的委托建立秘密印刷所，为此第二次被捕，遭流放。

20世纪初高尔基接连写了几部剧本，其中的《小市民》揭露了资产阶级保守派与自由主义者的矛盾，塑造了活生生的工人形象；《底层》深刻批判对幸福的消极等待思想，剧中的一个人物宣布："人这个字听起来多么自豪"；《避暑客》《太阳的孩子》和《野蛮人》三剧则及时揭示了当时俄国知识分子的分化，鞭挞抛弃革命理想的人。1905年革命爆发初期，他曾以目击者的身份写了讨伐沙皇政府枪杀请愿群众的传单，号召人民奋起斗争，同时积极参加社会民主工党的《新生活报》和《战斗报》的出版，多方努力为起义者筹措经费和武器。这期间他还发表了大量政论，其中《谈谈小市民习气》一文深刻分析了小市民习气的社会根源、心理特征及其对革命事业的危害。

1906年高尔基写成长篇小说《母亲》和剧本《敌人》两部最重要的作品，标志着其创作达到了新的高峰。《母亲》塑造了世界文学史上第一批自觉为社会主义而斗争的无产阶级革命者的英雄形象，是社会主义现实主义文学的奠基作。

在列宁的建议和鼓励下，高尔基创作了自传三部曲：《童年》《在人间》和《我的大学》。自传三部曲不仅反映了作家本人的生活经历以及他接受马克思主义以前艰苦的思想探求过程，而且广泛概括了19世纪七八十年代的俄国社会生活，描写了劳动人民的悲惨生活和遭遇，歌颂了他们的优秀品质。

高尔基的最后一部作品是长篇小说《克里姆·萨姆金的一生》。他一生创作了大量各种体裁的作品，为无产阶级文学宝库留下了一笔巨大的财富。

甘　地

爱生活如濒死，求大道若永生。

莫罕达斯·卡拉姆昌德·甘地（1869—1948年）是印度民族解放运动的领袖，在印度被誉为"圣雄甘地"，具有崇高的威望。

甘地出生在一个虔诚的印度教徒家庭，受印度教熏陶很深。他的家庭比较富有，曾经就读于伦敦大学，获律师资格。在英国完成学业后，他来到南非工作，参加了南非的反对英国殖民统治的斗争。

1893—1914年他在南非领导印侨以非暴力抵抗方式进行反对南非当局的种族歧视制度的斗争，并形成了他的理论——甘地非暴力主义。

第一次世界大战爆发后，他回到印度，参加反对英国殖民统治的斗争。1920年，他倡导和开展非暴力不合作运动，不久成为印度国民大会党即国大党的领袖。

第二次世界大战后，甘地赞同印巴分治方案，希望结束教派流血冲突。但是，他本人却成为牺牲品。1948年1月，他在德里做晚祷时，被一名印度教狂热分子开枪杀害。

甘地的主张称为甘地主义，关于甘地主义的主要内容实际上是很复杂的。一般来说，人们把甘地主义概括为四个基本内容：（1）宗教泛爱观和资产阶级人道主义真理观相结合的政治哲学；（2）争取印度自治、独立，进而建立以村社为基础的分治联合体的政治思想；（3）以经济正义和经济平等为支柱的农村经济思想，以及奠基于"不占有"和"财产委托制"的经济自主思想；（4）发扬民族文化、重视民族教育、致力于民族团结、反对歧视"不可接触者"，以及和爱国主义结合在一起的小生产劳动者互助互爱的平等社会思想。

但是，实际上甘地主义的核心内容是争取印度民族独立和社会进步，他以印度教传统与非暴力抵抗手段相结合，充分发动群众，特别是农民群众，从而使印度的民族运动真正奠基于群众运动之上，改变原先那种脱离群众的上层资产阶级政治改良活动。

列　宁

学习，学习，再学习。

弗拉基米尔·伊里奇·列宁（1870—1924年）是马克思和恩格斯事业和学说的继承者，全世界无产阶级和劳动人民的伟大导师和领袖。他的原名是弗拉基米尔·伊里奇·乌里扬诺夫，列宁是他参加革命后的化名。

列宁的父亲是一位具有民主主义思想的教育活动家，哥哥亚历山大因参加谋刺沙皇而被处死。在家庭的影响下，1887年秋列宁进入喀山大学法律系学习，然而不久他就因为参加学生运动而被学校开除，遭到逮捕和流放。

第二年回到喀山后，他开始研究马克思的《资本论》和普列汉诺夫的著作。1892年，他又开始筹建马克思主义小组，并将《共产党宣言》译成了俄文，还写下了第一本著作《农民生活中新的经济变动》。这时的列宁已由一个革命民主主义者转变为一个共产主义者了。

1895年，列宁在彼得堡创立了彼得堡工人解放协会。这年年底，他再次被捕入狱，经过了14个月的狱中生活后，又被流放到西伯利亚。在西伯利亚的3年中，他开始使用"列宁"这个化名，写出了《俄国资本主义的发展》一书。1900年2月，列宁在西伯利亚的流放结束，回到彼得堡后不久转赴西欧，在德国创办了第一张俄国社会民主工党的机关报《火星报》。1903年7月30日，俄国社会民主工党在布鲁塞尔召开代表大会，会上形成了以列宁为核心的布尔什维克。

俄国资产阶级民主革命爆发后，列宁回到祖国直接领导革命，并提出了无产阶级政党在民主革命中的策略。12月，莫斯科武装起义失败，列宁又开始了长达十多年的第二次流亡生活。在此期间，他写了《唯物主义和经验批判主义》《马克思主义和修正主义》等一系列著作，使马克思主义得到了全面的发展。

第一次世界大战爆发后，列宁又提出了"变帝国主义战争为国内战争"的口号，阐明了社会主义可以在一国或数国首先胜利的理论。1917年3月，沙皇政府被推翻，列宁立即返回俄国，积极准备发动武装起义。在列宁的领导下，俄国人民终于取得了十月社会主义革命的胜利。这一伟大胜利开辟了人类历史发展的新纪元。革命胜利后，列宁当选为第一届苏维埃政府主席，他领导人民粉碎了帝国主义的三次武装进攻和国内的叛乱，使苏俄的经济建设逐步走上了正轨。

德 莱 塞

人生的最高理想是为人民谋利益。

西奥多·德莱塞（1871—1945年）是美国小说家。他出生于破产小业主家庭，曾长期在社会底层劳动挣扎。青年时期曾任报刊记者和编辑，并开始从事文学创作。1917年后倾向社会主义，1928年应邀访苏，1945年申请参加美国共产党。

德莱塞是倾向社会主义的美国现实主义作家。1928年访苏前，他的创作仍属批判现实主义范畴。第一部小说为《嘉莉妹妹》，通过农村姑娘嘉莉到芝加哥谋生而成为名演员的故事，揭露了资本主义社会繁荣外衣掩盖下的生存斗争，对美国贫富对立的社会作了深刻的描写。这部小说因被指控"有破坏性"而长期禁止发行，但一些散发出去的赠阅本却引起了许多重要作家的注意。1911年，《珍妮姑娘》问世，接着又发表了《欲望三部曲》的前两部《金融家》和《巨人》，奠定了德莱塞在美国文学界的地位。《天才》是德莱塞自己最满意的一部长篇小说，它通过一个青年画家的堕落控诉了资本主义社会对艺术的摧残。

德莱塞的代表作是长篇小说《美国的悲剧》，它通过一个穷教士的儿子克莱特·格里菲斯为追逐金钱财势堕落为蓄意杀人犯的故事，不仅揭示了利己主义恶性膨胀的严重后果，同时更揭露了金钱至上的美国生活方式对人的普遍的罪恶性腐蚀毒害作用。这时期他尽管也受社会进化论和弗洛伊德心理分析学说的影响，且把它们运用于人物构思和心理刻画上，但他把它们跟社会环境紧密结合起来，并未陷入生物和情欲的泥淖，反使作品更具有丰满的现实主义内容和巨大艺术感染力。

1928年应邀访问苏联后，随着德莱塞政治立场的转变，他的创作也开始走向社会主义现实主义道路。1928年出版了《德莱塞访苏印象记》。1929年出版的短篇小说集《妇女群像》，塑造了女共产党员艾尼达的形象。1931年出版了政论集《悲剧的美国》，对美国资本主义社会进行了冷静而严肃的全面解剖。这一年他又出版了带有自传性质的《黎明》。1941年发表了政论集《美国是值得拯救的》。

1944年，德莱塞被美国文学艺术学会授予荣誉奖。1945年，他加入美国共产党。同年12月28日逝世。《堡垒》和《斯多噶》两部长篇小说是在他死后出版的，这两本书都反映了德莱塞晚年对宗教哲学的兴趣。

普鲁斯特

愤怒不能同公道和平共处，正如鹰不能同鸽子和平共处一样。

马塞尔·普鲁斯特（1871—1922年）全名为瓦伦坦·路易·乔治·欧仁·马塞尔·普鲁斯特。是法国意识流小说的鼻祖之一，在西欧资产阶级文学史上占有很高的地位。

普鲁斯特9岁时初次气喘发作，因此常缺课，但到青年时期文采渐渐散发出来。中学时开始写诗，为报纸写专栏文章。后入巴黎大学和政治科学学校钻研修辞和哲学，对柏格森直觉主义的潜意识理论进行研究，尝试将其运用到小说创作中。可以说柏格森、弗洛伊德成了他一生文艺创作的导师。他和同窗好友创办了杂志《宴会》，从1892年起，在该杂志发表短篇小说和随笔。1896年他将已发表过的十多篇作品收集成册，以《欢乐与时日》为题出版，弗朗士为他作序。

1896—1940年，他撰写了长篇自传体小说《让·桑特依》，写的是童年时代的回忆，但直到1952年才出版。他还翻译了英国美学家约翰·罗斯金的著作《亚眠人的圣经》《芝麻和百合花》。

1903—1905年普鲁斯特父母先后去世，他闭门写作，写了阐述美学观点的论文《驳圣·勃夫》，并开始了文学巨著《追忆似水年华》的创作。自此，他的毕生精力都投入到这部作品的创作修改之中。1912年，他将小说前三部交给出版商，受到冷遇，1913年他自费出版了第一部《斯万之家》，反应冷淡。1919年，小说第二部《在花枝招展的少女们身旁》由卡里玛出版社出版，并获龚古尔文学奖，因而成名。1920—1921年发表小说第三部《盖尔特之家》第一、二卷；1921—1922年发表第四部《索多梅和戈莫勒》第一、二卷。作品的后半部第五部《女囚》、第六部《逃亡者或失踪的阿尔贝蒂娜》和第七部《过去韶光的重现》，是在他去世后发表的。这部小说的故事没有连贯性，中间经常插入各种感想、议论、倒叙，语言具有独特风格，令人回味无穷。这部作品改变了对小说的传统观念，革新了小说的题材和写作技巧。普鲁斯特作为意识流小说流派的开山鼻祖而在世界文学史上留名。

普鲁斯特的特色在于他精细地描写每一个感知、每一个人物、每一个寓言，而且在他的书中你能感觉到那流动的真实感，从童年开始一直到青年，每一个人物都有可追踪的痕迹。他根据意识流写出的著名问卷《普鲁斯特问卷》，写出了对人生意义的思考，对后人影响很大。

卢 森 堡

不管怎样的事情，都请安静地愉快吧！这是人生。

罗莎·卢森堡（1871—1919年）是国际共产主义运动著名政治活动家和理论家，德国社会民主党和第二国际左派领袖，是德国共产党的创始人之一。

卢森堡出生于波兰的一个木材商人家庭，3岁时全家迁居华沙。在这里，她完成了中学教育，并开始参加革命活动。1898年，卢森堡取得德国国籍，迁居柏林，参加德国社会民主党的工作。在党内，她积极从事组织活动，为报刊撰文，发表演讲。

1911年，帝国主义军备竞赛愈演愈烈，世界大战一触即发，世界各国的无产阶级也积极努力，号召工人起来反对帝国主义战争。卢森堡此时充分显示了杰出的组织才能和理论水平，被誉为"革命之鹰"。

1914年7月，第一次世界大战爆发。由于德国社会民主党议会团一致支持帝国主义战争，背叛革命，卢森堡和李卜克内西等组织斯巴达克同盟，后成立德国共产党，成为党的重要的领导人之一。

在第一次世界大战期间，她和李卜克内西一同与社民党内以艾伯特为代表的右倾势力坚决斗争。1915—1918年被多次关押。

1919年1月，德国共产党与其他革命组织共同行动，举行了大规模的游行示威。接着，斗争遭到政府军队的血腥镇压，15日，她与李卜克内西被资产阶级"自卫民团"逮捕，同日遇害，她的尸体被扔进运河。

罗莎·卢森堡是马克思主义帝国主义理论的创始人，也是世界著名的具有民主思想的社会主义者。她最重要的著作有：《资本积累论》《社会改良还是社会革命?》《国民经济学入门》《尤利乌斯小册子》等。

在这些著作中，卢森堡以马克思的历史辩证法思考帝国主义时代的问题，提出了许多极具远见卓识的思想。例如，对资本主义世界体系形成的预言、对资本积累环境中的东西方国家关系的论述、对社会主义民主的理解，等等。这些思想在当时并没有被人们理解，有些还曾经受过严厉的批判，但随着20世纪90年代世界格局的变化，罗莎·卢森堡的许多思想的价值终于呈现出来了，人们发现：罗莎·卢森堡当年提出的问题仍然是我们时代最富有挑战性的问题。于是，罗莎·卢森堡的思想再度成为国际学术研究的热点。

罗　素

> 伟大的事业根源于坚韧不拔地工作，以全副的精神去从事，不避艰苦。

伯特兰·阿瑟·威廉·罗素（1872—1970年）是20世纪最有影响力的哲学家、数学家和逻辑学家之一，同时也是活跃的政治活动家，并致力于哲学的大众化、普及化。

罗素出生于英国一个贵族家庭，1890年进入剑桥大学三一学院学习哲学、逻辑学和数学，1908年成为学院的研究员并获选为英国皇家学会成员。1931年罗素的哥哥去世，罗素继承爵位，成为罗素勋爵三世。

罗素最早对数学产生兴趣，然后才逐渐转向哲学方面，因此他在数学方面也有很多重要的建树。在数理逻辑方面，罗素提出了罗素悖论。罗素在1900年便认识到，数学是逻辑学的一部分。1910年，他和他的老师阿尔弗雷德·诺斯·怀特海一起发表了三卷本的《数学原理》，在其中对这一概念做了初步的系统整理。

哲学上罗素最大的贡献是和G·E·摩尔一起创立了分析哲学，此外他还在认识论、形而上学、伦理学、政治哲学和哲学史方面做出过贡献。在剑桥大学时，罗素信奉唯心主义和新黑格尔主义，但是1898年后，在摩尔的影响下罗素放弃了唯心主义，转而研究现实主义，并很快成为"新现实主义"的倡导者。罗素此后始终强调现代逻辑学和科学的重要性，批判唯心论。

在伦理学和道德方面，罗素持的是开放态度，认为过多的道德束缚是人类不幸的根源，道德不应限制人类本能的快乐，因此提倡试婚、离婚从简和节育等，认为未婚男女在双方都愿意的情况下发生性关系并非不道德的行为，这种观点使他在美国遭到了激烈抗议，最终还导致他失去了纽约城市大学的教授职务。

在教育方面，罗素认为学生的言行举止不应受到约束与限制，在这一思想的影响下他和他的第二任妻子于1927年一起创立了一所试验学校。

马 可 尼

成功的秘诀，是要养成迅速行动的习惯。

伽利尔摩·马可尼（1874—1937年）是意大利电气工程师和发明家。

马可尼生于一个十分富裕的家庭，小时候在家庭教师的指导下学习。20岁时马可尼了解到海因利希·赫兹几年前所做的实验，这些实验清楚地表明了不可见的电磁波是存在的，这种电磁波以光速在空中传播。1894年他第一次在家里用无线电波打响了10米以外的电铃。接着他对已有的火花式发射机和金属粉末检波器进行了改进，在接收机和发射机上都加装了天线，成功地进行了无线电波传输信号的实验。他使通信距离增大到2.8公里，不但能打响电铃，而且还能在纸带上记录拍发来的莫尔斯电码。

当时的意大利政府对无线电通信持冷淡态度，马可尼于1896年到了英国，并在同年6月取得英国的专利，结识了英国邮政总局的总工程师普利斯，在他的赞助下在英国进行公开表演。1897年，马可尼利用风筝作为收发天线，使无线电信号越过了布里斯托尔海湾，距离14公里，创造了当时最远的通信记录。同年7月马可尼组建了无线电报公司，后更名为马可尼公司。

1899年3月，马可尼成功地实现了横贯英吉利海峡的通信，使通信距离增加到45公里。同年，在英国海军演习中有3艘军舰装备了无线电通信装置，在两条看不见的军舰之间实现了通信，证实无线电信号可以曲面传输。1900年10月，马可尼在英国康沃尔的普尔杜建立了当时世界上最大的10千瓦火花式电报发射机，架起了巨大的天线。

1901年马可尼率领一个小组在加拿大纽芬兰的圣约翰斯进行越洋通信试验，使用风筝天线，在当年12月12日中午收听到从相隔3000公里以外的英国普尔杜横渡大西洋发来的"S"字母信号，开辟了无线电远距离通信的新时代。

这项发明的重要性在一次事故中戏剧性地显示出来了。那是1909年，共和国号汽船由于碰撞遭到毁坏而沉入海底，这时无线电信息起了作用，除6个人外所有的人员全部得救。同年马可尼因其发明而获得诺贝尔奖。翌年他发射的无线电信息成功地穿越6 000英里的距离，从爱尔兰传到阿根廷。

丘 吉 尔

在战争中，革命。在失败中，反抗。在胜利中，宽宏。在和平中，善意。

丘吉尔（1874—1965年）是20世纪最负盛名的英国政治家、文学家，在第二次世界大战中，他领导英国人民取得了抗击德国法西斯战争的胜利。

丘吉尔生于牛津附近的布莱尼姆宫。祖父马博罗将军在战争中立有赫赫战功。父亲拉道尔夫勋爵曾任英国财政大臣。

1895年，丘吉尔以少尉军衔编入皇家第四骑兵团，以志愿兵和随军记者的身份先后参加过西班牙对古巴的殖民地战争和英国军队在印度、苏丹、南非的战争，以作战英勇、敢于履险犯难而闻名。

在印度驻守的两年中，他广泛阅读了历史、哲学、宗教和经济方面的著作，以弥补自己在教育上的欠缺。1899年，丘吉尔退伍参政，1906年以自由党身份首次入阁担任殖民副大臣，先后出任商务大臣、内政大臣、海军大臣、军需大臣。1924年，又以保守党身份出任财政大臣。

19世纪30年代，由于法西斯势力的崛起，欧洲形势日益紧张，丘吉尔坚决反对英法等国的绥靖政策，成为强硬派领袖。他的演说滔滔雄辩，警句迭出，被公认为出类拔萃的大演说家。1939年，第二次世界大战爆发，丘吉尔任张伯伦内阁的海军大臣。1940年，他临危受命，出任首相，领导英国人民保卫英伦三岛，并积极展开外交活动，与美苏结盟，形成国际反法西斯统一战线，为反法西斯战争的最后胜利做出重大贡献。

在反法西斯胜利前夕，因保守党在大选中失败，丘吉尔失去首相职位。其后，他用6年时间完成了六卷本《第二次世界大战回忆录》。1951年，保守党在选举中获胜，丘吉尔以77岁高龄再次出任首相。1955年因年事已高辞职退休，专心撰写四卷本《英语民族史》。

丘吉尔的一生虽主要从事政治活动，但他的历史著述和传记文学写作也成就卓著。1953年，"由于他在描述历史与传记方面之造诣，同时由于他那捍卫崇高的人的价值的光辉演说"，获得诺贝尔文学奖。瑞典学院把他比作"具有西塞罗文才的恺撒大帝"。

丘吉尔的头上戴有许多流光溢彩的桂冠，他是著作等身的作家、辩才无碍的演说家、经邦治国的政治家、战争中的传奇英雄。他一生中写出了26部共45卷（本）专著，几乎每部著作出版后都在英国和世界上引起轰动，获得如潮的好评，被翻译成多国文字在世界各国广为发行。

拉 威 尔

完全崇尚简单，学习莫扎特的一切。

莫里斯·拉威尔（1875—1937年）是著名的法国作曲家，印象派作曲家的最杰出代表之一。

拉威尔7岁开始学钢琴，进步很快，14岁考入巴黎音乐学院钢琴预科，两年后升入贝里奥老师的钢琴班并向佩萨尔学习和声。拉威尔对作曲十分热心，他20岁时写的两首钢琴曲《古风小步舞曲》《百闻的景色》中的第一曲《哈巴涅拉》，已经显示出他的个性。

1905年以后是他主要的创作时期，产生了《鹅妈妈》组曲、《夜之幽灵》和一些歌曲及喜歌剧《西班牙时光》等。1909年，根据希腊神话写成芭蕾舞剧《达夫尼与克洛埃》。下一部作品《高雅而伤感的圆舞曲》首演并不出色，后将它编成芭蕾舞剧，轰动一时。这一成功促使他把《鹅妈妈》组曲配器，用睡美人的故事为题材，也编成了芭蕾舞剧。

第一次世界大战后他移居乡下，动手写作芭蕾音乐《大圆舞曲》，首演获得巨大成功。后在离巴黎不远的蒙伏拉莫瑞村找到一所小别墅，在那里专心作曲，创作了《小提琴奏鸣曲》、小提琴曲《茨冈狂想曲》《波莱罗》及两部钢琴协奏曲。1925年，拉威尔完成了一部他称之为"幻想抒情剧"的二幕歌剧《儿童与巫师》。这部作品把歌剧和芭蕾的表现手段结合起来，别具一番童趣。拉威尔并不拘泥于某种特定的"主义""流派"，传统技术与创新手段的融会是其创作的重要特色。在《儿童与巫师》中，既有音阶调式回归古代的倾向，同时又大胆运用了双重调性的组合。

拉威尔是位公认的管弦乐大师，他创造了一种独特的管弦乐配器的方法，充分发挥每种乐器的表现性能，形成异常精美与华丽多彩的效果。他重视旋律的作用，运用的调式及和声都新颖别致，常用自然调式、五声音阶及七和弦、九和弦等。除了借鉴本国古典音乐的传统外，他还重视从欧洲各国的民间音乐，特别是民间舞蹈中汲取养料，来丰富自己的艺术素材。他的音乐是以法国的音乐文化为基础的，而在充分发挥管弦乐的色彩特点上，他有着许多的创新。因此，拉威尔在法国音乐史上占有重要地位。

加 里 宁

时间就像是海绵里的水，要挤总是有的。

米哈伊尔·伊万诺维奇·加里宁（1875—1946年）是苏联政治家、革命家、早期的国家领导人。自从十月革命后到去世为止，一直担任苏俄和苏联名义上的国家元首。

加里宁出生在一个农民家庭里，年轻时曾受雇于地主，后来前往圣彼得堡的炮兵工厂工作，并且于1891年参与革命运动；1898年加入俄罗斯社会民主工党。后来加里宁加入列宁的布尔什维克。1899年之后有多次被帝俄政府逮捕与脱逃的记录。1916年1月8日，加里宁最后一次被捕，当宪兵问他这是第几次被捕时，他坦然地说："……好像是第14次。"1917年加里宁根据彼得堡委员会的决定，不去服流放刑，转入地下状态，在彼得堡进行党的工作。

1917年"二月起义"胜利之后，加里宁代表维堡区参加彼得堡布尔什维克临时委员会。在临时委员会中，他力主按8小时工作日复工，阻止了党内不顾工人生计、坚持继续罢工的过火行动。不久，他又从事《真理报》编辑部的工作，经常撰写一些有关农村、农民和土地等问题的文章。

十月革命之后，1919年加里宁成为布尔什维克党中央委员；同年3月，加里宁成为俄罗斯最高苏维埃中央执行委员会委员长，等同于当时的国家元首；1922年苏维埃社会主义共和国联盟正式成立之后，加里宁成为苏联最高苏维埃中央执行委员会委员长。最高苏维埃改组之后，加里宁成为最高苏维埃主席团主席，到1946年逝世为止都保有这个地位。1925年开始成为党政治局委员。

1941年6月22日，希特勒法西斯德国对苏联不宣而战，伟大的卫国战争爆发了，就在这一天，苏联最高苏维埃主席团主持通过了一项《关于战时状态》的命令。在6月30日召开的联席会议上，做出建立国防委员会并把国有的全部权务移交给该委员会的决定。苏共中央派加里宁领导战时思想工作，年迈的加里宁竭尽全力地投入这一工作中。1944年3月，在苏维埃政权最高机关岗位上工作整整25年，获得了"社会主义劳动英雄"称号。

第二次世界大战后的1946年，加里宁于莫斯科逝世，而苏联也将过去属于德国东普鲁士的哥尼斯堡改名为加里宁格勒。

杰克·伦敦

得到智慧的唯一办法，就是用青春去买。

杰克·伦敦（1876—1916年）原名为约翰·格利菲斯·伦敦，是美国著名的现实主义作家，被称为"美国无产阶级文学之父"。他的作品不仅在美国本土广泛流传，而且受到世界各国人民的欢迎。

杰克·伦敦自幼当童工，曾经漂泊在海上、跋涉在雪原。他从24岁开始写作，去世时年仅40岁。16年中他共写成长篇小说19部，短篇小说一百五十多篇，还写了3个剧本以及相当多的随笔和论文，这些作品共同为我们展示了一个陌生又异常广阔的世界：荒凉空旷又蕴藏宝藏的阿拉斯加，波涛汹涌岛屿星罗棋布的太平洋，横贯美洲大陆的铁路线，形形色色的鲜活人物，人与自然的严酷搏斗，人与人之间错综复杂的社会关系……

他那带有传奇浪漫色彩的短篇小说，往往描写太平洋岛屿和阿拉斯加冰与雪地的土著人和白人生活，大部分都可以说是他短暂一生的历险记。他作品中的现实主义风格和多样化的题材，以及强烈显示出来的作家的独特个性，多少年来一直深深吸引着不同时代、不同经历的读者。其中最为著名的有《荒野的呼唤》《海狼》《白牙》《马丁·伊登》和一系列优秀短篇小说《老头子同盟》《北方的奥德赛》《马普希的房子》等。

杰克·伦敦的创作笔力刚劲，语言质朴，情节富于戏剧性。他常常将笔下人物置于极端严酷、生死攸关的环境之下，以此展露人性中最深刻、最真实的品格。杰克·伦敦赞美勇敢、坚毅和爱这些人类的高贵的品质，他笔下那"严酷的真实"常常使读者受到强烈的心灵震撼。

他的作品独树一帜，充满筋肉暴突的阳刚之气，最受男子汉的欢迎。有人说在他之前的美国小说大都是为姑娘们写的，而他的作品则属于全体读者，不但普通读者欢迎，就是大家闺秀们也喜欢放下窗帘关上大门偷偷去品味他那精力旺盛、气势逼人的作品。

杰克·伦敦以自己的创作实力在美国文坛赢得了声望。列宁在病榻上时，曾特意请人朗读小说，其中就有杰克·伦敦的短篇小说《热爱生命》。列宁给予这部小说很高的评价。

邓　肯

　　舞蹈是一个对生命的完整概念，还有透过动作表达人类心灵的艺术。

　　伊莎多拉·邓肯（1878—1927年）是美国著名的舞蹈家，一个有着强烈的叛逆精神、革命精神、创造精神的舞蹈家，被誉为"现代舞之母"。

　　邓肯的父亲是一位诗人，母亲是乐师。邓肯降世不久，父母就离异了，她一直随母亲生活。她从小受音乐的熏陶，可是十分贫寒的家境使她无法得到正规的艺术训练。

　　迫于生计，邓肯很小就开始给附近的孩子们做舞蹈教师。她和姐姐一起，编创了各种优美的舞姿。

　　21岁时她以微薄积蓄乘坐运牛船远航英国。她在不列颠博物馆钻研古希腊雕像，肯定了她原来只是本能地做出的舞蹈动作与姿态的古典用法，并主要以此为基础建立起她的方法体系。她通过著名女演员 P. 坎贝尔夫人的赞助，得以在伦敦社交名流的私人招待会上演出。她以无拘无束挥洒自如的舞姿使只熟悉日趋衰落的保守形式的观众倾倒、心折。不久这位赤足林中仙子般的青年女演员的飘逸舞姿便在各类剧院、音乐厅出现，风靡全欧洲。

　　26岁时，邓肯曾在柏林创办了第一所"邓肯舞校"，以培养年轻的自由舞蹈演员。1920年，42的邓肯应苏联政府邀请，在莫斯科创办了舞蹈学校，继续传播她的自由舞蹈，还曾用《国际歌》创编舞蹈，并免费教育一些儿童。

　　邓肯的舞蹈是完全自由的，轻薄的衣衫，毫无束缚的赤足，是为了呈现出人体最自由的美感，因此，邓肯所创造的舞蹈曾被称作"自由舞"。也正因为如此，她的自由舞蹈一开始在美国并没有受到重视，许多人认为这是一种没有技术含量的舞蹈。

邓肯创作的舞蹈作品主要有《伊菲革涅亚在澳里斯》《马赛曲》和《前进吧，奴隶》等。《马赛曲》在美国大都会歌剧院演出时，当时的各家报纸都进行了热情洋溢的报道，激情高昂的《马赛曲》受到了异常热烈的欢迎，观众们起立欢呼，掌声久久不能停息，那悲壮的舞姿，活化了凯旋门上的不朽的形象。

邓肯的自由舞蹈在当时的舞坛产生了强大的震撼，对古典芭蕾中矫揉造作、程式化的表演风格形成了巨大的冲击，更为未来现代舞的发展奠定了重要的基础。

斯 大 林

落后就要挨打。

斯大林（1879—1953年）原姓朱加什维利，是苏联共产党和苏联政府的主要领导人，是苏维埃社会主义共和国联盟的缔造者之一。此外，他还是第二次世界大战中的"三巨头"之一，为反法西斯战争的胜利做出了贡献。

斯大林是在贫困中长大的。1894年开始从事革命活动，1899年他因宣传推翻政府的思想被学校开除，随后参加了地下的马克思主义运动，成为布尔什维克党员。从1902年4月至1913年3月间，他因参加革命活动而7次被捕，多次被流放和监禁。就在这期间，他使用了"斯大林"（铁人）这一化名。

1912年，斯大林已经进入布尔什维克党著名活动家的行列。1913年7月至1917年3月又被流放到西伯利亚。1917年二月革命胜利后，他从流放地返回彼得格勒，领导了《真理报》的工作，并参加了全俄布尔什维克党第七次代表会议，当选为党中央委员会政治局委员。

十月革命胜利后，苏维埃俄国开始了反对外国武装干涉和国内战争，1918年至1920年，斯大林在苏联国内战争时期担任民族事务人民委员和国家监察部人民委员。他多次受列宁委派，前往最关键的战线指挥战斗。这期间，苏俄政府致力于对国内反动势力和外国武装干涉作战，斯大林对战争的全面胜利起了关键作用。

1922年4月，在党的第十一次代表大会上，根据列宁的建议，斯大林当选为俄共（布）中央委员会总书记。此后30年他一直担任党的这一最高领导职务。

1941年6月22日，法西斯德国向苏联发动了闪电战，苏德战争爆发了。战争初期由于种种失误，苏联遭到了巨大的物质、人员损失，斯大林表现出坚忍不拔的性格。1943年2月，苏军取得了伏尔加格勒战役的胜利，歼敌33万人，这次战役成为第二次世界大战的转折点之一。在苏联卫国战争（苏德战争）期间，斯大林作为苏联的最高统帅表现出了钢铁般的意志，朱可夫元帅称斯大林为"当之无愧的最高统帅"。1945年5月，苏联红军攻克德国首都柏林，德国被迫无条件投降。斯大林于胜利后被苏联最高苏维埃授予苏联大元帅军衔。

爱因斯坦

成功＝艰苦的劳动＋正确的方法＋少谈空话。

爱因斯坦（1879—1955年）是举世闻名的美国科学家、现代物理学的开创者和奠基人。1999年12月26日，爱因斯坦被美国《时代》周刊评选为"世纪伟人。"

爱因斯坦生于德国一个小业主家庭，父母都是犹太人。后全家迁居慕尼黑，又迁至意大利米兰、瑞士。爱因斯坦在就读小学和中学时，功课表现平常，不爱与人交往，老师和同学都不喜欢他。教授他希腊文和拉丁文的老师曾经公开责骂他："你将一事无成。"

1896年，爱因斯坦进入苏黎世联邦理工学院师范系学习物理学，毕业后没能如愿留校担任助教，只能靠当"家教"维持生活。1901年取得瑞士国籍。1902年被伯尔尼瑞士专利局录用为技术员，从事发明专利申请的技术鉴定工作。他利用业余时间开展科学研究，1905年发表了4篇划时代的论文，分别为：《关于光的产生和转化的一个启发性观点》《根据分子运动论研究静止液体中悬浮微粒的运动》《论运动物体的电动力学》《物体惯性与其所含能量有关吗？》，随后导出了$E=mc^2$的公式。因此这一年被称为"爱因斯坦奇迹年"。

1908年爱因斯坦兼任伯尔尼大学的兼职讲师。1909年离开专利局任苏黎世大学理论物理学副教授。1911年任布拉格德国大学理论物理学教授，1912年任母校苏黎世联邦理工学院教授。1914年，应马克斯·普朗克和瓦尔特·能斯特的邀请，回德国任威廉皇家物理研究所所长兼柏林大学教授，直到1933年。1920年应亨德里克·洛伦兹和保罗·埃伦费斯特的邀请，兼任荷兰莱顿大学特邀教授。

第一次世界大战爆发后，他投入公开和地下的反战活动。1915年发表了广义相对论。1917年爱因斯坦在《论辐射的量子性》一文中提出了受激辐射理论，成为激光的理论基础。

1919年11月10日《纽约时报》刊登新观察证实相对论的消息，形容这是爱因斯坦理论的大胜利。爱因斯坦因在光电效应方面的研究，被授予1921年诺贝尔物理学奖。

1939年他获悉铀核裂变及其链式反应的发现，在匈牙利物理学家利奥·西拉德推动下，上书罗斯福总统，建议研制原子弹，以防德国占先。第二次世界大战结束前夕，美国在日本广岛和长崎两个城市上空投掷原子弹，爱因斯坦对此强烈不满。战后，为开展反对核战争的和平运动进行了不懈的斗争。

爱伦·坡

恐怖来自心灵深处。

爱伦·坡（1809—1849年）是19世纪美国诗人、小说家和文学评论家，与安布鲁斯·布尔斯和洛夫克拉夫特并称为美国三大恐怖小说家。

爱伦·坡在其短暂的一生中写了六七十部短篇小说，大致可分为恐怖与推理小说。他的短篇《鄂榭府崩溃记》与《黑猫》，描写了人性的荒诞与狂妄的罪恶，通篇充满了一种黑暗与变态的格调，读起来让人毛骨悚然，惊骇不已，被列为世界文坛极为罕见的又极其别致的经典之作。小说《莫格街的血案》的发表，则标志着推理小说的出现，因此，爱伦·坡还被认为是现代侦探小说的鼻祖。

1842年初，爱伦·坡在纽约的一个图书馆里，面对着六十多名听众，作了一次惊世骇俗的演讲。演讲稿即是后来整理发表的被世人称为"美国天书"的《我发现了》。

这个一百多页的小册子被爱伦·坡视为自己一生创作的高峰，然而由于内容涉及天文学、逻辑学、神学、美学等诸方面，句式让人难懂，所以多年来一直受着冷落，甚至当时有人称它是"业余天文爱好者的拼凑之作"，是作家在"神经错乱状态下的一派胡言"。直到一百多年后，以瓦莱里、奥登、约翰·欧文、丹尼尔·霍夫曼为首的一批著名文学评论家给予此作极高的评价，世人才开始重视这篇美国天书。

爱伦·坡不但是一个天才的作家，同时也是一个学识渊博的文艺评论家和诗人。

他一生的创作虽然以短篇小说为主，虽然只写了四五篇推理小说，但是举世公认他为推理小说的鼻祖。代表作《莫格街的血案》《玛丽·罗杰疑案》《窃信案》和《金甲虫》都被奉为这类小说的先河，对后世产生了很大影响。他在前3篇小说中塑造的业余侦探杜宾的形象，可以说是柯南道尔笔下的福尔摩斯的前辈。据研究侦探小说的专家霍华德·海克雷夫特认为："这个杜宾也是爱伦·坡的自我理想化身，因为他自幼聪颖异常，处处想表现自己的优越，所以就把杜宾写成具有超人智力、观察入微、料事如神的理想人物。为了衬托他的了不起，又借一个对他无限钦佩、相形见绌的朋友来叙述他的事迹，此外还写了一个头脑愚钝、动机虽好而屡犯错误的警探作为对比。作案地点一般安排在锁得严严密密的暗室；埋藏赃物罪证则用明显得出人意料的方法；破案过程则用逻辑严谨、设身处地地推理（今称用心理分析学）；然后有条不紊地迫使罪犯就范归案；最终再由主人公洋洋自得、滔滔不绝地解释其全过程。这已成为爱伦·坡写侦探小说的模式。"

海伦·凯勒

只为成功找方法，不为失败找借口。

海伦·凯勒（1880—1968年）是美国盲聋哑女作家和教育家。

海伦·凯勒出生于亚拉巴马州北部一个叫塔斯喀姆比亚的城镇。她在18个月的时候猩红热夺去了她的视力和听力，不久，她又丧失了语言表达能力。然而就在这黑暗而又寂寞的世界里，她并没有放弃，而是自强不息，并在她的导师安妮·莎利文的努力下，用顽强的毅力克服了生理缺陷所造成的精神痛苦，学会了读书和说话，并开始和其他人沟通。而且以优异的成绩毕业于美国拉德克利夫学院，成为一个学识渊博的人。

海伦·凯勒热爱生活，她会骑马、滑雪、下棋，还喜欢戏剧演出，喜爱参观博物馆和名胜古迹，并从中得到知识，掌握英、法、德、拉丁、希腊5种文字。她走遍了美国各地，为盲人学校募集资金，把自己的一生献给了盲人福利和教育事业。她赢得了世界各国人民的赞扬，并得到许多国家政府的嘉奖。

海伦·凯勒认为视力和听力丧失的悲剧往往发生在那些因贫困而无法给予孩子及时治疗的家庭。为了消除社会不平等引发的罪恶现象，她加入了美国国家社会党和国际产业工人协会IWW，成为一名激进的社会主义者。曾著有《我是怎样成为一名社会主义者的》和《我为什么要加入IWW》两篇文章解释自己的行为动机。

海伦·凯勒一生一共写了14部著作。她的散文代表作《假如给我三天光明》，以一个身残志坚的柔弱女子的视角，告诫身体健全的人们应珍惜生命，珍惜造物主赐予的一切。此外，书中收录的《我的人生故事》是海伦·凯勒的自传性作品，被誉为"世界文学史上无与伦比的杰作"。该书出版的版本超过百种，在世界上产生了巨大的影响。

正是这么一个幽闭在盲聋哑世界里的人，竟然毕业于哈佛大学德克利夫学院，并用生命的全部力量到处奔走，建起了一家家慈善机构，为残疾人造福，被美国《时代》周刊评选为20世纪美国十大英雄偶像。

马　歇　尔

真正伟大的将领能够克服一切困难。

乔治·卡特利特·马歇尔（1880—1959年）是美国陆军五星上将，

战略家。

马歇尔的父亲曾经参加过美国南北战争，并一直遗憾自己未能成为一名军官，因此，他特别期望自己的儿子能完成自己的夙愿。1897年9月，不满17岁的马歇尔跨入了维吉尼亚军事学院。

坚忍不拔的良好品性伴着马歇尔度过了4年的军校生活和终其一生的军旅生涯。1901年9月，马歇尔以全校第八名的成绩毕业。院长希普将军认为："如果乔治·马歇尔被任命为陆军军官，将会青云直上，远远超过西点军校的一般毕业生。"

1904年2月3日，马歇尔宣誓就任美国陆军少尉。到1914年第一次世界大战爆发时，34岁的马歇尔已是具有12年的任职资历的军官，在美国14个不同的部队服过役并任职过。两次被派赴菲律宾、两次在国民警卫队服役、被选送到陆军参谋学院学习及任教的经历，为马歇尔日后成为美国陆军有史以来最伟大的参谋军官奠定了坚实的理论基础。

1916年5月，刚晋升为上尉的马歇尔被调往旧金山，担任美国西部军区贝尔将军的副官，并深得贝尔将军的赏识。1917年6月，作为美国在第一次世界大战中最先在欧洲登陆的部队，第一师抵达法国。1918年初，工作出色的马歇尔被提升为第一师作战处中校处长，这是他一生中最大的转折点。

在整个大战期间，布拉德将军推举他到美国欧洲远征军部司令官潘兴将军的总部去当作战参谋。马歇尔不负众望，以出色的工作赢得潘兴将军的器重。1927—1932年在本宁堡步兵学校任职期间，是马歇尔一生中最重要的时期之一，1936年8月，马歇尔晋升为陆军准将，终于步入了将官的行列。

1939年9月，在经历了漫长的军旅生涯后，从未亲自带兵打仗的59岁的马歇尔，从准将越过众多资历丰富具有实战经验的少将和中将，成为四星上将陆军参谋长。

在第二次世界大战期间，马歇尔大胆启用了一批年富力强的优秀军官，这批军官在战场上创造了卓越的战绩，他们有艾森豪威尔、乔治·巴顿、奥马尔·布莱德雷。1944年12月，马歇尔荣获五星上将这一最高荣誉军衔。

西门子

> 我们绝对不会为短期的利益而出卖未来。

维尔纳·冯·西门子（1816—1892年）是德国工程学家、企业家，电动机、发电机、有轨电车和指南针式电报机的发明人，西门子公司的创始人。

西门子出生于一个农民家庭，18岁时他告别了文科中学，只身去柏林从军。

当时，炮兵工程学院已经有很多候补士兵在等待应召，于是他几经周折，先参加了炮兵部队。经过6个月的训练，他晋升为上等兵。1835年秋天，西门子终于如愿以偿，到柏林联合炮兵学院学习。在学院度过的3年，可以说是西门子一生中最幸福的时光，他顺利地通过了候补军官、军官和炮兵军官3次考试，担任了军官。同时，他把大量的时间用于科学研究。

1840年，西门子的研究工作被打断，因为他在马格德堡的要塞被拘禁。好在监牢里的生活不那么刻板，他竟得以在牢房里布置了一个小小的实验室，把所有时间都用来进行研究。就在这里，幸运之神降临了。他在电解试验中获得了惊人的成功：在一把茶匙上面镀了一层金。他感到巨大的快乐，甚至忘记了自己身陷囹圄。在禁闭期间，他改进了镀金的方法，并起草了一份专利申请书，获得了为期5年的普鲁士专利。后来，国王签署了他的赦免令，他重获自由。

1847年，西门子和他人合伙建立了电报设备制造厂，工厂发展迅速，很快就在欧洲许多国家的首都设立了分号。

1866年，西门子提出了发电机的工作原理，并由西门子公司的一名工程师制造完成了人类第一台发电机。同年，西门子还发明了第一台直流电动机。西门子研发的这些技术往往马上被产品化投入市场，或者将其应用到新的产品中。例如有轨电车、无轨电车、电梯、电气火车等都是西门子公司利用其创始人的发明最先投入市场的。直到20世纪末才开始有所发展的电动汽车，也是西门子公司在1898年最先发明的。

1890年西门子退休。此前德皇弗里德里希三世授予其贵族称号。西门子的名字也被用来命名电导率的单位。

毕 加 索

不要重复自我。

巴勃罗·鲁伊斯·毕加索（1881—1973年）是西班牙画家、雕塑家，法国共产党党员。是现代艺术（立体派）的创始人，西方现代派绘画的主要代表。

毕加索出生在西班牙的马拉加，他的父亲是位美术教师，曾做过美术馆长。14岁时毕加索考入父亲任教的巴塞罗那美术学校高级班，16岁毕业时画的《探望病人》一画参加了全国美展，以后又考取了马德里费尔南多皇家美术学院。

1900年，他来到巴黎。在他这一时期的作品中，可以看出他关心的对象是穷人、病人和生活中的可怜人。他越来越精确地画着单个的或组合的人物，把他们的形拉长或缩小，以便给予戏剧性的表现。在近乎单色的油画中，他常常使用一种神秘的、深夜一般的蓝色基调。因而这一时期被称为"蓝色时期"。

1905—1906年是毕加索的"玫瑰时期"，他的画显得温柔起来了。裸体、流动演出的喜剧演员、丑角、马戏场面，使他有机会把手法变得轻快，把线条变得灵活，把变形加以强调。他的画蕴含着娇柔的感情、含糊不定的笔触、杂乱的魅力，在颜色上精打细算，却几乎没有体积感的形体。

在1906年末，毕加索创作了一件对美术史意义重大的作品，这就是《亚威农的姑娘》。这个作品的着眼点，不再像野兽派那样放在色彩上，而是放在形体上，他采用灵活多变且层层分解、宽广而有概括性的平面造型的手法，把形体的结构随心所欲地组合起来，让一个画面中同时出现物体的几个不同的侧面甚至是内部的结构，至此，毕加索确立了真正崭新的绘画语言，这就是我们所称的"立体派"。

毕加索曾经给美国著名女作家斯坦因画了一张肖像，他是通过自己的记忆画她的脸的。看过这张画的人对毕加索说：这不像斯坦因小姐本人，毕加索却拒绝改动，他回答说："太遗憾了，斯坦因小姐应该想办法使自己长得像这张画呀。"但是30年之后，斯坦因说，在她的画像中，只有毕加索给她画的那张，才把她的真正神貌画出来了。

阿·托尔斯泰

只有热爱祖国，才能给我们参加斗争和取得胜利的力量。

阿·托尔斯泰（1882—1945年）是一位跨越了沙俄和苏联两个历史时期的俄罗斯作家。他善于描绘大规模的群众场面，安排复杂的情节结构，塑造各种不同类型的人物形象，被公认为俄罗斯文学的语言大师。

阿·托尔斯泰生于萨马拉一贵族家庭。1901年入彼得堡工学院，后中途离校，在象征主义影响下开始了文学创作。他的第一本诗集《抒情诗》自认是"颓废派"的作品。第二本诗集《蓝色河流后面》和童话集《喜鹊的故事》表明了作者努力摆脱象征主义的影响，继承了俄罗斯民间文学和现实主义的传统。短篇小说集《伏尔加河左岸》、长篇小说《怪人》和《跛老爷》，都描写了俄罗斯贵族地主的经济破产和精神堕落。由于作者尚未完全摆脱象征主义的影响，这些作品写得并不成功。

第一次世界大战爆发后，他以战地记者身份上前线，到过英国和法国，写了一些有关战争的随笔、特写以及小说和戏剧，如特写《途中寄语》，短篇小说《美丽的夫人》和剧本《燕子》《魔鬼》《苦命的花》等。这些作品表明他的思想感情开始接近人民。

1918年，阿·托尔斯泰出国，侨居巴黎和柏林，写了自传体小说《尼基塔的童年》，并开始写《苦难的历程》第一部《两姊妹》。1922年他与白俄决裂，次年返回莫斯科。此后，他先后完成了《粮食》《伊凡雷帝》《苦难的历程》的后两部《一九一八年》和《阴暗的早晨》。在卫国战争期间，他还写有政论集《祖国》和短篇小说集《伊凡·苏达廖夫的故事》等作品。

《苦难的历程》是阿·托尔斯泰的代表作，从构思到完成，历时20载。三部曲的第一部《两姊妹》侧重描写的是主人公个人的命运，反映的是个人对时代的感受，带有"家庭生活"小说的特点。第二部《一九一八年》则开始转向了史诗式的描写。作者在国内战争的巨大历史画面上展示人物的命运。最后一部《阴暗的早晨》在同样广阔的背景上描写了1919年前后苏联人民抗击外国干涉者和白匪军的英勇斗争，小说预示着"阴暗的早晨"以后将迎来幸福的、阳光明媚的白天。

罗 斯 福

要成大事，就得既有理想，又讲实际，不能走极端。

富兰克林·德拉诺·罗斯福（1882—1945年）是美国政治家，民主党人。他是美国历史上唯一一位连任4届的总统，被视为美国历史上最伟大的总统。

罗斯福在大学毕业后从事律师行业。不久出任纽约州参议员开始涉足政界，1913年出任海军部助理部长，他曾在1920年竞选过詹姆斯·考克斯的副总统，最后失败。他39岁时因脊髓灰质炎下肢瘫痪并从此终生与支架和轮椅为伴。而坚忍和乐观使他重返政界，1928年竞选并连任纽约州州长，开始施展他出色的政治才能。

1932年罗斯福当选为第32任美国总统，他改变了前任总统赫伯特·胡佛自由放任的政策，实施了国家干预以挽救经济的新政策，使美国成功地摆脱了经济危机。

他的任期内另一重要事件是第二次世界大战。他开始实行绥靖政策，后转变为修改中立法，积极摆脱美国国内孤立主义势力，1940年他在著名的"炉边谈话"中呼吁帮助盟国反法西斯战争，并极力促成国会通过租借法案，也帮助过中国抗击日本入侵。1941年与英国首相丘吉尔签署《大西洋宪章》。

1941年12月7日珍珠港事件爆发后，他向日本宣战，并发起联合国宣言，成为反法西斯联盟的领袖之一。在战争还在进行时，他就提出了建立战后维持世界秩序的国际组织的构想。

罗斯福蝉联4届总统，任职长达12年。1951年《美国宪法》第22修正案生效，将总统的最长任期限制为两任，这使罗斯福的记录在美国历史上绝无仅有。

在第四个任期未任满时（1945年），罗斯福因突发脑出血逝世，享年63岁。他执政期间也是美国民主党最兴旺的时期。罗斯福始终被学者排名为最伟大的美国总统之一。

富兰克林·罗斯福的远房堂兄西奥多·罗斯福是第26任美国总统，所以在中文环境里常称富兰克林·罗斯福为"小罗斯福"总统，而称西奥多·罗斯福为"老罗斯福"总统。

纪 伯 伦

听真理的人并不弱于讲真理的人。

纪伯伦（1883—1931年）是黎巴嫩诗人、作家、画家，被称为"艺术天才""黎巴嫩文坛骄子"，是阿拉伯现代小说、艺术和散文的主要奠基人，20世纪阿拉伯新文学道路的开拓者之一。

纪伯伦出生在黎巴嫩北部山区的一个农家，12岁时，因不堪忍受奥斯曼帝国的残暴统治，他随母亲去了美国，在波士顿唐人街过着清贫的生活。1898年，15岁的纪伯伦只身返回祖国学习民族历史文化，了解阿拉伯社会。1902年返美后仅一年多的时间，病魔先后夺去了他母亲等3位亲人的生命。他以写文卖画为生，与为人剪裁缝衣的妹妹一起挣扎在生活的底层。

1908年，他有幸得到友人的资助赴巴黎学画，并得到罗丹等艺术大师的亲授指点。1911年他再次返美后长期客居纽约，从事文学与绘画创作，并领导阿拉伯侨民文化潮流。当他感到死神将临时，便决心让自己的生命之火燃烧得更加光耀，遂不顾病痛，终日伏案，仅仅48岁便英年早逝。

纪伯伦是黎巴嫩的文坛骄子，作为哲理诗人和杰出的画家，他和泰戈尔一样都是近代东方文学走向世界的先驱，"站在东西方文化桥梁上的巨人"。他著有散文诗集《泪与笑》《先知》《沙与沫》等。

纪伯伦是位热爱祖国、热爱全人类的艺术家。在生命的最后岁月，他写下了传遍阿拉伯世界的诗篇《朦胧中的祖国》，他讴歌："您在我的灵魂中——是火，是光；您在我的胸膛里——是我悸动的心脏。"爱与美是纪伯伦作品的主旋律。他曾说："整个地球都是我的祖国，全部人类都是我的乡亲。"他反对愚昧和陈腐，热爱自由，崇尚正义，敢于向暴虐的权力宣战；他不怕被骂作"疯人"，呼吁埋葬一切不随时代前进的"活尸"；他反对无病呻吟、夸夸其谈；主张以"血"写出人民的心声。

文学与绘画是纪伯伦艺术生命的双翼。纪伯伦的前期创作以小说为主，后期创作则以散文诗为主。此外还有诗歌、诗剧、文学评论、书信等。《先知》是纪伯伦步入世界文坛的顶峰之作，曾被译成二十多种文字在世界各地出版。

卡 夫 卡

从某一点开始便不复存在退路。

卡夫卡（1883—1924年）是20世纪德语小说家。

卡夫卡出生于布拉格的一个犹太商人家庭。父亲艰苦创业成功，形成粗暴性格，从小对卡夫卡实行"专横有如暴君"的家长式管教。这些对后来形成卡夫卡孤僻忧郁、内向悲观的性格具有重要影响。卡夫卡一生都生活在强暴的父亲的阴影之下，生活在一个陌生的世界里，形成了孤独忧郁的性格。他害怕生活，害怕与人交往，甚至害怕结婚成家，曾先后3次解除婚约。

1904年，卡夫卡开始发表小说，早期的作品颇受表现主义的影响。1912年的一个晚上，他通宵写出短篇《判决》，从此建立了自己独特的风格。

卡夫卡一生的作品并不多，但对后世文学的影响却是极为深远的。卡夫卡生活和创作活动的主要时期是在第一次世界大战前后，家庭因素与社会环境造成了他与社会、与他人的多层隔绝，使得卡夫卡终生生活在痛苦与孤独之中。时时萦绕着他对社会的陌生感、孤独感与恐惧感，成了他创作的永恒主题。无论主人公如何抗争努力，强大无形的外来力量始终控制着一切，使他身不由己地伴随着恐惧与不安，最终归于灭亡。因此卡夫卡将巴尔扎克手杖上的"我能摧毁一切障碍"的格言改成了"一切障碍都能摧毁我"。

卡夫卡创作勤奋，但并不以发表、成名为目的。工作之余的创作是他寄托思想感情和排遣忧郁苦闷的手段。许多作品随意写来，并无结尾，他对自己的作品也多为不满，临终前曾让挚友布洛德全部烧毁其作品。布洛德出于友谊与崇敬之情，违背了卡夫卡的遗愿，整理出版了《卡夫卡全集》共9卷。其中8卷中的作品是首次刊出，引起文坛轰动。

《变形记》是卡夫卡中短篇小说的代表作，其他作品还有《美国》《审判》《中国长城的建造》《判决》《城堡》《饥饿艺术家》《洞穴》《致科学院的报告》等。

卡夫卡的小说揭示了一种荒诞的充满非理性色彩的景象，个人式的、忧郁的、孤独的情绪，运用的是象征式的手法。后世的许多现代主义文学流派如"荒诞派戏剧"、法国的"新小说"等都把卡夫卡奉为自己的鼻祖。

香 奈 儿

流行易变，风格长存。

香奈儿（1883—1971年）是香奈儿品牌的创始人，是历史上一位很有影响力的高级时装设计师。

香奈儿的父亲是兜售杂货的小贩，母亲是个村妇。香奈儿出世时，父母尚未正式结婚，12岁时母亲去世，父亲抛下了5个子女而不知去向。她在修道院的收容所里度过了暗淡的少女岁月，在那里她学会了缝纫和社交礼节。18岁离开修道院后，几经周折，她尝试过各种不同的工作，最后她在巴黎开了一间女帽店，奠定了她在服饰界稳固的基础。

凭着非凡的针线技巧，香奈儿缝制出一顶又一顶款式简洁耐看的帽子，她的两名知己为她介绍了不少名流客人。当时女士们已厌倦了花巧的饰边，所以香奈儿简洁的帽子对她们来说犹如甘泉一般清凉。短短一年内，生意节节上升，做帽子已不能满足香奈儿对时装事业的雄心，所以她开始进军高级制服的领域。1914年，香奈儿开设了两家时装店，影响后世深远的时装品牌香奈儿宣告正式诞生。

步入19世纪20年代，香奈儿仍掀起了时尚革命并且无意间极大地帮助了追求平等的妇女们。香奈儿成功地运用传统男装元素来突出女性特征，并且用珠宝把她们装扮得艳丽十足。这使得众多传统女性们在星期天有了一个放松的机会，而过去，她们却要被紧紧裹在束胸里。她把妇女们从痛苦的紧身胸衣里解放出来，然后为她们制作了小巧的黑色连衣裙，使得无数女人在各种场合和季节都看起来风韵十足。

无领粗花呢套装、小小黑色连身裙、亦真亦假的珍珠配饰、栀子花与镶拼皮鞋是香奈儿的经典标志，隐藏着英国传统男装中的苏格兰呢绒，质感厚实却又色彩变化丰富的图纹质料沿用至今，这仍然是香奈儿优雅风格的传统标志。

另外，鲜为人知的是，香奈儿还是第一个用自己的名字来命名香水的设计师。香奈儿5号香水是全球第一支乙醛花香调的香水，它的香气弥漫到世界的每一个角落。如今，但凡和时装搭上边的设计师都要出一款香水，只是他们做得太晚了。

19世纪50年代，巴黎新一代的设计师才开始成熟，纷纷崛起，此时香奈儿已在瑞士平静地生活了十多年，已经71岁高龄香奈儿在1954年突然戏剧化地宣告复出，并且带来了自己的新作品重回时尚界。香奈儿趋向实际的设计征服了美国市场。她成功地定义了香奈儿的形象，无怪乎连好莱坞也张开双臂欢迎她的到来，她几乎包装了那个时代所有的好莱坞明星：从凯瑟琳·赫本到伊丽莎白·泰勒、安妮·巴克丝特。奥黛丽·赫本的经典形象：黑色小裙、优雅的烟卷和标志性的提包，就是香奈儿的杰作。

劳 伦 斯

成功的秘诀，是在养成迅速去做的习惯。

戴维·赫伯特·劳伦斯（1885—1930年）是英国文学家，诗人。他是20世纪英国最独特和最有争议的作家，被称为"英国文学史上最伟大的人物之一"。

劳伦斯的父亲是一位矿工，母亲则是一位经过良好教育的女子，她读了很多书和诗歌，喜欢讨论宗教以及哲学、政治等问题。这样的一个家庭是十分不和谐的，父亲喜欢和矿工们去喝上几盅，喜欢纵欲享乐；母亲却一生戒酒，古板拘谨。

劳伦斯生活在家庭的飘摇之中，他所记得的是父母的争吵和咒骂声。在这样的家庭中，他身体孱弱，敏感，富观察力，记忆力极佳，同时他为母爱所控制着。《儿子与情人》中有他童年、少年生活的影子，书中的母亲成功地阻碍了儿子与米丽安姑娘的爱情，并为自己"胜利了"而额手称庆。在这里，如果儿子摆脱不了恋母情结，他就无法真正地恋爱。

劳伦斯的《查泰莱夫人的情人》则因公然违背了时代风气而遭禁数年，直到不久之前，人们才认识到该书的价值，并把它翻译成多种文字、拍成电影广泛流传。

劳伦斯的书语言优美，气势恢宏，但除了《虹》在末尾勾勒出一幅彩虹似的带着希望的远景以外，其余的书都显得色调暗淡，冷漠，构成了一种独特的劳伦斯式的色彩。

劳伦斯的创作受弗洛伊德精神分析法的影响，他的作品对家庭、婚姻和性进行了细致入微的探索。其中对于情爱的深入描写，一度引发极大的轰动与争议，对20世纪的小说写作产生了广泛影响。

在近二十年的创作生涯中，这位不朽的文学大师为世人留下了十多部小说、3本游记、3本短篇小说集以及多本诗集、散文集、书信集。小说代表作有《恋爱中的女人》《查泰莱夫人的情人》《虹》《儿子与情人》等。《虹》与《恋爱中的女人》以非凡的热情与深度，探索了有关恋爱的问题，代表了劳伦斯小说创作的最高成就。

劳伦斯生前曾抱怨，300年内无人能理解他的作品。但从20世纪60年代其作品开禁之后，他立即成为人们最熟悉与喜爱的著名作家之一。

巴　顿

不能以本色示人的人成不了大器。

乔治·巴顿（1885—1945年）是美国著名将领，在组建与训练坦克部队指挥坦克战等诸方面，表现出非凡的领导才能，战功显赫，功勋卓著，成为举世闻名的坦克战将。

巴顿出生在美国加利福尼亚州一个具有文韬武略的传统家庭。18岁时进入私立弗吉尼亚军事学院学习，一年后获得入西点军校的保送资格。1909年6月，巴顿于军校毕业，随即以少尉军衔赴美国第一集团军骑兵部队服役。

第二次世界大战全面爆发时，巴顿的军事才能得到陆军参谋长马歇尔的赏识，认为他是能在战场上战胜快速机动的德军的优秀将才。1940年7月，马歇尔批准组建装甲师，巴顿受命组建一个装甲旅，并被晋升为准将。同年，巴顿被任命为第二装甲师师长，晋升为少将。

1941年12月珍珠港事件之后，美国对德日意宣战。1942年1月，巴顿升任第一装甲军军长。11月，他率领美国特遣队四万多名官兵横渡大西洋，在法属摩洛哥海滨登陆，经过74小时的激战，终于迫使驻摩洛哥的德军投降。北非登陆的成功，为盟军顺利地完成北非战局部署创造了有利条件。随后，巴顿被任命为美国驻摩洛哥总督。

1943年3月5日，巴顿临危受命，接任被隆美尔击败的美第二军军长，他从到达第二军的那天起，便全力以赴地整肃军纪，迅速改变了全军涣散的软弱状态。3月17日，面目一新的美第二军向德军发起进攻，一路猛攻猛打，进展迅速，很快与英军在突尼斯北部完成了对德军的合围。

突尼斯战役不久，巴顿晋获中将军衔，升任美第七集团军司令。1943年7月9日，盟军发起西西里岛登陆战役。巴顿率美第七集团军攻取巴勒莫，随后抢在蒙哥马利之前拿下了墨西拿城。盟军占领了西西里岛，德军退到意大利本土。

1944年12月，巴顿率第三集团军在阿登地区击退德军的大反扑，解救了被围的盟军部队。在9个月的推进过程中，巴顿部队歼敌一百四十余万，取得了惊人的战果，随后被晋升为四星上将。欧战结束后，巴顿被任命为巴伐利亚州军事长官。

巴顿在美国历史上是非常具有个性的一个将军，美国人把他叫作血胆将军。军事学者指出："作为统帅人物，巴顿将军的最大特点就是以他自己的尚武精神去激励部下，用他的个性去影响部下在战场上奋勇向前。"

蒙哥马利

> 如果没有意志，即使有能力也无济于事。

伯纳德·劳·蒙哥马利（1887—1976年）是英国陆军元帅，战略家、军事家，第二次世界大战中盟军杰出的指挥官之一。著名的阿拉曼战役、诺曼底登陆是其军事生涯的两大杰作。

蒙哥马利出生于牧师家庭，20岁时考入桑德赫斯特英国皇家军官学校，次年任英国驻印度的皇家沃里克郡团少尉排长。

第一次世界大战期间曾负重伤，大战结束时任师司令部中校参谋。1937年调任第九步兵旅旅长。1938年12月任驻巴勒斯坦第八师师长，参与镇压巴勒斯坦人的武装暴动，被晋升为少将。1939年8月，回国接任以"钢铁师"著称的英国远征军第三师师长。

第二次世界大战爆发时，蒙哥马利率远征军第三师横渡英吉利海峡，参加了在法国和比利时的战斗，因在战斗中表现优异，受到丘吉尔的赏识。1941年先后任第五军、第十二军军长，12月又奉命调任对德军入侵威胁最大的英格兰东南地区担任司令官，负责选拔、调整、培养各级指挥官，严格训练部队，提高英军军事素质。

1942年7月，在北非沙漠中的英国第八集团军被德军击败，在英军濒临崩溃之际，蒙哥马利临危受命接任司令，正式接管英国第八集团军。同年10月至11月间蒙哥马利组织向德军发动了阿拉曼战役，一举击溃了德国非洲军团，扭转了北非战局。

阿拉曼战役后，蒙哥马利受封为爵士，并因功被提升为陆军上将，同时被授予巴斯骑士勋章。

1944年1月，蒙哥马利调任盟军第21集团军司令，参与诺曼底登陆战役的计划制定工作，负责指挥盟军全部地面登陆部队。1944年6月率领第21集团军在诺曼底登陆，取得了诺曼底登陆战役的胜利。此后转战西北欧，参与指挥了阿纳姆战役（即"市场花园计划"）和阿登战役。1944年9月1日，蒙哥马利晋升为元帅。

1958年，蒙哥马利结束了50年的军旅生涯而退休。他是英国历史上服役最久的将领。

　　蒙哥马利始终是一位谨慎、彻底的战略家。他治军严格，注重从实战出发训练部队；强调鼓舞部队士气，认为发挥人的积极性是取得胜利的重要因素；主张做好战前准备，制订周密的作战计划，尽量减少人员伤亡。蒙哥马利著有《蒙哥马利元帅回忆录》《通向领导的道路》《战争史》《从阿拉曼到桑格罗河》《从诺曼底到波罗的海》等书。

马卡连柯

　　教育工作中的百分之一的废品，就会使国家遭受严重的损失。

　　马卡连柯（1888—1939年）是苏联杰出的无产阶级教育实践家和教育理论家。

　　马卡连柯生于乌克兰一个工人家庭，17岁开始当小学教师，曾任小学校长。

　　1920—1935年之间的16年是马卡连柯教育活动的全盛时期。1920年，马卡连柯接受波尔塔瓦省教育厅的指派，创办并担任"高尔基工学团"的主任。那时，苏联十月革命后不久，苏维埃政权刚刚成立。由于第一次世界大战和国外帝国主义武装干涉的结果，国内许多儿童失去父母，流浪街头，有些甚至成了罪犯，人数已逾二百万。为了解决这一严峻的社会问题，苏联政府成立了以捷尔任斯基为领导的"儿童生活改善委员会"，并在各地创设了工学团。在此背景下，马卡连柯受命创办"波尔塔瓦幼年违法者工学团"，不久更名为"高尔基工学团"，在这里马卡连柯工作了8年之久。

　　1927年，马卡连柯应乌克兰国家政治保安部的邀请，参与组建并领导了捷尔任斯基公社。在"高尔基工学团"和捷尔任斯基公社，马卡连柯靠着对人的优美品质和人的发展的可能性的坚定信念，克服种种困难，终于把三千多名流浪儿童和少年违法者改造、教育成为社会主义的积极建设者。马卡连柯也因此赢得了苏联人民的崇敬和他的学生们的无限爱戴。1935年7月，马卡连柯被委任为乌克兰苏维埃社会主义共和国内务人民委员部劳动公社管理局副局长。

在前后16年的特殊教育工作中,他倾注了大量的心血,取得了巨大的成功,对违法少年的教育实践和理论都作出了巨大贡献。1937年,他迁居莫斯科,潜心探讨总结教育理论。但是,由于长期过度劳累,他的健康已受到严重损害。在生命的最后两年,他一边与病魔作斗争,一边坚持结合实际著书立说。他的主要教育文艺著作有《教育诗》《塔上旗》《父母必读》;主要教育理论著作有《教育过程的组织方法》《儿童教育讲座》《普通学校的苏维埃教育问题》。20世纪50年代苏联出版了7卷本《马卡连柯教育文集》,80年代出版了8卷本《马卡连柯教育文集》。

1939年4月1日,马卡连柯因心脏病突发而猝然逝世,年仅51岁。逝世前两个月,他以文学方面的卓越贡献荣获"劳动红旗奖章",逝世后他还被追认为苏联共产党党员。

卓 别 林

要记住:历史上所有伟大的成就,都是由于战胜了看来是不可能的事情而取得的。

卓别林(1889—1977年)全名为查尔斯·斯宾塞·卓别林爵士,昵称查理,英国电影演员、导演、制片人。

卓别林幼年丧父,曾在游艺场和巡回剧团卖艺或打杂。17岁时,卓别林进入了当时非常有名的卡尔诺剧团。在卡尔诺剧团里,卓别林有很多机会可以去巡回演出,他很希望能去美国。1912年,卓别林梦想成真,他在美国的演出非常轰动,以至于引起美国电影制片商的兴趣。在最孤独寂寞的时期,他一生中的转折点慢慢到来。当时,启斯东公司的老板赛纳特一眼相中了这个来自异国他乡的青年,卓别林从此开始了他的电影生涯。

1914—1923年间,卓别林拍摄了大量的短片,以精湛的哑剧技巧、完美的银幕形象成为闻名世界的喜剧演员——事实上他可以说是第一位世界明星。

1914年2月28日，头戴圆顶礼帽、手持竹手杖、足蹬大皮靴、走路像鸭子的流浪汉夏尔洛的形象首次出现在影片《阵雨之间》中，这一形象成为卓别林喜剧片的标志，风靡欧美二十余年，他奠定了现代喜剧电影的基础。卓别林戴着圆顶硬礼帽和礼服的模样几乎成了喜剧电影的重要代表，往后不少艺人都以他的方式表演。

从1919年开始，卓别林成立了自己的电影公司，这样他就可以自己控制自己的电影了。卓别林一生共拍摄了八十多部喜剧片，其中在电影史上著名的影片有《淘金记》《城市之光》《摩登时代》《大独裁者》《凡尔杜先生》《舞台生涯》等。这些影片反映了卓别林从一个普通的人道主义者到一位伟大的批判现实主义艺术大师的演变过程。卓别林以其精湛的表演艺术，对下层劳动者寄予了深切同情，对资本主义社会的种种弊端进行了辛辣的讽刺，对法西斯头子希特勒进行了无情的鞭答。1952年，他受到麦卡锡主义的迫害，被迫离开美国，定居瑞士。

在瑞士期间，他拍摄了尖锐讽刺麦卡锡主义的影片《一个国王在纽约》。1972年，美国隆重邀请卓别林回到好莱坞，授予他奥斯卡终身成就奖，称他"在本世纪为电影艺术作出不可估量的贡献"。

在无声电影时期卓别林是最有才能和影响最大的人物之一。他自己编写、导演、表演和发行他自己的电影。从在英国的大剧院作为孩童演员登台演出，到他88岁高龄逝世，他在娱乐业从事了七十多年的艺术创造。卓别林的一生是20世纪最引人注目的一生，他本人成了一个文化偶像。

白　求　恩

我拒绝生活在一个制造屠杀和腐败的世界而不奋起反抗。

诺尔曼·白求恩（1890—1939年）是加拿大共产党员，国际共产主义战士，著名胸外科医师。

白求恩1916年毕业于多伦多大学医学院，获学士学位。曾在欧美一些国家观摩、实习，在英国和加拿大担任过上尉军医、外科主任。他的胸外科医术在加拿大、英国和美国医学界享有盛名。

白求恩1935年11月加入加拿大共产党，1936年冬志愿去西班牙参加反法西斯斗争。中国抗日战争爆发后，为了援助中国人民的解放事业，1938年3月，他受加拿大共产党和美国共产党的派遣，率领一个由加拿大人和美国人组成的医疗队来到延安。

他不仅带来了大批药品、显微镜、X光镜和一套手术器械，最可贵的是，他带来了高超的医疗技术、惊人的组织能力和对中国革命战争事业的无限的热忱。

他到达晋察冀边区后方医院后，第一周内就检查了520个伤病员，第二周就开始施行手术。4个星期的连续工作，使147个伤病员很快又带着健康的身体回到了前线。

从此，哪里有伤员，白求恩就出现在哪里。在晋察冀的一次战斗中，他曾经连续69个小时为115名伤员动了手术。

为了保住伤员的性命，白求恩把自己的鲜血输给了中国战士。

白求恩是一个技术精湛的战地外科医生。他除了做手术治疗之外，还亲自打字、画图、编写教材、给医务人员上课。他一有空闲，就指导木匠做大腿骨折牵引架、病人木床，指导铁匠做夹板和铁桶、盆，指导锡匠打探针、镊子、钳子，分配裁缝做床单、褥子、枕头……

1939年10月下旬，白求恩在给一个伤员做手术时，刀片划破了手指，后来给一个外科传染病伤员做手术时受感染，终因伤势恶化，转为败血症，医治无效。为了中国人民的解放事业，白求恩贡献了自己的生命。

戴 高 乐

关在笼子里的老虎仍然是老虎。

戴高乐（1890—1970年）是法兰西第五共和国的创建者、法国将军、政治家，在法国，戴高乐通常被称为"戴高乐将军"，被誉为"法兰西守护神"。

戴高乐生性好斗，向往成为一个军人。1909年，戴高乐考入圣西尔军校。他曾参加过第一次世界大战，并在二战中被授予准将军衔。1940年法国战败后，戴高乐在英国组织了自由法国运动并发表了著名的电台讲话，号召法国人民抵抗纳粹德国的侵略，这一讲话在历史上标志着法国抗击纳粹侵略的开始。

1944年8月26日，戴高乐凯旋巴黎。他的政府迁回巴黎，他当选为临时政府总理，着手重建满目疮痍的祖国。一年过去了，戴高乐深感"多党制"对法国是一场灾难，1946年1月，他突然辞职下野。1958年，戴高乐因五月危机重返政坛，制定新宪法，成立法兰西第五共和国并当选为第一任总统。

戴高乐连续当了两届（11年）总统。他把主要精力放在对外事务上。他一直反对美国对法国的控制，要求在北大西洋公约组织内与美英同享决策权。这一要求遭到美国拒绝后，他撤销了北约对法国空军和舰队的指挥权，进而退出北约。

戴高乐支持发展核武器、制定泛欧洲外交政策、努力减少美国和英国的影响、促使法国退出北约、反对英国加入欧洲共同体，这一系列思想政策被称为"戴高乐主义"。

与外交相比，戴高乐在内政方面的作为就颇为逊色了。他制定了一个又一个计划，想使法国的经济强大起来，但都没有成功。到1967年情况急剧恶化，失业增长率急剧上升，工厂关闭或开工不足，工人和职员纷纷举行示威和罢工。1968年5月突然爆发了大规模的学生和工人运动，使戴高乐的威信急剧下降。翌年4月27日，戴高乐将地方区域改革方案和参议院改革方案交给公民投票表决，想以此获得选民的支持，结果使他大失所望，有52%的选民反对他的改革方案。戴高乐当即宣布下野，他发表了一个简短的声明："我将停止执行共和国总统的职务。这个决定自今日中午生效。"

79岁的戴高乐下野以后，拒绝享受离任总统的薪俸和住房，又回到了科龙贝家中写回忆录，把大部分时间都花在建立他最后的文字纪念碑上。

艾森豪威尔

发牌的是上帝，不管怎样的牌你都必须拿着。你能做的就是尽你全力，求得最好的结果。

艾森豪威尔（1890—1969年）是第二次世界大战时西欧盟军最高司令，美国第34任总统。

艾森豪威尔毕业于著名的西点军校，后来又曾在陆军指挥参谋学校和陆军大学深造，但是，直至太平洋战争爆发，他仍是个默默无闻的军人。幸运的是，他长期在麦克阿瑟和马歇尔手下做参谋工作，得到了他们的赏识。1942年6月，在马歇尔的举荐下，艾森豪威尔被任命为欧洲美军最高司令。在此之前，他从未实地指挥过作战，然而，他就任后的第一次重大使命——指挥美英联军北非登陆之战却马到成功，证明了马歇尔慧眼独具，艾森豪威尔也因此声名鹊起。

艾森豪威尔属下的英国将领不少都具有比他丰富的战场指挥经验，同时他还要同一个喜欢直接干预战场指挥的英国首相打交道，这给他带来了相当的困难。然而他恰当地处理了同英国人的合作关系，又成功地保持了作为联军统帅的权威。人们说，他获得成功的秘诀首先在于他是位兼具政治家眼光的军人。

诺曼底登陆战的胜利，使艾森豪威尔的声誉达到了顶峰。作为欧洲盟军最高统帅，他把注意力集中到战略性的问题上，他乐于听取各种意见，谦恭有礼，但在原则问题上决不让步。他坚持英国战略空军必须在他的控制之下；当其部下对于是否按计划使用空降部队发生动摇时，他毅然下令执行原定计划；在1944年底联军打进德国后，他顶住了丘吉尔的压力，坚持不同苏联红军争占柏林。正是由于指挥得当，诺曼底登陆作战及其后的一系列进展取得了辉煌胜利。

欧战结束前夕，他被授予美国的最高军衔——五星上将，与其恩师麦克阿瑟和马歇尔同领殊荣。当他从欧洲战场凯旋美国时，受到了万人空巷的欢迎。

1952年，艾森豪威尔退伍，不久当选为美国总统，连任两届，直至1961年。

退休后，他定居于葛底斯堡农场撰写回忆录。先后出版《授权变革》《争取和平》《在悠闲时刻讲给朋友们听的故事》。

班　　廷

　　人生最大的快乐不在于占有什么，而在于追求什么的过程中。

　　班廷（1890—1941年）是加拿大一位有名的医学家，是诺贝尔生理学或医学奖获得者。

　　班廷早年在多伦多大学学习医学，1916年获得了医学学位。他在第一次世界大战中担任加拿大军医疗部队成员。由于他在炮火中表现英勇而荣获陆军十字勋章。

　　战后他回国行医，不久他对糖尿病发生了兴趣。

　　1921年夏天，他找到多伦多大学的生理学教授麦克劳德，经过一番游说，麦克劳德允许他在暑假期间来实验室工作两个月，并为他提供了10条狗，其余的材料自备。同时委派贝斯特做他的助手。

　　在阅读了大量资料后班廷开始了科学实验。经过不懈的努力，实验终于有了重大的进展。他们在10条因手术而患上糖尿病的狗身上，共注射了75次以上的胰岛提取液，终于发现有一条狗的血液含糖量有了明显的下降，下降到了0.1。这个数字比一条健康狗血液中的含量多不了多少。在狗窝里，一只刚才分明还想喝水而抬不起头来的狗，已经抬起了头，并坐了起来，1小时后，它竟站了起来。

　　经过反复实验，他们终于发现胰岛提取物具有维持糖尿病狗生命的作用，他们给它取名为"岛素"。不久，他们用从牛胰脏中提取的胰岛素给患糖尿病的狗注射后，狗的高血糖直线下降了。最后，两人同时在自己身上做了人体实验，并证实了这种能救活狗的岛素对人体无害。

　　班廷的第一位病人是他少年时代的挚友吉尔克里斯特，他患了严重的糖尿病，他知道医学界对糖尿病束手无策，只能采用饥饿疗法。当吉尔克里斯特得知班廷需要一位病人作临床试验时，毅然来到了实验室，让班廷为他注射了岛素，几针下来，吉尔克里斯特感觉到自己的头脑突然清醒了，两条腿也不再沉重了。班廷成功了。

　　为此班廷在1923年获得了医学和生理学诺贝尔奖，这是加拿大人首次获得诺贝尔奖。加拿大议会通过授给班廷以年金，并给他建立班廷研究基金。在多伦多大学设立了班廷—贝斯特教授职位，1934年授予班廷爵士职位。

第二次世界大战爆发后，他又参加了战地医疗工作，以少校身份在加拿大军队中服役，因飞机失事而牺牲。

铁　托

像一百年不打仗那样进行建设，像明天就打仗那样进行准备。

铁托（1892—1980年）是南斯拉夫总统，被美国总统卡特称为"世界舞台上一个高傲的人物"。

铁托出生在贫农家庭，他的童年生活非常艰苦，16岁就外出谋生，先后当过放牛娃、饭馆招待员和学徒工，并在国内及捷克、奥地利和德国当过五金工人。21岁时，他加入了克罗地亚社会民主党，1913年应征入伍。

在第一次世界大战中，他曾因鼓动反战而受处分，后被俄军俘获。1920年他回国参加了南斯拉夫共产党，组织工人开展革命斗争。在长期的革命斗争中，铁托曾3次被捕。1934年刑满出狱后，他继续从事革命活动，并当选为党中央政治局委员。1935年，铁托以巴尔干书记处候补书记身份，赴苏联参加共产国际的工作，这段经历使他在理论上有了很大提高。1938年，南斯拉夫共产党领导层出现问题，共产国际准备解散南共。铁托说服了主要领导人，在整党基础上保留了南共，他也随之成为党的主要领导人，从此南共走上了健康发展的道路。

在反对法西斯侵略者、争取自由解放的斗争中，铁托领导南斯拉夫人民进行了英勇不屈的斗争。1941年4月6日，德意法西斯侵略者以23个师的兵力迅速占领了南斯拉夫，6月27日，南共中央成立了南斯拉夫人民游击司令部，铁托任总司令，发动了全国规模的七月起义，并在塞尔维亚西部山区以乌日策为中心，建立了第一个解放区。同年12月，在抗击德军的进攻中，铁托创建了第一支正规军——"第一无产阶级旅"。

他领导这支队伍在没有外援的情况下,独立抗战二十几个月,粉碎了敌人的7次进攻。在苏捷斯卡战役中,铁托成为第二次世界大战期间唯一在战场上负伤的总司令。

战后铁托任联邦政府总理和国防部长。1953年起任共和国总统、武装部队最高统帅,领导南斯拉夫人民进行社会主义建设,同时致力于军队现代化建设,建立全民防御和社会自卫体系,为保卫国家独立和主权做出重大贡献。1974年当选为南斯拉夫终身总统。

马雅可夫斯基

要像灯塔一样,为一切夜里不能航行的人,用火光把道路照明。

马雅可夫斯基(1893—1930年)是著名的俄国诗人,出生在格鲁吉亚山区的巴格达吉村的一个林务官的家庭。他童年时代就喜欢文学,1906年随全家迁居莫斯科,不久即开始从事革命活动。

1911年,马雅可夫斯基进入莫斯科绘画雕刻建筑学校,并开始写诗,早期诗歌具有未来派的色彩。长诗《穿裤子的云》是一部爱情诗,但其基调是批判资本主义。

1914年世界大战爆发后,马雅可夫斯基在革命形势和布尔什维克党的影响下,从反对战争的一般人道主义立场,转向激进民主主义立场。《战争与世界》一诗,揭露了帝国主义战争的反人民本质,指出战争发生的原因是资本主义制度的存在。揭露和抗议资产阶级的主题,在长诗《穿裤子的云》中得到了更强烈的体现。

诗人于1915年夏与高尔基第一次会见后,不断得到高尔基多方面的帮助。他在高尔基的影响和鼓舞下,写成了长诗《人》。1917年二月革命爆发后,诗人坚决站在工农兵一边,激烈反对临时政府继续进行帝国主义战争,他预言资产阶级必然覆灭。

十月革命后,马雅可夫斯基的创作进入了一个新时期。他写出了短诗《我们的进行曲》《革命颂》和《向左进行曲》,以及剧本《宗教滑稽剧》和长诗《一亿五千万》等许多歌颂革命的作品。1919年至1922年期间，马雅可夫斯基为俄罗斯电讯社的"罗斯塔之窗"工作，他作的诗画题材广泛，简洁鲜明，颇受群众欢迎。他的讽刺诗《开会迷》辛辣地讽刺了官僚主义和文牍主义。

1924年以后，他的创作进入成熟期，先后发表了长诗《列宁》和《好!》，长诗序曲《放开喉咙歌唱》、讽刺喜剧《臭虫》和《澡堂》，以及美国组诗和特写《我发现了美洲》等。长诗《列宁》从正面描写列宁的光辉一生，描写了群众对列宁的深厚感情。他的喜剧讽刺了小市民及揭露了官僚主义，并在戏剧艺术上有所创新。

长诗序曲《放开喉咙歌唱》是他最后的作品，他在诗中总结了自己的创作经验，同时满怀信心地面向未来。由于阶级敌人的攻击、文艺界的派别斗争加上爱情遭遇的挫折，诗人开枪自杀，身后留下13卷诗文。

松下幸之助

非经自己努力所得的创新，就不是真正的创新。

松下幸之助（1805—1989年）是世界著名电器财团"松下"电器的创始者，他的企业经营管理经验备受世人重视，享誉全球，松下幸之助被称为日本的"经营之神"。

少年时代的松下幸之助只受过4年小学教育，9岁被送到一家自行车商店当学徒，几经辗转换到一家电灯公司打工。由于当时老板不愿采纳他提出的生产新型电灯插座的建议，松下毅然辞职。他的打算是自己生产这种产品。1918年，100日元起家的松下电器公司成立了。

从一开始，松下就非常重视公司和员工的关系，他在公司内部公开经营数据，实施透明化经营，即使现在，这都是个非常大胆的做法。不仅如此，松下坚持每月给职工写信，向大家传递他对产品的忧患意识，为了提高员工士气，他甚至亲自打扫公司的卫生间。

19世纪30年代中期，松下在公司内提出7个指导性精神：品质，公正，团队合作，努力工作，谦逊，社会意识，感恩心情。这是属于松下的领导艺术：从日常领悟出发，坚持不懈与员工沟通，由此强化公司凝聚力，并使其在每个工作环节中得以落实。这一点，是当年松下公司，或者说日本企业集体振兴的原因之一。

　　二次大战后，松下幸之助有感于当时日本社会的局面，进一步发展出注重顾客、交货速度、产品质量、协作精神以及向员工放权的公司文化。同时，在公司内推行"水坝式经营"的观念，在部门之间需要建立调节机制，保证稳定发展。松下公司迅速摆脱了战争阴影，20世纪50年代末期，已成为受世界瞩目的消费类电子产品生产商。

　　晚年的松下幸之助超越了原有的企业家身份，对公司与社会关系的思考日益深入。56岁，他提出"厚利多销"之道：透过合理化经营，得到合理公平的利益，再把利益公平分配，他坚信，这才是社会和公司共同繁荣的基础。这个理论提出10年后，经过深思熟虑的松下提出辞去公司董事长的职位，在幕后守望公司的成长。

朱　可　夫

不是列宁格勒惧怕死亡，而是死亡惧怕列宁格勒！

　　朱可夫（1896—1974年）是苏联元帅，军事家。他在苏联卫国战争中的杰出贡献，使他作为俄罗斯民族英雄载入史册。

　　朱可夫早年曾在莫斯科学徒，并于1915年应召进入沙俄军队骑兵团。第一次世界大战中，朱可夫曾因作战勇敢两次获得圣乔治十字勋章，并被提升为军士。在一次遭遇战中，他以100人对2 000人并且坚守了阵地7个小时，得到了斯大林的赏识。1918年参加红军，十月革命后他加入了布尔什维克。国内战争和外国武装干涉时期，历任骑兵排长、连长，参加平息白卫军的叛乱。内战结束后，曾入骑兵指挥人员进修班和红军高级首长进修班深造，并先后任骑兵团长、旅长、师长、军长，驻西班牙、驻华军事顾问和军区副司令员等职。1943年1月，因功绩卓著晋升为苏联元帅。

　　第二次世界大战期间，他先后指挥了列宁格勒保卫战、莫斯科保卫战、伏尔加格勒会战等战役，成功地粉碎了德国的侵略，并率领苏联红军攻占柏林。

　　在从士兵到元帅的漫长军旅生涯中，朱可夫立下了赫赫战功，他获得过4次苏联英雄称号,这在苏联历史上仅有两人(另一人是对勋章有执着狂的苏共领导人勃列日涅夫)。同时也是获得两次胜利勋章的3个人之一(其他两人是斯大林和华西列夫斯基)。除此之外,还先后获得列宁勋章6枚、十月革命勋章1枚、红旗勋章3枚、一级苏沃洛夫勋章2枚、"胜利"最高勋章2枚,以及奖章和外国勋章多枚,并4次荣获"苏联英雄"称号。2005年5月9日,俄罗斯联邦政府正式设立"朱可夫勋章",嘉奖今后卫国战争中战功卓著的军事统帅。

朱可夫善于运用丰富的实践经验训练军队,具有组织指挥大军团作战的卓越才干;在训练与作战中深入实际,作风果断,深得官兵拥戴。他所组织指挥的重大战役,较好地体现了苏联的军事学术原则。朱可夫在军事上的成就,已成为苏联军事学术的宝贵财富。

朱可夫著有《回忆与思考》《在保卫首都的战斗中》《库尔斯克突出部》《在柏林方向上》等军事著作,记述了第二次世界大战苏德战场的许多著名战役,并阐述了他的军事思想。

海 明 威

人可以被摧毁,但不能被打败。

欧内斯特·海明威(1899—1961年)是美国著名小说家,诺贝尔文学奖获得者,"新闻体"小说的创始人。

海明威生于伊利诺伊州芝加哥附近的奥克帕克村,父亲是一位医生。第一次世界大战中海明威参加了志愿救护队,担任红十字会的汽车司机,在意大利前线受重伤。战后长期担任《星报》驻欧记者。

发表于1926年的长篇小说《太阳照样升起》是他第一部成功的作品。该书因描写一群美、英青年战后流落巴黎的痛苦经历,表现他们迷惘、悲观绝望的思想情绪而被视为"迷惘的一代"的代表作品,作者本人也被认为是"迷惘的一代"的代表作家。1929年海明威发表了他的代表作——长篇小说《永别了,武器》。这是一部出色的反战小说,标志着海明威在艺术上的成熟。

西班牙内战爆发后,海明威以记者身份前往西班牙。这一时期的经历和感受使他获得了巨大的创作动力，他的思想和创作进入了一个崭新的阶段，发表了三幕话剧《第五纵队》和长篇小说《丧钟为谁而鸣》（又译《战地钟声》）。第二次世界大战中，海明威以记者身份活跃在欧、亚战场。

珍珠港事件后，他甚至曾驾驶着自己的摩托艇在海上巡逻以监视敌人潜艇的活动。他还曾率领一支游击队参加了解放巴黎的战斗。战争结束后，海明威定居古巴。

1952年他发表了晚年的力作，也是他最优秀的作品之一，中篇小说《老人与海》，这是一部极具寓言色彩的小说。小说的故事情节极其简单，含意却十分深刻。小说的主人公桑提亚哥实质上是整个人类的化身；他与鲨鱼的搏斗，是人与命运搏斗的象征。这个"硬汉"形象成为海明威式的英雄的代表，象征着人类不可摧毁的精神力量。小说获得了当年的普利策奖。1954年，海明威荣获诺贝尔文学奖。

海明威是一位具有独创性的小说家。他的最大贡献在于创造了一种洗练含蓄的新散文风格，这种风格对欧、美作家产生了很大影响。

法捷耶夫

青年的思想愈被榜样的力量所激动，就愈会发出强烈的光辉。

法捷耶夫（1901—1956年）是苏联著名作家、俄罗斯古典文学传统的继承者，是苏联社会主义现实主义文学的杰出代表之一。

法捷耶夫出生在加里宁州基姆雷市，1908年举家迁往远东。法捷耶夫在远东南乌苏里边区度过童年和少年时代，家境贫苦。他在商业学校学习时，接近布尔什维克，并参加革命活动。

苏联国内战争结束后，法捷耶夫和富尔曼诺夫、肖洛霍夫、奥斯特洛夫斯基等年轻的一代进入文学界，成为新生的无产阶级革命文学的主力军。1923年发表了第一篇短篇小说《逆流》，1924年发表中篇小说《泛滥》。当时有些作家把革命运动描写成盲目自发的群众起义，而他在早期作品中就把革命运动描写成千百万劳动者在党的领导下的有组织的运动。小说的主题思想是：在国内战争中进行着人才的精选，在革命中进行着"人的最巨大的改造"。未完成的长篇小说《最后一个乌兑格人》也是以国内战争为题材。

在苏联卫国战争期间，法捷耶夫担任《真理报》记者，写了一系列讴歌苏联人民英勇战斗的文章及特写集《在封锁日子里的列宁格勒》。根据克拉斯诺顿共青团地下组织"青年近卫军"与德国法西斯占领军进行斗争的事迹写成的长篇小说《青年近卫军》，获1946年度斯大林奖金。

法捷耶夫的作品是在社会主义革命精神鼓舞下写成的，他笔下的主人公们是为建设新生活而斗争的英勇战士。他的作品的特色是把严格的现实主义的描写、深刻细腻的心理分析、浪漫主义的激情和抒情笔调有机地统一起来。

法捷耶夫又是积极的社会活动家，从苏共十八大起连续被选为苏共中央委员；苏共二十大上被选为候补中央委员。他3次被选为苏联最高苏维埃代表，两次获得列宁勋章。1950年起担任世界保卫和平委员会副主席。1949年中华人民共和国成立时，曾率领苏联文化艺术科学工作者代表团前来我国进行访问。

克拉克·盖博

明天是另一天。

克拉克·盖博（1901—1960年）是由全美洲影迷自由投票选出的好莱坞国王，当时的选票达二百多万张。

盖博自幼聪明，会唱歌、敲鼓、吹笛子、弹钢琴、吹法国号，还会画画并爱好体育活动。这都为他后来的演艺生涯奠定了基础。由于家境变迁，盖博11岁就辍学了。一个偶然的机会，他观看了著名话剧《青鸟》，从此爱上了表演，并且常常去剧院当义务报童，有时也跑跑龙套。

一开始好莱坞并不接纳盖博，常常嘲笑他"大得像蝙蝠样的耳朵"。饰演了一些小配角后盖博又开始舞台表演，并在休斯敦产生影响。这时电影开始进入了有声时期，盖博流利的英语、英俊的外表，越来越引人注意。

1931年，盖博与米高梅签订了为期一年的合同，他拍摄的第一部影片是《彩色的沙漠》，从扮演一个牛仔开始了他的电影生涯，他先后与当时的几位大明星琼·克劳馥、嘉宝合作，一年内拍摄了12部影片，如《自由花》《残花复艳》《红尘》等，用勤奋和才华在好莱坞站稳了脚跟。1932年，盖博被评为好莱坞十大最卖座的电影演员之一。

1933年，盖博因《一夜风流》的成功，首次获得了奥斯卡最佳男主角奖，这也是奥斯卡第一次将这一奖项授予喜剧片演员。1935年盖博在耗资两百万美元拍摄的影片《叛舰喋血记》中扮演指挥士兵哗变的英国海军军官。该片获得了奥斯卡最佳影片奖，盖博本人也得到最佳男主角的提名。1937年，盖博以绝对的优势在当年举行的电影皇帝和皇后的评选活动中当选为好莱坞的电影皇帝。

1939年，盖博在《乱世佳人》中与费·雯丽合作，饰演白瑞德。这一角色的创造，标志着盖博艺术事业的最高峰。一些人对盖博的崇拜已到了疯狂的地步。尽管由于米高梅公司从商业的角度考虑，使得盖博没有再次当选奥斯卡影帝，但影片获得的10项大奖，已使盖博的影响如日中天。

1942年，41岁的盖博参加了美国空军。他多次执行战斗任务，很快从二等兵晋升为少校。战争结束后盖博回到好莱坞，此后，他主演了《冒险》《文选员》《归家》等影片。1952年，盖博支持艾森豪威尔竞选总统，并在群众集会上发表演说，从此，他与艾森豪威尔成了朋友。

迪 士 尼

生活在希望中的人，没有音乐照样跳舞。

沃尔特·迪士尼（1901—1966年）是美国动画片制作家、演出主持人和电影制片人。

迪士尼生于美国伊利诺伊州的芝加哥，第一次世界大战期间，他成了国际红十字会的一名志愿兵。服完兵役后，迪士尼回到了芝加哥，之后又回到小时候生活过的堪萨斯，在这里，迪士尼真正开始了他的创业。

到堪萨斯后，迪士尼先是在一家广告公司做画家，之后加入了堪萨斯市广告公司，并在这里学到了拍摄电影和动画的基本技术。

1923年7月，迪士尼到了洛杉矶，准备在好莱坞发展。到洛杉矶后，他和哥哥罗伊·迪士尼创办了迪士尼兄弟动画制作公司。

在米老鼠诞生以前，迪士尼曾经创作过一只叫奥爱瓦尔特的长耳朵卡通兔形象，很受观众欢迎。1928年，就是米老鼠诞生的这一年，迪士尼和设计师们一起讨论，如何创作一个更可爱的卡通形象。他们把奥爱瓦尔特画在纸上，然后开始修改：先把尾巴变短，变圆，再修改尾巴和脚……不一会儿，一个可爱的老鼠形象就跃然纸上了！迪士尼眼前一亮，就是这只小老鼠！他们给它起了个响亮的名字"米奇老鼠"。

1928年3月，迪士尼开始了第一部米奇系列动画《飞机迷》的制作。随后又制作了第二部《飞奔的高卓人》。由于这两部动画的反响很有限，当时有声电影又刚刚兴起，因此迪士尼决定用帕特里克·鲍尔斯研究出的方法来给第三部米奇系列动画《威利汽船》配音，创作出了世界上第一部有声动画。1928年11月18日，《威利汽船》在纽约侨民影院进行首映，反响空前。这一天也被定为米奇的生日。

沃尔特·迪士尼的很多作品让他成为全球著名的人，包括他创造了《白雪公主》《木偶奇遇记》等很多知名的电影，还有米老鼠等动画角色。也是他，让迪士尼乐园成为可能，开创了主题乐园这种形式，而且他在电视节目《迪士尼奇妙世界》的主持让无数美国人无法忘怀。他获得了56个奥斯卡奖提名和7个艾美奖。

特里萨嬷嬷

我睡去，感受生命之美。我醒来，感受生命之责任。

特里萨嬷嬷（1901—1997年）出生于前南斯拉夫的斯科普里，她在温馨的家庭生活中成长起来，7岁时她进入一所公立学校读书，不久就皈依了天主教。18岁那年，特里萨加入洛雷托修女会。

洛雷托修女会是一个属于印度加尔各答大主教管辖的修女团体。1928年，这个组织安排她到加尔各答的圣玛丽教会学校教书。1946年，特里萨乘火车前往印度东北部山区大吉岭，沿途那些贫瘠的村庄，那些骨瘦如柴、衣衫褴褛的穷人使她震惊。她决心离开与世隔绝的教会学校，去帮助社会上那些饥寒交迫的人们。

她在印度的美国医疗传教修女会进行了3个月的快速医疗训练后，只身进入贫民区。她用仅有的一点积蓄创办了一所露天学校，专门收留失学的流浪儿童。1950年，特里萨创办了印度爱德修女会，并为它制订了教规：凡教会成员都要立下贫穷、贞洁和服从的誓约。这个慈善机构所有的药品都是捐赠的，并无偿提供给贫病交加的穷人。如今，这个机构已国际化：3500名修女管理着115个国家的543个收容所、孤儿院和艾滋病中心。

1952年，特里萨在一座印度庙的旁边建起了"垂死贫民收容所"，以让那些可怜的人在弥留之际能享受一下人间的温暖。至20世纪80年代末，大约有三万名身患不治之症又无家可归的穷人在收容所里度过了他们最后的日子。当记者问到挽救这些患有不治之症的人是否值得时，她甚至根本不能理解这个问题的意思，因为这与她的人生观格格不入。

此后，特里萨开始考虑收治麻风病人一事。1964年教皇保罗六世在印度访问期间接见了特里萨，并将自己的一辆高级轿车送给她。特里萨后来将这部车卖掉，用拍卖所得为麻风病人建了一幢楼房，并培训了一些护理人员，使这里成了加尔各答唯一的麻风病中心。特里萨的事业得到政府的支持，1962年印度航空公司遵照甘地的指示，免费向她提供各条航线的机票，铁路亦如此。尽管特里萨声誉鹊起，但她总是对记者说，她的成绩是微不足道的。她喜欢说，为一个目的去工作就是幸福。

1979年的诺贝尔和平奖授予了印度修女特里萨。获奖后，特里萨嬷嬷卖掉了奖章，连同19万美元的奖金，全部捐赠给贫民和麻风病患者，没有给自己留下一美分。如今，她的名字已经飞越千山万水，传遍整个世界。她以献身慈善事业的至诚、直面困苦的精神，赢得了亿万人民的爱戴和尊敬。

1982年11月，正当黎巴嫩战火纷飞之际，特里萨却乘机抵达贝鲁特，协助被击毁的依拉斯美亚医院救出了37名智障者及伤残儿童。1985年，她带领28名修女前往受灾的埃塞俄比亚，夜以继日地帮助医务人员料理病人。1985年下半年，艾滋病像野火一样在欧美蔓延，人们陷入恐怖之中。特里萨前往纽约，宣传艾滋病的危害及防治措施，并协助医务人员护理病人。

特里萨嬷嬷曾于1985年1月应中国天主教爱国委员会的邀请访问中国。正值滴水成冰的寒冬季节，这位闻名世界的女性却只穿了一身白衣，外套一件深蓝色的破旧毛衣，脚穿一双半旧的凉鞋。朴素的装束使在场的中国人深受感动。

1997年9月5日，特里萨嬷嬷因心脏病发作在印度加尔各答逝世，终年96岁。特里萨嬷嬷逝世的消息传开后，整个加尔各答沉浸在悲痛之中，成千上万的印度人含着泪水与特里萨嬷嬷作最后的告别。印度政府于9月13日为她举行了盛大国葬。特里萨嬷嬷的灵柩盖着印度国旗，放在运送过"圣雄"甘地和印度国父尼赫鲁遗体的炮车上，缓缓驶向举行葬礼弥撒的加尔各答体育馆。逾百万不同宗教信仰的群众沿途跟随护送，向灵车抛撒鲜花并高举她的照片。

特里萨嬷嬷将毕生献给为穷苦人谋福利的事业，深受全世界人民的爱戴，被誉为"善良与光明的化身"。

伏 契 克

应该笑着面对生活，不管一切如何。

伏契克（1903—1943年）出生于捷克布拉格工业区的一个工人家庭，他从小喜欢戏剧，上中学时就开始搞文学创作，后来进入布拉格大学文学院攻读文学。由于家境贫寒，他一边学习一边给人补课，还在建筑工地上当过工人。在大学里，他刻苦研读马克思主义著作。青少年时期的伏契克就是非分明，热爱工人和其他劳动群众，憎恶反动的、贪得无厌的资产阶级。

1921年5月，捷克斯洛伐克共产党刚刚成立，18岁的伏契克就加入了党的队伍。他长期从事新闻工作，曾任捷共中央机关报《红色权利报》编辑、该报驻苏记者和党的文化刊物《创造》主编等职。1929年，他在参加北捷克煤矿工人大罢工时，撰文深刻地揭露和控诉了资本主义给工人带来失业、贫困和死亡的罪恶。他把报刊作为工人阶级争取实现社会主义的斗争武器。希特勒德国吞并捷克和斯洛伐克后，伏契克在布拉格等地从事反抗纳粹占领的地下活动。1941年初，捷共第一届地下中央委员会遭到敌人的破坏，他参与了组建第二届地下中央和领导人民反占领斗争的工作，为把自己的祖国从德国法西斯的铁蹄下解放出来，进行了坚持不懈的斗争。

后来伏契克不幸被德国盖世太保逮捕。在狱中，他受尽酷刑，遍体鳞伤，但他始终坚贞不屈。他在随时都有可能遭到杀害的情况下，写下了《绞刑架下的报告》这部不朽的著作。该书通篇正气浩然，光彩照人。伏契克敢于藐视强敌、顽强斗争的大无畏英雄气概，为了维护人民利益、保卫组织和同志安全而不惜赴汤蹈火的自我牺牲精神，以及坚信敌人终将覆灭、最后胜利一定属于人民的革命乐观主义精神，都在书中得到了充分体现。

1943年9月8日，他怀着坚定的共产主义信念，高唱《国际歌》英勇就义，牺牲时年仅40岁。他牺牲后，《绞刑架下的报告》出版了。这部作品后来被译成八十多种文字，在许多国家发行，成为全世界进步人们共同的精神财富。

"人们，我是爱你们的！你们可要警惕啊！"这是《绞刑架下的报告》一书的结语，也是伏契克留给后人的珍贵箴言。它充分地表明了伏契克对人民的深沉的爱和对敌人的刻骨的恨。

小林多喜二

从黑暗里走出来的人，真正懂得光明的可贵。

小林多喜二（1903—1933年）是日本无产阶级文学运动的领导人之一。

1924年，小林多喜二与友人创办了《光明》杂志。1927年，他又参加了"工农艺术家联盟"，成为小樽支部干事。在1927年前，受叶山嘉树、志贺直哉、托尔斯泰和高尔基作品的影响，小林多喜二创作了短篇小说《小点心铺》《腊月》《杀人的狗》等，表现了处于社会底层的劳动人民的悲剧命运。

1928年是小林多喜二新的起点。当时的反动政府为了绞杀革命，妄图一举扑灭革命火焰，便制造了血腥的"三·一五"大逮捕事件。全国许多革命者、共产党员遭到逮捕和迫害。"三·一五"事件强烈地激起了小林多喜二的革命义愤,他通过这一事件,进一步认识到当时政府的反动腐朽,看到了献身于工农解放事业的革命志士的高贵品德。在这次事件发生后的3个月,小林多喜二就创作了以这次事件为篇名的中篇小说《一九二八年三月十五日》。他用耳闻目睹和调查来的材料,冲破法西斯的新闻封锁,大胆地揭露了这一事件的真相,严厉地控诉了法西斯军警的暴行,热情洋溢地描写了工人运动的先锋分子和革命知识分子的英雄形象,歌颂他们面对敌人野蛮暴行而威武不屈的革命气概。

1928年4月小林多喜二参加了全日本无产者艺术同盟,第二年又被选为作家同盟的中央委员,负责小樽分会的工作。

《一九二八年三月十五日》发表以后,小林多喜二成为著名的革命作家,更加积极地投身到革命运动中去。当海员罢工时,他和工人们一起参加战斗,并且还深入现场进行实际的调查研究,终于在1929年3月创作了一部激动人心的中篇小说《蟹工船》。

《蟹工船》为小林多喜二赢得了世界荣誉。原作出版的第二年我国就译成中文,作者还特意为中译本作了一篇热情洋溢的序文,称赞我国的工农革命斗争、中日两国人民的革命友谊。差不多同时,俄文、法文、英文的译本相继出版,获得了世界许多国家人民的称颂。

1930年,小林多喜二加入了日本共产党。以后他又写了《沼尾村》《为党生活的人》等中短篇小说。这些作品表现了日本的工农运动和日本人民反侵略战争的斗争,塑造了一批革命者形象,同时也体现出小林多喜二自身的气质和革命意志。它在艺术上也达到了创作的最高点。

奥斯特洛夫斯基

人的生命应该这样度过:当他回首往事时,不会因虚度年华而悔恨;也不会因碌碌无为而羞耻。在临死的时候他能够说:我的整个生命和全部精力都已经献给了世界上最壮丽的事业——为人类的解放而斗争!

尼古拉·阿列克塞耶维奇·奥斯特洛夫斯基(1904—1936年)是苏

联著名的布尔什维克作家,自他的小说《钢铁是怎样炼成的》问世以来,他就同书中的保尔·柯察金一道,成了世界上千千万万有志青年的楷模。

奥斯特洛夫斯基出生在一个贫困的农民家庭,他从小具有极强的求知欲,渴望念书,但只断断续续地上过几年学。他在12岁时就读过英国女作家伏尼契的代表作《牛虻》,从此,牛虻的形象深深地印在了他的心里。

1919年7月,奥斯特洛夫斯基的家乡成立了共青团,他成了第一代共青团员,并参加了红军奔赴前线同白匪军作战。

第二年在一次激战中,他的头部、腹部多处受伤,右眼因伤而丧失了80%的视力。严重的伤痛使奥斯特洛夫斯基不得不离开队伍。然而,伤势刚刚有所好转,他就报名参加了突击队,投入修筑铁路的艰苦劳动中。在工地上,他染上了伤寒并患了风湿病。大病未愈,他又积极参加在第聂伯河上抢捞木材的紧张劳动。因为长时间泡在齐腰深的冰水中,致使风湿病更加严重,又很快并发了多发性关节炎、肺炎,从此健康状况日趋恶化。

1927年底,奥斯特洛夫斯基在与病魔作斗争的同时,创作了一篇关于科托夫骑兵旅成长壮大以及英勇征战的中篇小说。小说写完后,他让妻子寄给战友们征求他们的意见,战友们热情地评价了这部小说。可万万没想到,手稿在回寄途中被邮局弄丢了。这意外的打击并没有挫败他的坚强意志,在参加函授大学学习的同时,他开始构思规模更大的小说——《钢铁是怎样炼成的》。

到1929年,他全身瘫痪,双目失明,完全失去了活动能力。1930年,他用自己的战斗经历作素材,以顽强的意志开始创作长篇小说《钢铁是怎样炼成的》。小说获得了巨大成功,受到同时代人的真诚而热烈的称赞。1934年,奥斯特洛夫斯基被吸收为苏联作家协会会员。1935年底,苏联政府授予他列宁勋章,以表彰他在文学方面的创造性劳动和卓越的贡献。

1936年12月22日,由于重病复发,奥斯特洛夫斯基在莫斯科逝世。

嘉　宝

要保持神秘。

葛丽泰·嘉宝（1905—1990年），原名葛丽泰·路易莎·古斯塔夫森，是20世纪二三十年代最有魅力和最负盛名的女影星之一。

葛丽泰·嘉宝出生于瑞典斯德哥尔摩，自小家境贫寒。在嘉宝14岁时，父亲去世了，年幼的嘉宝只好独自出外谋生，从此挑起了家庭重担。

嘉宝所拍的第一部电影是《流浪汉彼得》，她扮演一个出浴美女。1922—1924年，她在斯德哥尔摩皇家剧院学习，在此期间结识了瑞典电影公司著名俄籍犹太导演莫里茨·斯蒂勒，被邀主演《科斯塔·柏林的故事》，从而一举成名。斯蒂勒给她起了艺名葛丽泰·嘉宝，让她接受电影表演技术训练。

1925年7月，她受美国米高梅公司的聘请来到美国，同约翰·吉尔巴特合演了《肉与魔》，使她一跃成为好莱坞最红的影星，成为影迷崇拜的偶像和带有传奇色彩的人物。之后她在好莱坞又拍摄了《圣洁女》《野兰花》《安娜·克利斯蒂》《马塔·哈利》《大饭店》《瑞典女王》《安娜·卡列尼娜》《茶花女》和《妮诺基卡》。在后一部影片中，她显示了惊人的喜剧表演才能。她的导演和大多数影评家均认为，她在摄影机前完全是凭本能做出正确的表演。她的卓越才能、超群的美丽和对舆论界的不介意使她在电影史上留下了光辉的业绩。

嘉宝在36岁时退出演艺界，在纽约闭门谢客，过隐居生活。1954年，她由于令人难忘的表演，被授予奥斯卡特别奖。

嘉宝一生拍了许多部影片，其中有不少是无声片。她在无声片中以其特殊的魅力和卓越的表演，打动了观众的心，而被誉为"安详的女神""沉默的梦公主"。因其大部分影片都是在好莱坞拍摄的，所以她被称为"好莱坞影坛皇后"。

萨　　特

> 行动吧，在行动的过程中就形成了自身，人是自己行动的结果，此外什么都不是。

萨特（1905—1980年）是法国20世纪最重要的哲学家之一，法国无神论存在主义的主要代表人物。他也是优秀的文学家、戏剧家、评论家和社会活动家。

萨特很小就开始读大量的文学作品，中学时代接触柏格森、叔本华、尼采等人的著作，1924年考入巴黎高等师范学校攻读哲学，获大中学校哲学教师资格后在中学任教。1933年，萨特赴德国柏林法兰西学院进修哲学，接受胡塞尔现象学和海德格尔存在主义。回国后继续在中学任教，陆续发表了他的第一批哲学著作：《论想象》《自我的超越性》《情绪理论初探》《胡塞尔现象学的一个基本概念：意向性》等。1943年秋，其哲学巨著《存在与虚无》出版，奠定了萨特无神论存在主义哲学体系。

萨特虽然曾经是一个早熟的才华横溢的学生，然而直到33岁时，他才发表了第一部文学作品。在勒哈弗尔小城做中学教员期间，随着岁月的流逝，萨特产生了失意感，于是开始撰写对孤独的思考，连续写成了以下几篇文章：《对偶发性的论述》《论心灵的孤独》《忧郁症》以及《安东纳·洛根丁的奇特冒险》，最后一篇后来改编为小说《恶心》。

萨特是法国战后存在主义哲学思想的代表人物。主要哲学著作有《想象》《存在与虚无》《存在主义是一种人道主义》《辩证理性批判》和《方法论若干问题》。这些著作已成为20世纪资产阶级哲学思想发展变化的重要思想资料。

萨特把深刻的哲理带进了小说和戏剧创作中，他的中篇《恶心》、短篇集《墙》、长篇《自由之路》，早已被承认为法国当代文学名著。他的戏剧创作成就高于小说，一生创作了9个剧本，其中《苍蝇》《间隔》等，在法国当代戏剧中占有重要地位。《恭顺的妓女》是一部政治剧，揭露美国种族主义者对黑人的迫害，并对反种族歧视的普通人民的觉醒寄予深切的期待。此剧体现了他主张的存在主义是一种人道主义的思想。

1964年，瑞典文学院决定授予萨特诺贝尔文学奖，被萨特谢绝，理由是他不接受一切官方给予的荣誉。1980年4月15日萨特在巴黎逝世。法国总统德斯坦说，萨特的逝世，"就好像我们这个时代陨落了一颗明亮的智慧之星"。

奥纳西斯

要想成功，你需要朋友；要想非常成功，你需要的是敌人。

亚里士多德·苏格拉底·奥纳西斯（1906—1975年）是希腊人，发展于美国。他使美国第一夫人成为自己的妻子，并荣登希腊船王的宝座。直到今天，他遗留下来的庞大事业还在运转着，奥纳西斯的名字已经载入了世界船运史册。

奥纳西斯出生于土耳其西部的伊兹密尔。父母之所以用两个伟大的古希腊哲学家的名字为他起名，是希望他长大后也能出人头地，闻名于世。

1922年，土耳其人占领了伊兹密尔，奥纳西斯全家人来到了希腊，寻求生路，后来在阿根廷做起了走私的烟草的买卖，到1930年，奥纳西斯已经成为希腊产品最大的进口商，还租用了一些货轮。

就在这时席卷全球的经济危机爆发了，奥纳西斯却从中洞察出生机，当时加拿大国营铁路公司为了渡过危机，准备拍卖产业，其中6艘货船，10年前价值200万美元，如今仅以每艘2万美元的价格拍卖，他果断地将这些船全部买下。经济危机过后，海运业的回升居于各业之首，奥纳西斯买的那些船只，一夜之间身价陡增。他一跃成为海上霸主，他的资产几百倍地激增。

1943年，奥纳西斯将其企业总部搬入纽约，财路日益广开，船队越来越大，1945年，他跨入了希腊海运巨头的行列。从1951年到1955年，奥纳西斯拥有的油船总吨位从1万吨飙升至5万吨。接下来，这只永不停息的"沙漠之狐"又收购了摩洛哥公国的海水浴场，不仅获得了高额利润，还成功打入了上流社会。

　　1966年，从摩纳哥退出来的奥纳西斯开始悉心经营自己最擅长的石油运输业，大量投资于油轮。到1975年，他已经拥有45艘油轮，有15艘是20万吨以上的超级油轮，从而成为世界上最大的私人商船队。到了1973年，奥纳西斯的商船队总吨位已经超过了300万吨，成为名副其实的希腊船王。